ZHIXING ANJIAN
FALÜ GUIFAN ZH

执行案件
法律规范指引

牟　驰◎编著

中国法制出版社
CHINA LEGAL PUBLISHING HOUSE

前言 Preface

在民事诉讼业务领域，由于执行案件通常由法院执行机构主导，律师很少深入研究执行程序中的相关法律规定。随着民事诉讼法的修改，执行异议之诉成为一个新的案由，执行程序各个环节的执行行为也由此变得更加复杂。在这样的背景下，熟悉并尽快掌握执行程序相关的法律规范就成为律师同行们的迫切需求。

为了适应这个需求，笔者汇总、梳理、批注了自1998年以来最高人民法院发布的与民事执行程序相关的司法解释和司法文件，对各部司法解释、司法文件之间存在的冲突之处进行了整理和注释，在此基础上撰写了《律师代理民事执行案件法律规范指引》。指引的内容涵盖了民事执行案件程序的启动、授权委托书中代理权限的表述、律师应当承担的程序性和实体性事项的归纳、对民事执行案件受理要件和生效法律文书的审查、公证债权文书申请执行的注意事项、申请执行的特殊情形、变更/追加执行当事人规则的适用、被执行财产权属存疑情形的处理、执行程序中当事人及利害关系人的救济措施等民事执行案件的多个重要环节，为律师代理民事执行案件提供了较为全面、详细的法律规范方面的检索依据，可以帮助律师同行们综合性地了解与民事执行案件相关的法律规定。

牟驰

目录 Contents

17. 变更申请执行人与中止执行均为执行实施行为，应当由执行法院作出裁定，当事人、利害关系人认为该行为违反法律规定，可以根据《中华人民共和国民事诉讼法》第二百二十五条向执行法院提出异议。执行法院不能以异议裁定代替执行实施裁定，否则将造成对当事人程序权利的剥夺。// 239
18. 当事人向我国法院申请执行发生法律效力的涉外仲裁裁决，发现被申请执行人或者其财产在我国领域内的，我国法院即对该案具有执行管辖权。当事人申请法院强制执行的时效期间，应当自发现被申请执行人或者其财产在我国领域内之日起算。// 240
19. 被执行人在收到执行法院执行通知之前，收到另案执行法院要求其向申请执行人的债权人直接清偿已经由法院生效法律文书确认的债务的通知并清偿债务的，执行法院不能将该部分已清偿债务纳入执行范围。// 243
20. 拍卖行与买受人有关联关系，拍卖行为存在以下情形，损害与标的物相关权利人合法权益的，人民法院可以视为拍卖行与买受人恶意串通，依法裁定该拍卖无效：（1）拍卖过程中没有其他无关联关系的竞买人参与竞买，或者虽有其他竞买人参与竞买，但未进行充分竞价的；（2）拍卖标的物的评估价明显低于实际价格，仍以该评估价成交的。// 244
21. 生效法律文书确定的权利人在进入执行程序前合法转让债权的，债权受让人即权利承受人可以作为申请执行人直接申请执行，无需执行法院作出变更申请执行人的裁定。// 248
22. 人民法院审理执行异议案件，因原执行行为所依据的当事人执行和解协议侵犯案外人合法权益，对原执行行为裁定予以撤销，并将被执行财产回复至执行之前状态的，该撤销裁定及执行回转行为不属于《中华人民共和国国家赔偿法》第三十八条规定的执行错误。// 251
23. 生效判决已经明确判定的权利人，虽然没有参加诉讼，但其缺席诉讼的行为并不表示其当然放弃了执行阶段的权利，更不意味着其放弃了行使履行请求权的权利。因此，可以作为申请执行人申请执行。// 254
24. 执行程序中，申请执行人在履行《民事调解书》的过程中与被执行人就是否构成违约以及违约责任应如何承担产生争议的，应当另行通过诉讼

一

实务指引篇

律师承办民事执行案件法律规范指引

本指引中涉及的法律规范简称注释（按照正文中出现的顺序排列）：

1.《民诉法》——《中华人民共和国民事诉讼法（2017 修正）》

2.《执行解释》——《最高人民法院关于适用〈中华人民共和国民事诉讼法〉执行程序若干问题的解释》（法释〔2008〕13 号）

3.《查封规定》——《最高人民法院关于人民法院民事执行中查封、扣押、冻结财产的规定》（法释〔2004〕15 号，2008 年调整）

4.《暂缓执行规定》——《最高人民法院关于正确适用暂缓执行措施若干问题的规定》（法发〔2002〕16 号）

5.《委托执行规定》——《最高人民法院关于委托执行若干问题的规定》（法释〔2011〕11 号）

6.《终本规定》——《最高人民法院关于严格规范终结本次执行程序的规定（试行）》（法〔2016〕373 号）

7.《变更、追加执行当事人规定》——《最高人民法院关于民事执行中变更、追加当事人若干问题的规定》（法释〔2016〕21 号）

8.《民诉法解释》——《最高人民法院关于适用〈中华人民共和国民事诉讼法〉的解释》（法释〔2015〕5 号）

9.《执行规定》——《最高人民法院关于人民法院执行工作若干问题的规定（试行）》（法释〔1998〕15 号，2008 年调整）

10.《执行拍卖规定》——《最高人民法院关于人民法院民事执行中拍卖、变卖财产的规定》（法释〔2004〕16 号）

11.《委托评估规定》——《最高人民法院关于人民法院委托评估、拍卖和变卖工作的若干规定》（法释〔2009〕16 号）

12.《制裁规避执行行为意见》——《最高人民法院关于依法制裁规避执

行行为的若干意见》（法〔2011〕195号）

13.《财产调查规定》——《最高人民法院关于民事执行中财产调查若干问题的规定》（法释〔2017〕8号）

14.《限制高消费规定》——《最高人民法院关于限制被执行人高消费的若干规定（2015修正）》（法释〔2015〕17号）

15.《执行监督规定》——《最高人民法院、最高人民检察院关于民事执行活动法律监督若干问题的规定》（法发〔2016〕30号）

16.《失信信息规定》——《最高人民法院关于公布失信被执行人名单信息的若干规定（修订）》（法释〔2017〕7号）

17.《执行异议、复议规定》——《最高人民法院关于人民法院办理执行异议和复议案件若干问题的规定》（法释〔2015〕10号）

18.《执行立案、结案意见》——《最高人民法院关于执行案件立案、结案若干问题的意见》（法发〔2014〕26号）

19.《抵押房屋执行规定》——《最高人民法院关于人民法院执行设定抵押的房屋的规定》（法释〔2005〕14号，2008年调整）

20.《执转破意见》——《最高人民法院关于执行案件移送破产审查若干问题的指导意见》（法发〔2017〕2号）

21.《网络拍卖规定》——《最高人民法院关于人民法院网络司法拍卖若干问题的规定》（法释〔2016〕18号）

1. 律师在执行程序中可以代理的事项。

1.1 启动执行程序。

1.1.1 对于拒不履行已经发生法律效力的民事判决、裁定的当事人，向有管辖权的法院申请执行【《民诉法》第二百三十六条】。

1.1.2 对于拒不履行已经发生法律效力的仲裁裁决的当事人，向有管辖权的法院申请执行【《民诉法》第二百三十七条第一款】。

1.1.3 对已经采取财产保全措施的案件，可以向保全法院以外的其他有管辖权的法院申请执行【《执行解释》第四条】。

1.2 执行程序开始后的程序事项。

1.2.1 作为执行依据的法律文书生效后至申请执行前，向有执行管辖权的法院申请对债务人的财产进行保全【《查封规定》第三条】。

1.2.2 在收到执行法院送达的执行通知书之日起十日内，向执行法院提出管辖异议【《执行解释》第三条】。

1.2.3 对执行法院在执行过程中违反法律规定的执行行为提出异议【《民诉法》第二百二十五条、《执行解释》第五条】。

1.2.4 执行法院自收到申请执行书之日起，超过六个月未执行的，可以向其上一级法院申请执行【《民诉法》第二百二十六条】。

1.2.5 向执行法院申请暂缓执行【《暂缓执行规定》第三条】。

1.2.6 对符合法定条件的执行案件向执行法院的上一级法院申请，责令执行法院限期执行或者变更执行法院【《执行解释》第十一条】。

1.2.7 申请受托法院的上一级法院将受托法院未能在6个月内执结的受托案件，提级执行或者指定执行【《委托执行规定》第十一条】。

1.2.8 就执行法院作出的终结本次执行程序的裁定或者认为终结本次执行程序违反法律规定的，可以提出执行异议【《执行立案、结案意见》第十六条第四款、《终本规定》第七条】。

1.2.9 终结本次执行程序后，发现被执行人有可供执行财产的，可以申请执行法院立即采取查封、扣押、冻结等控制性措施【《终本规定》第十条】；可以申请执行法院延长查封、扣押、冻结期限【《终本规定》第十六条第一款】。

1.2.10 依据《变更、追加执行当事人规定》的相关规定，向执行法院申请变更、追加执行案件的当事人。

1.2.11 在执行法院审查变更、追加被执行人的申请期间，向执行法院申请对被申请人的财产采取查封、扣押、冻结措施【《变更、追加执行当事人规定》第二十九条第一款】。

1.2.12 对案情复杂、争议较大的执行异议、复议案件可以申请执行法院组织听证【《执行异议、复议规定》第十二条】。

1.2.13 对执行法院作出的将案件移送破产审查的决定，向受移送进行破产审查的法院提出异议【《执转破意见》第7条】。

1.2.14 就网络司法拍卖行为违法侵害其合法权益的情形提出执行异议【《网络拍卖规定》第三十六条第一款】。

1.3 执行程序开始后的实体事项。

1.3.1 对执行标的提出书面异议【《民诉法》第二百二十七条】。

1.3.2 向执行法院申请参与对不能清偿所有债务的非法人被执行人财产的分配【《民诉法解释》第五百零八条】。

1.3.3 申请执行法院向对被执行人负有到期债务的债务人发出履行到期债务的通知【《执行规定》第61条】。

1.3.4 自收到分配方案之日起十五日内，对执行法院制作的多个债权人对同一被执行人申请执行或者对执行财产申请参与分配的财产分配方案向执行法院提出书面异议【《执行解释》第二十五条】。

1.3.5 对拍卖过程中财产评估报告有异议的，在收到评估报告后十日内以书面形式向执行法院提出【《执行拍卖规定》第六条】。

1.3.6 到场参加执行法院对评估、拍卖机构的选择【《委托评估规定》第九条】。

1.3.7 到场参加评估机构进行的现场勘验，并在勘验笔录上签字或盖章确认【《委托评估规定》第十二条】。

1.3.8 对于被执行人未履行法律文书确定的义务，且有拒绝报告、虚假报告财产情况，转移隐匿处分财产、投资开设分支机构、入股其他企业或者其股东、出资人有出资不实、抽逃出资等情形的，可以申请执行法院委托中介机构对被执行人进行审计【《制裁规避执行行为意见》第4条、《财产调查规定》第十七条】。

1.3.9 向执行法院申请对被执行人采取限制消费措施【《限制高消费规定》第四条】。

1.3.10 向执行法院申请对被执行人解除限制消费措施【《限制高消费规

定》第八条】。

1.3.11 在申请变更、追加第三人之前，向执行法院申请查封、扣押、冻结该第三人财产【《变更、追加执行当事人规定》第二十九条第二款】。

1.3.12 认为执行法院的执行活动存在违法情形的，可以向人民检察院申请监督【《执行监督规定》第五条】。

1.3.13 认为被执行人符合法定条件的，可以向执行法院申请将其纳入失信被执行人名单【《失信信息规定》第一条】。

1.3.14 可以向执行法院申请将被纳入失信被执行人名单的失信信息予以删除【《失信信息规定》第十条第一款第三项】。

1.3.15 向执行法院申请对存在错误的失信信息予以纠正【《失信信息规定》第十一条】。

1.3.16 向执行法院申请查询被执行人报告的财产情况【《财产调查规定》第八条】。

1.3.17 向执行法院申请，对不履行生效法律文书确定的义务的被执行人发布悬赏公告查找可供执行的财产【《财产调查规定》第二十一条】。

2. 律师代理权限的表述。

根据《执行规定》第 22 条第 2 款关于“委托代理人代为放弃、变更民事权利，或代为进行执行和解，或代为收取执行款项的，应当有委托人的特别授权”的规定，如果委托人赋予律师特别代理的权利，则律师代理权限应当引用上述规定的内容。如果委托人赋予律师一般代理的权利，建议表述为：“代为申请执行并处理执行过程中的全部程序性事项。”

3. 代理事项操作的法律规范指引。

3.1 对执行案件受理要件和生效法律文书的审查。

3.1.1 **法院受理执行案件的要件**包括【《执行规定》第 18 条】:

3.1.1.1 申请或移送执行的法律文书已经生效；

3.1.1.2 申请执行人是生效法律文书确定的权利人或其继承人、权利承受人；

3.1.1.3 申请执行人在法定期限内提出申请。注意：超过申请执行时效期间的，可以申请执行【《民诉法解释》第四百八十三条第一款】。

3.1.1.4 申请执行的法律文书有给付内容，且执行标的和被执行人明确；

3.1.1.5 义务人在生效法律文书确定的期限内未履行义务；

3.1.1.6 属于受申请执行的人民法院管辖。

3.1.2 **生效法律文书应当具备下列条件**【《民诉法解释》第四百六十三条】：

3.1.2.1 权利义务主体明确；给付内容明确。

3.1.2.2 法律文书确定继续履行合同的，应当明确继续履行的具体内容。

3.1.3 **申请执行的时效**。

3.1.3.1 申请执行的期间为二年（从法律文书规定履行期间的最后一日起计算；法律文书规定分期履行的，从规定的每次履行期间的最后一日起计算；法律文书未规定履行期间的，从法律文书生效之日起计算）。申请执行时效的中止、中断，适用法律有关诉讼时效中止、中断的规定【《民诉法》第二百三十九条】。

3.1.3.2 在申请执行时效期间的最后六个月内，因不可抗力或者其他障碍不能行使请求权的，申请执行时效中止。从中止时效的原因消除之日起，申请执行时效期间继续计算【《执行解释》第二十七条】。

3.1.3.3 申请执行时效因申请执行、当事人双方达成和解协议、当事人一方提出履行要求或者同意履行义务而中断。从中断时起，申请执行时效期间重新计算【《执行解释》第二十八条】。

3.1.3.4 生效法律文书规定债务人负有不作为义务的，申请执行时效期间从债务人违反不作为义务之日起计算【《执行解释》第二十九条】。

3.2 执行案件的管辖。

3.2.1 发生法律效力的民事判决、裁定，以及刑事判决、裁定中的财产部分，由第一审人民法院或者与第一审人民法院同级的被执行的财产所在地人民法院执行。法律规定由人民法院执行的其他法律文书，由被执行人住所地或者被执行的财产所在地人民法院执行【《民诉法》第二百二十四条】。

3.2.2 发生法律效力的实现担保物权裁定、确认调解协议裁定、支付令，由作出裁定、支付令的人民法院或者与其同级的被执行财产所在地的人民法院执行。认定财产无主的判决，由作出判决的人民法院将无主财产收归国家或者集体所有【《民诉法解释》第四百六十二条】。

3.2.3 仲裁机构作出的国内仲裁裁决、公证机关依法赋予强制执行效力的公证债权文书，由被执行人住所地或被执行的财产所在地人民法院执行。级别管辖，参照各地法院受理诉讼案件的级别管辖的规定确定【《执行规定》第10条】。

3.2.4 在国内仲裁过程中，当事人申请财产保全，经仲裁机构提交人民法院的，由被申请人住所地或被申请保全的财产所在地的基层人民法院裁定并执行；申请证据保全的，由证据所在地的基层人民法院裁定并执行。在涉外仲裁过程中，当事人申请财产保全，经仲裁机构提交人民法院的，由被申请人住所地或被申请保全的财产所在地的中级人民法院裁定并执行；申请证据保全的，由证据所在地的中级人民法院裁定并执行【《执行规定》第11、12条】。

3.2.5 专利管理机关依法作出的处理决定和处罚决定，由被执行人住所地或财产所在地的省、自治区、直辖市有权受理专利纠纷案件的中级人民法院执行。国务院各部门、各省、自治区、直辖市人民政府和海关依照法律、法规作出的处理决定和处罚决定，由被执行人住所地或财产所在地的中级人民法院执行【《执行规定》第13、14条】。

3.3 申请执行需要提交的材料。

3.3.1 一般情况【《执行规定》第20、21条】。

3.3.1.1 申请执行书。申请执行书中应当写明申请执行的理由、事项、执行标的，以及申请执行人所了解的被执行人的财产状况。外国一方当事人申请执行的，应当提交中文申请执行书。当事人所在国与我国缔结或共同参加的司法协助条约有特别规定的，按照条约规定办理。

3.3.1.2 生效法律文书副本。

3.3.1.3 申请执行人的身份证明。公民个人申请的，应当出示居民身份证；法人申请的，应当提交法人营业执照副本和法定代表人身份证明；其他组织申请的，应当提交营业执照副本和主要负责人身份证明。

3.3.1.4 继承人或权利承受人申请执行的，应当提交继承或承受权利的证明文件。

3.3.1.5 其他应当提交的文件或证件。

3.3.1.6 申请执行仲裁机构的仲裁裁决，应当向人民法院提交有仲裁条款的合同书或仲裁协议书。申请执行国外仲裁机构的仲裁裁决的，应当提交经我国驻外使领馆认证或我国公证机关公证的仲裁裁决书中文本。

3.3.2 特殊情况【《执行解释》第一条】。向被执行的财产所在地人民法院申请执行的，应当提供该人民法院辖区有可供执行财产的证明材料。

3.4 公证债权文书申请执行的特别注意事项【《执行异议、复议规定》第二十二条】。

3.4.1 公证债权文书对主债务和担保债务同时赋予强制执行效力的，可以申请对主债务和担保债务同时执行。

3.4.2 公证债权文书仅对主债务赋予强制执行效力未涉及担保债务的，不能对担保债务申请执行。

3.4.3 公证债权文书仅对担保债务赋予强制执行效力未涉及主债务的，不能对主债务申请执行。

3.5 申请执行的特殊情形。

3.5.1 **下列情形可以申请恢复执行：**

3.5.1.1 法定的中止执行的情形消失后，可以申请恢复执行【《民诉法》第二百五十六条】。

3.5.1.2 申请执行人因受欺诈、胁迫与被执行人达成和解协议的，可以申请恢复执行原生效法律文书【《执行立案、结案意见》第六条第一项】；

3.5.1.3 对方当事人不履行或不完全履行执行和解协议的【《执行立案、结案意见》第六条第二项】;

3.5.1.4 终结本次执行程序后，发现被执行人有财产可供执行的【《执行立案、结案意见》第六条第三项】;

3.5.1.5 委托执行结案后，因委托不当被已立案的受托法院退回委托的【《执行立案、结案意见》第六条第四项】;

3.5.1.7 依照民事诉讼法第二百五十七条的规定终结执行后，又具备申请执行条件的【《执行立案、结案意见》第六条第五项】。

3.5.1.8 终结本次执行程序后，可以申请执行法院变更、追加执行当事人。变更、追加被执行人后，可以申请恢复执行【《终本规定》第十六条第二款】。

3.5.2 生效法律文书确定的给付内容为分期履行，各期债务履行期间届满，被执行人未自动履行的，可以分期申请执行，也可以对几期或全部到期债权一并申请执行【《执行立案、结案意见》第七条第一项】。

3.5.3 生效法律文书确定有多个债务人各自单独承担明确的债务的，可以对每个债务人分别申请执行，也可以对几个或全部债务人一并申请执行【《执行立案、结案意见》第七条第二项】。

3.5.4 生效法律文书确定有多个债权人各自享有明确的债权的（包括按份共有），每个债权人可以分别申请执行【《执行立案、结案意见》第七条第三项】。

3.5.5 申请执行赡养费、扶养费、抚养费的案件，涉及金钱给付内容的，应当以申请执行时已发生的债权数额作为申请执行的金额，执行过程中新发生的债权应当另行申请执行；涉及人身权内容的，应当根据申请执行时义务人未履行义务的事实进行申请，执行过程中义务人延续消极行为的，可以申请一并执行【《执行立案、结案意见》第七条第四项】。

3.6 变更、追加执行当事人。

3.6.1 可以变更、追加申请执行人的情形。

3.6.1.1 作为申请执行人的公民死亡或被宣告死亡的，可以变更、追加该公民的遗嘱执行人、受遗赠人、继承人或其他因该公民死亡或被宣告死亡依法承受生效法律文书确定权利的主体为申请执行人【《变更、追加执行当事人规定》第二条第一款】。

3.6.1.2 作为申请执行人的公民被宣告失踪的，可以变更、追加该公民的财产代管人为申请执行人【《变更、追加执行当事人规定》第二条第二款】。

3.6.1.3 作为申请执行人的公民离婚时，生效法律文书确定的权利全部或部分分割给其配偶的，该配偶可以变更、追加为申请执行人【《变更、追加执行当事人规定》第三条】。

3.6.1.4 作为申请执行人的法人或其他组织终止的，可以变更、追加因该法人或其他组织终止依法承受生效法律文书确定的权利的主体为申请执行人【《变更、追加执行当事人规定》第四条】。

3.6.1.5 作为申请执行人的法人或其他组织因合并而终止的，可以变更合并后存续或新设的法人、其他组织为申请执行人【《变更、追加执行当事人规定》第五条】。

3.6.1.6 作为申请执行人的法人或其他组织分立的，可以变更、追加依分立协议约定承受生效法律文书确定权利的新设法人或其他组织为申请执行人【《变更、追加执行当事人规定》第六条】。

3.6.1.7 作为申请执行人的法人或其他组织清算或破产时，可以变更、追加生效法律文书确定的依法分配权利的第三人为申请执行人【《变更、追加执行当事人规定》第七条】。

3.6.1.8 作为申请执行人的机关法人被撤销，可以变更、追加继续履行其职能的主体为申请执行人，但生效法律文书确定的权利依法应由其他主体承受的除外；没有继续履行其职能的主体，且生效法律文书确定权利的承受主体不明确的，以变更、追加作出撤销决定的主体可为申请执行人【《变更、追加执行当事人规定》第八条】。

3.6.1.9 申请执行人将生效法律文书确定的债权依法转让给第三人，且书面认可第三人取得该债权的，可以变更、追加该第三人为申请执行人【《变更、追加执行当事人规定》第九条】。

3.6.2 **可以变更、追加被执行人的情形。**

3.6.2.1 作为被执行人的公民死亡或被宣告死亡，可以变更、追加该公民的遗嘱执行人、继承人、受遗赠人或其他因该公民死亡或被宣告死亡取得遗产的主体为被执行人，在遗产范围内承担责任【《变更、追加执行当事人规定》第十条第一款】。

3.6.2.2 作为被执行人的法人或其他组织分立的，可以变更、追加分立后新设的法人或其他组织为被执行人，对生效法律文书确定的债务承担连带责任；但被执行人在分立前与申请执行人就债务清偿达成的书面协议另有约定的除外【《变更、追加执行当事人规定》第十二条】。

3.6.2.3 作为被执行人的个人独资企业不能清偿生效法律文书确定的债务的，可以变更、追加其投资人为被执行人【《变更、追加执行当事人规定》第十三条第一款】。

3.6.2.4 作为被执行人的合伙企业不能清偿生效法律文书确定的债务的，可以变更、追加普通合伙人为被执行人【《变更、追加执行当事人规定》第十四条第一款】。

3.6.2.5 作为被执行人的有限合伙企业，财产不足以清偿生效法律文书确定的债务的，可以变更、追加未按期足额缴纳出资的有限合伙人为被执行人，在未足额缴纳出资的范围内承担责任【《变更、追加执行当事人规定》第十四条第二款】。

3.6.2.6 作为被执行人的法人分支机构，不能清偿生效法律文书确定的债务的，可以变更、追加该法人为被执行人【《变更、追加执行当事人规定》第十五条第一款】。

3.6.2.7 作为被执行人的个人独资企业、合伙企业、法人分支机构以外的其他组织，不能清偿生效法律文书确定的债务的，可以变更、追加依法对该其他组织的债务承担责任的主体为被执行人【《变更、追加执行当事人规定》第十六条】。

3.6.2.8 作为被执行人的企业法人，财产不足以清偿生效法律文书确定的债务的，可以变更、追加未缴纳或未足额缴纳出资的股东、出资人或依公司法规定对该出资承担连带责任的发起人为被执行人，在尚未缴纳出资的范围内依法承担责任【《变更、追加执行当事人规定》第十七条】。

3.6.2.9 作为被执行人的企业法人，财产不足以清偿生效法律文书确定的债务的，可以变更、追加抽逃出资的股东、出资人为被执行人，在抽逃出资的范围内承担责任【《变更、追加执行当事人规定》第十八条】。

3.6.2.10 作为被执行人的公司，财产不足以清偿生效法律文书确定的债务的，可以变更、追加未依法履行出资义务即转让股权的股东或依公司法规定对该出资承担连带责任的发起人为被执行人，在未依法出资的范围内承担责任【《变更、追加执行当事人规定》第十九条】。

3.6.2.11 作为被执行人的一人有限责任公司，财产不足以清偿生效法律文书确定的债务的，可以变更、追加不能证明公司财产独立于自己的财产的股东为被执行人，对公司债务承担连带责任【《变更、追加执行当事人规定》第二十条】。

3.6.2.12 作为被执行人的公司，未经清算即办理注销登记，导致公司无法进行清算的，可以变更、追加有限责任公司的股东、股份有限公司的董事和控股股东为被执行人，对公司债务承担连带清偿责任【《变更、追加执行当事人规定》第二十一条】。

3.6.2.13 作为被执行人的法人或其他组织，被注销或出现被吊销营业执照、被撤销、被责令关闭、歇业等解散事由后，其股东、出资人或主管部门无偿接受其财产，致使该被执行人无遗留财产或遗留财产不足以清偿债务的，可以变更、追加该股东、出资人或主管部门为被执行人，在接受的财产范围内承担责任【《变更、追加执行当事人规定》第二十二条】。

3.6.2.14 作为被执行人的法人或其他组织，未经依法清算即办理注销登记的，可以变更、追加在登记机关办理注销登记时，书面承诺对被执行人的债务承担清偿责任的第三人为被执行人，在承诺范围内承担清偿责任【《变更、追加执行当事人规定》第二十三条】。

3.6.2.15 执行过程中，可以变更、追加向执行法院书面承诺自愿代被执行人履行生效法律文书确定的债务的第三人为被执行人，在承诺范围内承担责任【《变更、追加执行当事人规定》第二十四条】。

3.6.2.16 作为被执行人的法人或其他组织，因财产依行政命令被无偿调拨、划转给第三人，致使该被执行人财产不足以清偿生效法律文书确定的债务的，可以变更、追加该第三人为被执行人，在接受的财产范围内承担责任【《变更、追加执行当事人规定》第二十五条】。

3.6.2.17 被执行人无财产清偿债务的，如果其开办单位对其开办时投入的注册资金不实或抽逃注册资金，可以裁定变更或追加其开办单位为被执行人，在注册资金不实或抽逃注册资金的范围内，对申请执行人承担责任【《执行规定》第 80 条】。

3.6.2.18 被执行人被撤销、注销或歇业后，上级主管部门或开办单位无偿接受被执行人的财产，致使被执行人无遗留财产清偿债务或遗留财产不足清偿的，可以裁定由上级主管部门或开办单位在所接受的财产范围内承担责任【《执行规定》第 81 条】。

3.6.3 **仅可以变更或者追加被执行人的情形。**

3.6.3.1 作为被执行人的公民被宣告失踪，可以变更该公民的财产代管人为被执行人，在代管的财产范围内承担责任【《变更、追加执行当事人规定》第十条第二款】。

3.6.3.2 作为被执行人的法人或其他组织因合并而终止的，可以变更合并后存续或新设的法人、其他组织为被执行人【《变更、追加执行当事人规定》第十一条】。

3.6.3.3 作为被执行人的法人或者其他组织名称变更的，可以变更名称变更后的法人或者其他组织为被执行人【《民诉法解释》第四百七十四条】。

3.6.3.4 被执行人为个人合伙组织或合伙型联营企业，无能力履行生效法律文书确定的义务的，可以追加该合伙组织的合伙人或参加该联营企业的法人为被执行人【《执行规定》第 77 条】。

3.6.4 **无须变更、追加被执行人即可直接执行相关主体的财产的情形。**

3.6.4.1 被执行人为无法人资格的私营独资企业，无能力履行法律文书确定的义务的，可以裁定执行该独资企业业主的其他财产【《执行规定》第

76 条】。

3.6.4.2 作为被执行人的公民死亡或被宣告死亡，继承人放弃继承或受遗赠人放弃受遗赠，又无遗嘱执行人的，可以直接执行遗产【《变更、追加执行当事人规定》第十条第一款】。

3.6.4.3 个人独资企业投资人作为被执行人的，可以直接执行该个人独资企业的财产【《变更、追加执行当事人规定》第十三条第一款】。

3.6.4.4 个体工商户的字号为被执行人的，可以直接执行该字号经营者的财产【《变更、追加执行当事人规定》第十三条第二款】。

3.6.4.5 由于法人的一个分支机构，不能清偿生效法律文书确定的债务，将该法人变更、追加为被执行人之后，其直接管理的责任财产仍不能清偿债务的，可以直接执行该法人其他分支机构的财产【《变更、追加执行当事人规定》第十五条第一款】。

3.6.4.6 作为被执行人的法人，直接管理的责任财产不能清偿生效法律文书确定债务的，可以直接执行该法人分支机构的财产【《变更、追加执行当事人规定》第十五条第二款】。

3.6.5 **变更、追加被执行人的过程中可以采取相应的保全措施**【《变更、追加执行当事人规定》第二十九条】。申请执行人在执行法院审查其提出的变更、追加被执行人的申请期间或者在申请变更、追加第三人前，可以参照《中华人民共和国民事诉讼法》第一百条和第一百零一条的规定，向执行法院申请采取相应的保全措施。

3.7 被执行财产权属存疑情形的处理。

3.7.1 对被执行人与其他人共有的财产，可以查封、扣押、冻结（以下统称查封）。共有人协议分割共有财产并经债权人认可的，协议有效。查封的效力及于协议分割后被执行人享有份额内的财产。共有人可以提起析产诉讼，申请执行人可以代位提起析产诉讼，但诉讼期间对该财产的执行中止【《查封规定》第十四条】。

3.7.2 对第三人为被执行人的利益占有的被执行人的财产可以查封；该财

产被指定给第三人继续保管的，第三人不得将其交付给被执行人。第三人为自己的利益依法占有的被执行人的财产可以查封，第三人可以继续占有和使用该财产，但不得将其交付给被执行人。第三人无偿借用的被执行人的财产，可以查封或者执行【《查封规定》第十五条】。

3.7.3 被执行人将其财产出卖给第三人，第三人已经支付部分价款并实际占有该财产，但根据合同约定被执行人保留所有权的，可以查封；第三人要求继续履行合同的，应当由第三人在合理期限内向执行法院交付全部余款后解除查封【《查封规定》第十六条】。

3.7.4 被执行人将其所有的需要办理过户登记的财产出卖给第三人，第三人已经支付部分或者全部价款并实际占有该财产，但尚未办理产权过户登记手续的，可以查封；第三人已经支付全部价款并实际占有，但未办理过户登记手续的，如果第三人对此没有过错，不得查封【《查封规定》第十七条】。

3.7.5 被执行人购买第三人的财产，已经支付部分价款并实际占有该财产，但第三人依合同约定保留所有权，申请执行人已向第三人支付剩余价款或者第三人书面同意剩余价款从该财产变价款中优先支付的，可以查封。第三人依法解除合同的，可以向执行法院申请执行被执行人因支付价款而形成的对该第三人的债权【《查封规定》第十八条】。

3.7.6 被执行人购买需要办理过户登记的第三人的财产，已经支付部分或者全部价款并实际占有该财产，虽未办理产权过户登记手续，但申请执行人已向第三人支付剩余价款或者第三人同意剩余价款从该财产变价款中优先支付的，可以查封【《查封规定》第十九条】。

3.7.7 对已经依法设定抵押的被执行人及其所扶养家属居住的房屋，在裁定拍卖、变卖或者抵债后，应当给予被执行人六个月的宽限期；宽限期内，不能申请强制迁出【《抵押房屋执行规定》第二条】。宽限期届满后，被执行人仍未迁出的，可以向执行法院申请强制迁出【《抵押房屋执行规定》第三条】。被执行人属于低保对象且无法自行解决居住问题的，不应申请强制迁出【《抵押房屋执行规定》第六条】。

3.8 评估、拍卖、变卖环节重点注意事项。

3.8.1 选择评估、拍卖机构时，代理律师应当到场【《委托评估规定》第九条】。

3.8.2 评估机构在工作中需要对现场进行勘验的，代理律师应当到场，委托人有相应授权的，代理律师应当在勘验笔录上签字确认【《委托评估规定》第十二条】。

3.8.3 对拍卖过程中财产评估报告有异议的，可以在收到评估报告后十日内以书面形式向执行法院提出；有证据证明评估机构、评估人员不具备相应的评估资质或者评估程序严重违法的，可以申请重新评估【《执行拍卖规定》第六条】。

3.8.4 拍卖时，申请执行人、被执行人均可参加竞买；申请执行人参加竞买的，可以不预交保证金【《执行拍卖规定》第十三条、第十五条第二款】。

3.8.5 涉及国有资产的司法委托拍卖，须由省级以上国有产权交易机构实施【《委托评估规定》第六条】。

3.8.6《证券法》规定应当在证券交易所上市交易或转让的证券资产的司法委托拍卖，须通过证券交易所实施【《委托评估规定》第七条】。

4. 执行程序当事人的救济措施。

4.1 管辖异议。

当事人对执行法院管辖权[①]有异议的，应当自收到执行通知书之日起十日内提出。当事人对执行法院作出的驳回管辖异议的裁定不服的，可以向其上一级人民法院申请复议。管辖权异议审查和复议期间，不停止执行【《执行

① 《民诉法》第二百二十四条　发生法律效力的民事判决、裁定，以及刑事判决、裁定中的财产部分，由第一审人民法院或者与第一审人民法院同级的被执行的财产所在地人民法院执行。

法律规定由人民法院执行的其他法律文书，由被执行人住所地或者被执行的财产所在地人民法院执行。

解释》第三条】。

4.2 执行行为异议。

4.2.1 认为执行行为违反法律规定的，可以向执行法院提出书面异议。对不予受理或者驳回异议的裁定不服的，可以自裁定送达之日起十日内向上一级法院申请复议【《民诉法》第二百二十五条、《执行异议、复议规定》第二条第三款】。

4.2.2 异议人提出执行异议或者复议申请人申请复议，应当向人民法院提交申请书。申请书应当载明具体的异议或者复议请求、事实、理由等内容，并附下列材料：（一）异议人或者复议申请人的身份证明；（二）相关证据材料；（三）送达地址和联系方式【《执行异议、复议规定》第一条】。

4.2.3 申请执行人和被执行人以外的公民、法人和其他组织，具备下列情形之一的，可以作为利害关系人提出执行行为异议：（一）认为人民法院的执行行为违法，妨碍其轮候查封、扣押、冻结的债权受偿的；（二）认为人民法院的拍卖措施违法，妨碍其参与公平竞价的；（三）认为人民法院的拍卖、变卖或者以物抵债措施违法，侵害其对执行标的的优先购买权的；（四）认为人民法院要求协助执行的事项超出其协助范围或者违反法律规定的；（五）认为其他合法权益受到人民法院违法执行行为侵害的【《执行异议、复议规定》第五条】。

4.2.4 执行异议审查和复议期间，不停止执行。如果是被执行人、利害关系人提出异议，可以在提供充分、有效的担保的情况下，向执行法院请求停止相应处分措施；申请执行人在此情况下，可以在提供充分、有效的担保请求后，请求继续执行【《执行解释》第十条】。

4.2.5 当事人、利害关系人对执行行为提出的异议，应当在执行程序终结之前提出，但对终结执行措施提出异议的除外【《执行异议、复议规定》第六条第一款】。

4.2.6 被限制出境的人认为对其限制出境错误的，可以自收到限制出境决定之日起十日内向上一级人民法院申请复议。复议期间，不停止原决定的执行【《执行异议、复议规定》第九条】。

4.2.7 当事人不服驳回不予执行公证债权文书申请的裁定的，可以自收到裁定之日起十日内向上一级人民法院申请复议。复议期间，不停止原决定的执行【《执行异议、复议规定》第十条】。

4.2.8 被纳入失信被执行人名单的公民、法人或其他组织认为有下列情形之一的，可以向执行法院申请纠正：（一）不应将其纳入失信被执行人名单的；（二）记载和公布的失信信息不准确的；（三）失信信息应予删除的【《失信信息规定》第十一条】。公民、法人或其他组织对执行法院作出的驳回决定不服的，可以自决定书送达之日起十日内向上一级法院申请复议【《失信信息规定》第十二条】。

4.2.9 执行案件的当事人或者利害关系人对存在下列情形之一的拍卖、可以提出异议要求撤销：（一）竞买人之间、竞买人与拍卖机构之间恶意串通，损害当事人或者其他竞买人利益的；（二）买受人不具备法律规定的竞买资格的；（三）违法限制竞买人参加竞买或者对不同的竞买人规定不同竞买条件的；（四）未按照法律、司法解释的规定对拍卖标的物进行公告的；（五）其他严重违反拍卖程序且损害当事人或者竞买人利益的情形【《执行异议、复议规定》第二十一条】。

4.2.10 被申请人、申请人或其他执行当事人对执行法院作出的变更、追加裁定或驳回申请裁定不服的，可以自裁定书送达之日起十日内向上一级法院申请复议（依法可以提起执行异议之诉的除外）【《变更、追加执行当事人规定》第三十条】。

4.3 执行标的异议。

4.3.1 执行过程中，案外人可以对执行标的提出书面异议【《民诉法》第二百二十七条】。对执行标的提出的异议，应当在异议指向的执行标的执行终结之前提出；执行标的由当事人受让的，应当在执行程序终结之前提出【《执行异议、复议规定》第六条第二款】。

4.3.2 接受案外人的委托之前，律师应当审查案外人是否系权利人，该权利的合法性与真实性以及该权利能否排除执行等相关事项【《执行异议、复议规定》第二十四条】，以评估委托事项的可行性以及取得满意结果的可能性。判断标准应当对照《执行异议、复议规定》第二十五、二十六、二十八、二十九、三十、三十一的规定。

4.4 执行异议之诉。

4.4.1 除《民诉法解释》第三百零四条的规定以外，《执行异议、复议规定》第二十六第四款、《变更、追加执行当事人规定》第三十二条第一款均可作为提起执行异议之诉的法律依据。

4.4.2 以《变更、追加执行当事人规定》第三十二条第一款为依据提起执行异议之诉的，被申请人提起的，以申请人为被告；申请人提起的，以被申请人为被告【《《变更、追加执行当事人规定》第三十二条第二款》】。

相关司法解释文件汇总表

1	2008/12/31	法释〔1998〕15 号（2008 年调整）	最高人民法院关于人民法院执行工作若干问题的规定（试行）	综合
2	2001/9/30	法释〔2001〕28 号	最高人民法院关于冻结、拍卖上市公司国有股和社会法人股若干问题的规定	特定标的
3	2002/9/28	法发〔2002〕16 号	最高人民法院关于正确适用暂缓执行措施若干问题的规定	程序
4	2004/3/1	法发〔2004〕5 号	最高人民法院、国土资源部、建设部关于依法规范人民法院执行和国土资源房地产管理部门协助执行若干问题的通知	特定事项
5	2008/12/31	法释〔2004〕15 号（2008 年调整）	最高人民法院关于人民法院民事执行中查封、扣押、冻结财产的规定	程序
6	2005/1/1	法释〔2004〕16 号	最高人民法院关于人民法院民事执行中拍卖、变卖财产的规定	程序
7	2008/12/31	法释〔2005〕14 号（2008 年调整）	最高人民法院关于人民法院执行设定抵押的房屋的规定	特定标的
8	2009/1/1	法释〔2008〕13 号	最高人民法院关于适用〈中华人民共和国民事诉讼法〉执行程序若干问题的解释	综合
9	2009/5/18	法释〔2009〕6 号	最高人民法院关于在执行工作中如何计算迟延履行期间的债务利息等问题的批复	特定事项
10	2009/11/20	法释〔2009〕16 号	最高人民法院关于人民法院委托评估、拍卖和变卖工作的若干规定	特定事项
11	2011/5/16	法释〔2011〕11 号	最高人民法院关于委托执行若干问题的规定	程序
12	2011/5/27	法〔2011〕195 号	最高人民法院关于依法制裁规避执行行为的若干意见	特定事项
13	2012/1/1	法释〔2011〕21 号	最高人民法院关于人民法院委托评估、拍卖工作的若干规定	程序
14	2013/9/2	法释〔2013〕20 号	最高人民法院关于网络查询、冻结被执行人存款的规定	特定事项

续表

15	2014/8/1	法释〔2014〕8 号	最高人民法院关于执行程序中计算迟延履行期间的债务利息适用法律若干问题的解释	特定事项
16	2015/5/5	法释〔2015〕10 号	最高人民法院关于人民法院办理执行异议和复议案件若干问题的规定	程序
17	2015/7/22	法释〔2015〕17 号	最高人民法院关于限制被执行人高消费的若干规定（2015 修正）	程序
18	2016/2/15	法释〔2016〕3 号	最高人民法院关于对人民法院终结执行行为提出执行异议期限问题的批复	程序
19	2016/4/14	法释〔2016〕6 号	最高人民法院关于首先查封法院与优先债权执行法院处分查封财产有关问题的批复	程序
20	2017/1/1	法释〔2016〕18 号	最高人民法院关于人民法院网络司法拍卖若干问题的规定	特定事项
21	2016/10/29	法〔2016〕373 号	最高人民法院关于严格规范终结本次执行程序的规定（试行）	程序
22	2016/11/7	法释〔2016〕21 号	最高人民法院关于民事执行中变更、追加当事人若干问题的规定	特定事项
23	2016/11/2	法发〔2016〕30 号	最高人民法院、最高人民检察院关于民事执行活动法律监督若干问题的规定	程序
24	2017/1/20	法发〔2017〕2 号	最高人民法院关于执行案件移送破产审查若干问题的指导意见	特定事项
25	2017/2/28	法释〔2017〕8 号	最高人民法院关于民事执行中财产调查若干问题的规定	特定事项
26	2017/2/28	法释〔2017〕7 号	最高人民法院关于公布失信被执行人名单信息的若干规定（修订）	程序

二

程序图解篇

执行程序流程图

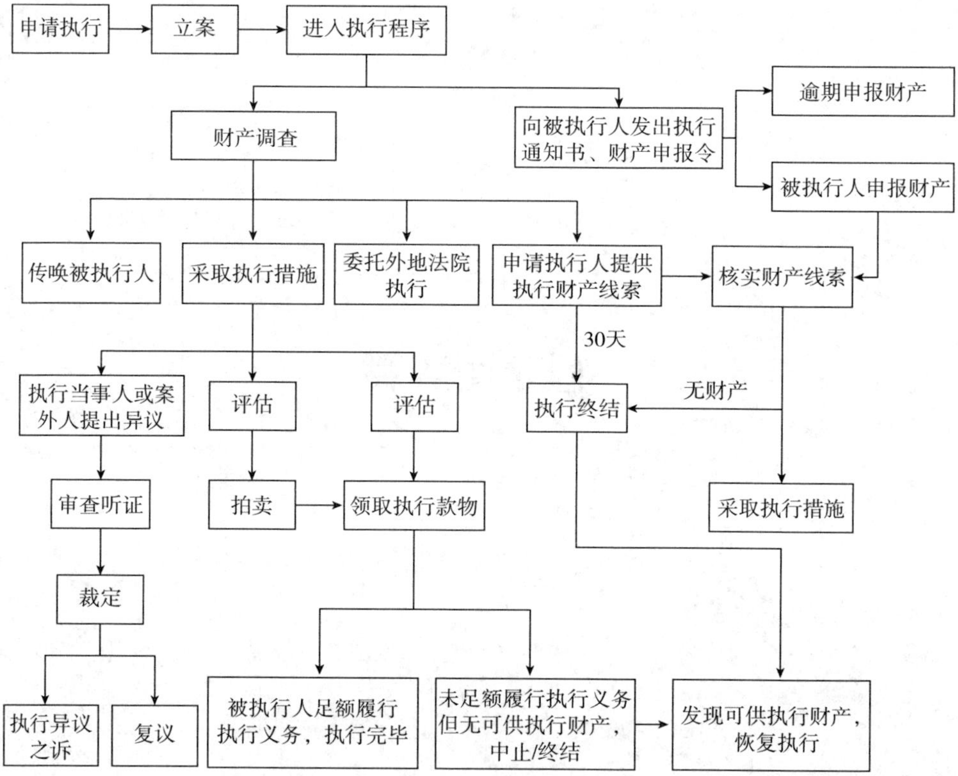
申请执行
立案
进入执行程序
财产调查
向被执行人发出执行通知书、财产申报令
逾期申报财产
被执行人申报财产
传唤被执行人
采取执行措施
委托外地法院执行
申请执行人提供执行财产线索
核实财产线索
30天
执行当事人或案外人提出异议
评估
评估
执行终结
无财产
审查听证
拍卖
领取执行款物
采取执行措施
裁定
执行异议之诉
复议
被执行人足额履行执行义务，执行完毕
未足额履行执行义务但无可供执行财产，中止/终结
发现可供执行财产，恢复执行

民事执行程序期限总览表

执行前的保全程序	诉前保全	利害关系人可以在提起诉讼或者申请仲裁前向**被保全财产所在地、被申请人住所地或者对案件有管辖权的法院**申请采取保全措施。申请人应当提供担保。法院接受申请后，必须在四十八小时内作出裁定；裁定采取保全措施的，应当立即开始执行。申请人在法院采取保全措施后三十日内不依法提起诉讼或者申请仲裁的，人民法院应当解除保全。《民事诉讼法》第一百零一条	利害关系人申请诉前财产保全，在法院采取保全后三十日内依法提起诉讼或者申请仲裁的，诉前财产保全措施自动转为诉讼或仲裁中的保全措施；进入执行程序后，**保全措施自动转为执行中的查封、扣押、冻结措施，期限连续计算**，人民法院无需重新制作裁定书。《财产保全规定》第十七条
	诉讼中保全	法院对于可能因当事人一方的行为或者其他原因，使判决难以执行或者造成当事人其他损害的案件，根据对方当事人的申请，可以裁定对其财产进行保全、责令其作出一定行为或者禁止其作出一定行为；当事人没有提出申请的，法院在必要时也可以裁定采取保全措施。法院接受申请后，对情况紧急的，必须在四十八小时内作出裁定；裁定采取保全措施的，应当立即开始执行。《民事诉讼法》第一百条	法院接受财产保全申请后，应当在五日内作出裁定；需要提供担保的，应当在提供担保后五日内作出裁定；裁定采取保全措施的，应当在五日内开始执行。对情况紧急的，必须在四十八小时内作出裁定；裁定采取保全措施的，应当立即开始执行。《财产保全规定》第四条

续表

	上诉期间保全	对当事人不服一审判决提起上诉案件，在二审法院接到报送的案件之前，当事人有转移、隐匿、出卖或者毁损财产等行为，必须采取保全措施的，由一审法院依当事人申请或者依职权采取。一审法院的保全裁定应当及时报送二审法院。《民事诉讼法司法解释》第一百六十一条	
	文书生效后执行前的保全	法律文书生效后，进入执行程序前，债权人因对方当事人转移财产等紧急情况，不申请保全将可能导致生效法律文书不能执行或者难以执行的，可以向执行法院申请采取保全措施	债权人在法律文书指定的履行期间届满后五日内不申请执行的，人民法院应当解除保全。《民事诉讼法司法解释》第一百六十三条
	保全的措施	法院保全财产后，应当立即通知被保全财产的人。《民事诉讼法》第一百零三条	
		保全裁定未经法院依法撤销或者解除，进入执行程序后，自动转为执行中的查封、扣押、冻结措施，期限连续计算，执行法院无需重新制作裁定书，但查封、扣押、冻结期限届满的除外。《民事诉讼法司法解释》第一百六十八条	
		申请保全人申请续行财产保全的，应当在保全期限届满七日前向法院提出；逾期申请或者不申请的，自行承担不能续行保全的法律后果。法院进行财产保全时，应当书面告知申请人明确的保全期限届满日以及有关申请续行保全事项。《财产保全规定》第十八条	
		保全法院在首先采取查封、扣押、冻结措施后超过一年未对保全财产进行处分的，除被保全财产系争议标的外，在先轮候查封、扣押、冻结的执行法院可以商请保全法院将被保全财产移送执行。《财产保全规定》第二十一条	
	案外人异议	法院对诉讼争议标的以外的财产进行保全，案外人对保全裁定或者保全裁定实施过程中的执行行为不服，**基于实体权利对被保全财产提出书面异议的**，法院应当依照《民事诉讼法》第二百二十七条规定审查处理并作出裁定	案外人、申请保全人对该裁定不服的，可以自裁定送达之日起十五日内向人民法院提起执行异议之诉。法院裁定案外人异议成立后，申请保全人在法律规定的期间内未提起执行异议之诉的，法院应当自起诉期限届满之日起七日内对该被保全财产解除保全。《财产保全规定》第二十七条

续表

	保全的复议	当事人对保全裁定不服的，可以自收到裁定书之日起五日内向作出裁定的人民法院申请复议。法院应当在收到复议申请后十日内审查。裁定正确的，驳回当事人的申请；裁定不当的，变更或者撤销原裁定。《民事诉讼法司法解释》第一百七十一条	申请保全人、被保全人对保全裁定或者驳回申请裁定不服的，可以自裁定书送达之日起五日内向作出裁定的法院申请复议一次。法院应当自收到复议申请后十日内审查，并根据具体情况裁定撤销、变更或驳回。《财产保全规定》第二十五条
	保全的解除	采取财产保全措施后，有下列情形之一的，**申请保全人应当及时申请解除保全**。法院收到解除保全申请后，应当在五日内裁定解除保全；对情况紧急的，必须在四十八小时内裁定解除保全。《财产保全规定》第二十三条	1. 采取诉前财产保全措施后三十日内不依法提起诉讼或申请仲裁 2. 仲裁机构不予受理仲裁申请、准许撤回仲裁申请或者按撤回仲裁申请处理 3. 仲裁申请或者请求被仲裁裁决驳回 4. 其他法院对起诉不予受理、准许撤诉或者按撤诉处理 5. 起诉或者诉讼请求被其他法院生效裁判驳回 6. 申请保全人应当申请解除保全的其他情形
		被保全人申请解除保全，法院经审查认为符合法律规定的，应当在收到解除保全申请后五日内裁定解除保全；对情况紧急的，必须在四十八小时内裁定解除保全。《财产保全规定》第二十三条	
先予执行	先予执行应当在受理案件后终审判决作出前采取。先予执行应当限于当事人诉讼请求的范围，并以当事人的生活、生产经营的急需为限。《民事诉讼法司法解释》第一百六十九条		
	当事人对先予执行裁定不服的，可以自收到裁定书之日起五日内向作出裁定的法院申请复议。	法院应当在收到复议申请后十日内审查，裁定正确的，驳回当事人的申请；裁定不当的，变更或撤销原裁定。《民事诉讼法司法解释》第一百七十一条	

续表

申请执行的时效期间	申请执行的期间为二年	申请执行期间从法律文书规定履行期间的最后一日起计算；法律文书规定分期履行的，从规定的每次履行期间的最后一日起计算；法律文书未规定履行期间的，从法律文书生效之日起计算。《民事诉讼法》第二百三十九条
		生效法律文书规定债务人负有不作为义务的，申请执行时效期间从债务人违反不作为义务之日起计算。《执行程序若干问题的解释》第二十九条
	申请执行时效的中止、中断	在申请执行时效期间的最后六个月内，因不可抗力或者其他障碍不能行使请求权的，申请执行时效中止。从中止时效的原因消除之日起，申请执行时效期间继续计算。《执行程序若干问题的解释》第二十七条
		申请执行时效因申请执行、当事人双方达成和解协议、当事人一方提出履行要求或者同意履行义务而中断。从中断时起，申请执行时效期间重新计算。《执行程序若干问题的解释》第二十八条
	申请恢复执行原生效法律文书期间	因受欺诈、胁迫与被执行人达成和解协议，或者当事人不履行和解协议的，法院可以根据当事人的申请，恢复对原生效法律文书的执行。申请恢复执行原生效法律文书，适用申请执行期间的规定
		申请执行期间因达成执行中的和解协议而中断，其期间自和解协议约定履行期限的最后一日起重新计算。《民事诉讼法司法解释》第四百六十八条
	终结本次执行程序后再次申请执行的期间	进过财产调查未发现可供执行的财产裁定终结本次执行程序后，申请执行人发现被执行人有可供执行财产的，可以再次申请执行。再次申请**不受申请执行时效的限制**
	因撤销申请而终结执行后再次申请执行的期间	因撤销申请而终结执行后，当事人在申请执行时效期间内再次申请执行的，法院应当受理。《民事诉讼法司法解释》第五百二十条
	执行终结后排除妨害的申请期间	在执行终结六个月内，被执行人或者其他人对已执行的标的有妨害行为的，可以申请法院排除妨害并进行处罚。因妨害行为给执行债权人或者其他人造成损失的可以另行起诉。《民事诉讼法司法解释》第五百二十一条
	超过申请执行时效期间申请执行的处理规定	申请执行人超过申请执行时效期间向人民法院申请强制执行的，法院**应予受理**
		被执行人对申请执行时效期间提出异议，法院经审查异议成立的，裁定不予执行

续表

<table>
<tr><td rowspan="2">管辖权异议与复议</td><td rowspan="2">当事人对管辖权有异议的，应当自收到执行通知书之日起十日内提出</td><td>异议成立，应当撤销执行案件，并告知当事人向有管辖权的法院申请执行</td><td rowspan="2">当事人对裁定不服的，可以向上一级人民法院申请复议。《执行程序若干问题的解释》第三条</td></tr>
<tr><td>异议不成立，裁定驳回</td></tr>
<tr><td rowspan="10">执行中采取的执行措施</td><td>确定承办人</td><td colspan="2">法院应当在立案后七日内确定承办人。《执行案件期限规定》第二条</td></tr>
<tr><td>文书审批</td><td colspan="2">执行措施的实施及执行法律文书的制作需报经审批的，相关负责人应当在七日内完成审批程序。《执行案件期限规定》第十二条</td></tr>
<tr><td>执行通知</td><td colspan="2">法院应当在收到申请执行书或者移交执行书后十日内发出执行通知。《民事诉讼法司法解释》第四百八十二条</td></tr>
<tr><td rowspan="4">报告财产</td><td colspan="2">在金钱债务执行中，报告财产令应当与执行通知同时发出。《民事执行中财产调查规定》第三条</td></tr>
<tr><td colspan="2">申请执行人提供被执行人财产线索，应当填写财产调查表。财产线索明确、具体的，法院应当在七日内调查核实；情况紧急的，应当在三日内调查核实。财产线索确实的，人民法院应当及时采取相应的执行措施。《民事执行中财产调查规定》第二条</td></tr>
<tr><td>被执行人自收到执行通知之日前一年至提交书面财产报告之日，其财产情况发生下列变动的，应当将变动情况一并报告</td><td>1. 转让、出租财产
2. 在财产上设立担保物权等权利负担
3. 放弃债权或延长债权清偿期
4. 支出大额资金
5. 其他影响生效法律文书确定债权实现的财产变动。《民事执行中财产调查规定》第六条</td></tr>
<tr><td colspan="2">被执行人报告财产后，其财产情况发生变动，影响申请执行人债权实现的，应当自财产变动之日起十日内向法院补充报告。《民事执行中财产调查规定》第七条</td></tr>
<tr><td rowspan="3">查封、冻结期限</td><td>法院冻结被执行人的银行存款的期限不得超过一年</td><td rowspan="3">申请执行人申请延长期限的，法院应当在查封、扣押、冻结期限届满前办理续行查封、扣押、冻结手续，续行期限不得超过前款规定的期限。《民事诉讼法司法解释》第四百八十七条</td></tr>
<tr><td>查封、扣押动产的期限不得超过两年</td></tr>
<tr><td>查封不动产、冻结其他财产权的期限不得超过三年</td></tr>
</table>

续表

	司法审计	作为被执行人的法人或其他组织不履行生效法律文书确定的义务，申请执行人认为其有拒绝报告、虚假报告财产情况，隐匿、转移财产等逃避债务情形或者其股东、出资人有出资不实、抽逃出资等情形的，可以书面申请法院委托审计机构对该被执行人进行审计。法院应当自收到书面申请之日起十日内决定是否准许。《民事执行中财产调查规定》第十七条	
	悬赏公告	被执行人不履行生效法律文书确定的义务，申请执行人可以向法院书面申请发布悬赏公告查找可供执行的财产。法院应当自收到书面申请之日起十日内决定是否准许。《民事执行中财产调查规定》第二十一条	
	信用惩戒	被执行人未履行生效法律文书确定的义务，并具有下列情形之一的，纳入失信被执行人名单的期限为二年。被执行人以暴力、威胁方法妨碍、抗拒执行情节严重或具有多项失信行为的，可以延长一至三年。《关于公布失信被执行人名单信息的若干规定》第一、二条	1. 额履行能力而拒不履行生效法律文书确定义务 2. 以伪造证据、暴力、威胁等方法妨碍、抗拒执行 3. 以虚假诉讼、虚假仲裁或者以隐匿、转移财产等方法规避执行 4. 违反财产报告制度 5. 违反限制消费令 6. 无正当理由拒不履行执行和解协议
		申请执行人可以向法院申请将符合法定情形的被执行人纳入失信被执行人名单。法院应当自收到申请之日起十五日内审查并作出决定。法院也可以依职权决定将其纳入失信被执行人名单。《关于公布失信被执行人名单信息的若干规定》第五条	
		不应纳入失信被执行人名单的公民、法人或其他组织被纳入失信被执行人名单的，法院应当在三个工作日内撤销失信信息。记载和公布的失信信息不准确的，法院应当在三个工作日内更正失信信息。《关于公布失信被执行人名单信息的若干规定》第九条	
		具有下列情形之一的，法院应当在三个工作日内删除失信信息：有纳入期限的，不适用上述规定。纳入期限届满	1. 被执行人已履行生效法律文书确定的义务或人民法院已执行完毕的 2. 当事人达成执行和解协议且已履行完毕的

续表

		后三个工作日内，法院应当删除失信信息。《关于公布失信被执行人名单信息的若干规定》第十条	3. 申请执行人书面申请删除失信信息，人民法院审查同意的 4. 终结本次执行程序后，通过网络执行查控系统查询被执行人财产两次以上，未发现有可供执行财产，且申请执行人或者其他人未提供有效财产线索的 5. 因审判监督或破产程序，人民法院依法裁定对失信被执行人中止执行的 6. 人民法院依法裁定不予执行的 7. 人民法院依法裁定终结执行的
		申请执行人书面申请删除失信信息，法院审查同意删除失信信息后六个月内，申请执行人申请将该被执行人纳入失信被执行人名单的，人民法院不予支持。《关于公布失信被执行人名单信息的若干规定》第十条	
	拘传及调查询问	人民法院应当及时对被拘传人进行调查询问，调查询问的时间不得超过八小时；情况复杂，依法可能采取拘留措施的，调查询问的时间不得超过二十四小时。《民事诉讼法司法解释》第四百八十四条	
	执行款物管理	交款人直接到法院交付执行款的，交付现金的，财务部门应当即时向交款人出具收款凭据；交付票据的，财务部门应当即时向交款人出具收取凭证，在款项到账后三日内通知执行人员领取收款凭据。《执行款物管理规定》第七条	
		交款人采用转账汇款方式交付和人民法院采用扣划方式收取执行款的，财务部门应当在款项到账后三日内通知执行人员领取收款凭据。《执行款物管理规定》第八条	
		执行人员原则上不直接收取现金和票据；确有必要直接收取的，应当不少于两名执行人员在场，即时向交款人出具收取凭证，同时制作收款笔录，由交款人和在场人员签名。执行人员直接收取现金或者票据的，应当在回院后当日将现金或票据移交财务部门；当日移交确有困难的，应当在回院后一日内移交并说明原因。《执行款物管理规定》第九条	

续表

<table>
<tr><td rowspan="7"></td><td rowspan="4"></td><td colspan="2">执行人员应当在收到财务部门执行款到账通知之日起三十日内，完成执行款的核算、执行费用的结算、通知申请执行人领取和执行款发放等工作。《执行款物管理规定》第十条</td></tr>
<tr><td>有下列情形之一的，报经执行局局长或主管院领导批准后，可以延缓发放。上述情形消失后，执行人员应当在十日内完成执行款的发放。《执行款物管理规定》第十条</td><td>1. 需要进行案款分配的
2. 申请执行人因另案诉讼、执行或涉嫌犯罪等原因导致执行款被保全或冻结的
3. 申请执行人经通知未领取的
4. 案件被依法中止或者暂缓执行的
5. 有其他正当理由需要延缓发放执行款的</td></tr>
<tr><td colspan="2">法院查封、扣押或被执行人交付，且属于执行依据确定交付、返还的物品，执行人员应当自查封、扣押或被执行人交付之日起三十日内，完成执行费用的结算、通知申请执行人领取和发放物品等工作。《执行款物管理规定》第二十二条</td></tr>
<tr><td colspan="2">人民法院解除对物品的查封、扣押措施的，除指定由被执行人保管的外，应当自解除查封、扣押措施之日起十日内将物品发还给所有人或交付人。《执行款物管理规定》第二十三条</td></tr>
<tr><td rowspan="3">迟延履行利息、迟延履行金的计算</td><td colspan="2">被执行人迟延履行的，迟延履行期间的利息或者迟延履行金自判决、裁定和其他法律文书指定的履行期间届满之日起计算。《民事诉讼法司法解释》第五百零六条</td></tr>
<tr><td colspan="2">加倍部分债务利息自生效法律文书确定的履行期间届满之日起计算；生效法律文书确定分期履行的，自每次履行期间届满之日起计算；生效法律文书未确定履行期间的，自法律文书生效之日起计算。《计算迟延履行期间的债务利息适用法律若干问题的解释》第二条</td></tr>
<tr><td colspan="2">加倍部分债务利息计算至被执行人履行完毕之日；被执行人分次履行的，相应部分的加倍部分债务利息计算至每次履行完毕之日。人民法院划拨、提取被执行人的存款、收入、股息、红利等财产的，相应部分的加倍部分债务利息计算至划拨、提取之日；人民法院对被执行人财产拍卖、变卖或者以物抵债的，计算至成交裁定或者抵债裁定生效之日；人民法院对被执行人财产通过其他方式变价的，计算至财产变价完成之日。《计算迟延履行期间的债务利息适用法律若干问题的解释》第三条</td></tr>
</table>

续表

		非因被执行人的申请，对生效法律文书审查而中止或者暂缓执行的期间及再审中止执行的期间，不计算加倍部分债务利息。《计算迟延履行期间的债务利息适用法律若干问题的解释》第三条
	办理过户登记	执行中涉及不动产、特定动产及其它财产需办理过户登记手续的，承办人应当在 5 日内向有关登记机关送达协助执行通知书。《关于人民法院办理执行案件若干期限的规定》第八条
	房屋执行的特殊规定	执行依据确定被执行人交付居住的房屋，自执行通知送达之日起，已经给予三个月的宽限期，被执行人以该房屋系本人及所扶养家属维持生活的必需品为由提出异议的，人民法院不予支持。《执行异议和复议规定》第二十条
		对于被执行人所有的已经依法设定抵押的房屋，法院可以查封，并可以根据抵押权人的申请，依法拍卖、变卖或者抵债。法院对已经依法设定抵押的被执行人及其所扶养家属居住的房屋，在裁定拍卖、变卖或者抵债后，应当给予被执行人六个月的宽限期。在此期限内，被执行人应当主动腾空房屋，人民法院不得强制被执行人及其所扶养家属迁出该房屋。《执行设定抵押的房屋的规定》第一、二条
	委托执行	被执行人或者被执行的财产在外地的，可以委托当地人民法院代为执行。受委托人民法院收到委托函件后，必须在十五日内开始执行，不得拒绝。执行完毕后，应当将执行结果及时函复委托人民法院；在三十日内如果还未执行完毕，也应当将执行情况函告委托人民法院。受委托人民法院自收到委托函件之日起十五日内不执行的，委托人民法院可以请求受委托人民法院的上级人民法院指令受委托人民法院执行。《民事诉讼法》第二百二十九条
	暂缓执行	法院决定暂缓执行的，如果担保是有期限的，暂缓执行的期限应当与担保期限一致，但最长不得超过一年。被执行人或者担保人对担保的财产在暂缓执行期间有转移、隐藏、变卖、毁损等行为的，人民法院可以恢复强制执行。《民事诉讼法司法解释》第四百六十九条
		法院在收到暂缓执行申请后，应当在十五日内作出决定，并在作出决定后五日内将决定书发送当事人或者其他利害关系人。《暂缓执行措施规定》第六条
		暂缓执行的期间不得超过三个月。因特殊事由需要延长的，可以适当延长，延长的期限不得超过三个月。暂缓执行的期限从执行法院作出暂缓执行决定之日起计算。暂缓执行的决定由上级人民法院作出的，从执行法院收到暂缓执行决定之日起计算。《暂缓执行措施规定》第十条

续表

		暂缓执行期限届满前，据以决定暂缓执行的事由消灭的，如果该暂缓执行的决定是由执行法院作出的，执行法院应当立即作出恢复执行的决定；如果该暂缓执行的决定是由执行法院的上级人民法院作出的，执行法院应当将该暂缓执行事由消灭的情况及时报告上级人民法院，该上级人民法院应当在收到报告后十日内审查核实并作出恢复执行的决定。《暂缓执行措施规定》第十三条
	中止执行	法院对已经发生法律效力的判决、裁定、调解书依法决定再审，需要中止执行的，应当在再审裁定中同时写明中止原判决、裁定、调解书的执行；情况紧急的，可以将中止执行裁定口头通知负责执行的人民法院，并在通知后十日内发出裁定书。《民事诉讼法司法解释》第三百九十六条
	不予执行	当事人请求不予执行仲裁裁决或者公证债权文书的，应当在执行终结前向执行法院提出。《民事诉讼法司法解释》第四百八十一条
执行的期间	结案期限	被执行人有财产可供执行的案件，一般应当在立案之日起 6 个月内执结；非诉执行案件一般应当在立案之日起 3 个月内执结。有特殊情况须延长执行期限的，应当报请本院院长或副院长批准。申请延长执行期限的，应当在期限届满前 5 日内提出。《关于人民法院办理执行案件若干期限的规定》第一条
	终结本次执行程序结案的特殊规定	自执行案件立案之日起已超过三个月且符合法定条件才能裁定终结本次执行程序。《终结本次执行程序规定》第一条
		终结本次执行程序后的五年内，执行法院应当每六个月通过网络执行查控系统查询一次被执行人的财产。《终结本次执行程序规定》第九条
		终结本次执行程序裁定书送达申请执行人以后，执行法院应当在七日内将相关案件信息录入最高人民法院建立的终结本次执行程序案件信息库，并通过该信息库统一向社会公布。《终结本次执行程序规定》第十二条
		当事人、利害关系人认为公布的终结本次执行程序案件信息错误的，可以向执行法院申请更正。执行法院审查属实的，应当在三日内予以更正。《终结本次执行程序规定》第十四条
		出现生效法律文书确定的义务执行完毕等依法应予屏蔽的情形，法院应当在三日内将案件信息从终结本次执行程序案件信息库中屏蔽。《终结本次执行程序规定》第十八条

续表

<table>
<tr><td rowspan="2"></td><td rowspan="2">不计入办案期限的期间</td><td colspan="2">1. 公告送达执行法律文书的期间
2. 暂缓执行的期间
3. 中止执行的期间
4. 就法律适用问题向上级法院请示的期间
5. 与其他法院发生执行争议报请共同的上级法院协调处理的期间
《关于人民法院办理执行案件若干期限的规定》第十三条</td></tr>
<tr><td colspan="2">民事诉讼法规定的六个月期间，不应当计算执行中的公告期间、鉴定评估期间、管辖争议处理期间、执行争议协调期间、暂缓执行期间以及中止执行期间。《执行程序若干问题的解释》第十四条</td></tr>
<tr><td rowspan="2">司法评估</td><td colspan="3">执行中采取评估、拍卖措施的，承办人应当在10日内完成评估、拍卖机构的遴选。《关于人民法院办理执行案件若干期限的规定》第七条</td></tr>
<tr><td colspan="3">法院收到评估机构作出的评估报告后，应当在五日内将评估报告发送当事人及其他利害关系人。当事人或者其他利害关系人对评估报告有异议的，可以在收到评估报告后十日内以书面形式向人民法院提出。《拍卖、变卖规定》第六条</td></tr>
<tr><td rowspan="6">司法拍卖</td><td rowspan="6">网络司法拍卖</td><td rowspan="2">网络司法拍卖应当先期公告</td><td>拍卖动产的，应当在拍卖十五日前公告</td></tr>
<tr><td>拍卖不动产的，应当在拍卖三十日前公告。《网络司法拍卖规定》第十二条</td></tr>
<tr><td colspan="2">实施网络司法拍卖的，人民法院应当在拍卖公告发布当日通过网络司法拍卖平台公示拍卖财产相关信息等。《网络司法拍卖规定》第十三条</td></tr>
<tr><td colspan="2">网络司法拍卖的事项应当在拍卖公告发布三日前以书面或者其他能够确认收悉的合理方式，通知当事人、已知优先购买权人。权利人书面明确放弃权利的，可以不通知。无法通知的，应当在网络司法拍卖平台公示并说明无法通知的理由，公示满五日视为已经通知。优先购买权人经通知未参与竞买的，视为放弃优先购买权。《网络司法拍卖规定》第十六条</td></tr>
<tr><td colspan="2">网络司法拍卖的竞价时间应当不少于二十四小时。竞价程序结束前五分钟内无人出价的，最后出价即为成交价；有出价的，竞价时间自该出价时点顺延五分钟。竞买人的出价时间以进入网络司法拍卖平台服务系统的时间为准。《网络司法拍卖规定》第二十条</td></tr>
<tr><td colspan="2">拍卖成交后，买受人交纳的保证金可以充抵价款；其他竞买人交纳的保证金应当在竞价程序结束后二十四小时内退还或者解冻。拍卖未成交的，竞买人交纳的保证金应当在竞价程序结束后二十四小时内退还或者解冻。《网络司法拍卖规定》第二十三条</td></tr>
</table>

续表

		拍卖成交后，买受人应当在拍卖公告确定的期限内将剩余价款交付人民法院指定账户。拍卖成交后二十四小时内，网络服务提供者应当将冻结的买受人交纳的保证金划入人民法院指定账户。《网络司法拍卖规定》第二十五条	
		网络司法拍卖竞价期间无人出价的，本次拍卖流拍。流拍后应当在三十日内在同一网络司法拍卖平台再次拍卖，拍卖动产的应当在拍卖七日前公告；拍卖不动产或者其他财产权的应当在拍卖十五日前公告。再次拍卖的起拍价降价幅度不得超过前次起拍价的百分之二十。再次拍卖流拍的，可以依法在同一网络司法拍卖平台变卖。《网络司法拍卖规定》第二十六条	
		网络司法拍卖竞价程序中，有依法应当暂缓、中止执行等情形的，人民法院应当决定暂缓或者裁定中止拍卖；人民法院可以自行或者通知网络服务提供者停止拍卖。网络服务提供者发现系统故障、安全隐患等紧急情况的，可以先行暂缓拍卖，并立即报告人民法院。暂缓拍卖期限届满或者中止拍卖的事由消失后，需要继续拍卖的，应当在五日内恢复拍卖。《网络司法拍卖规定》第二十八条	
		网络服务提供者对拍卖形成的电子数据，应当完整保存不少于十年，但法律、行政法规另有规定的除外。《网络司法拍卖规定》第二十九条	
	司法拍卖	拍卖应当先期公告	拍卖动产的，应当在拍卖七日前公告；
			拍卖不动产或者其他财产权的，应当在拍卖十五日前公告。《拍卖、变卖规定》第十一条
		人民法院应当在拍卖五日前以书面或者其他能够确认收悉的适当方式，通知当事人和已知的担保物权人、优先购买权人或者其他优先权人于拍卖日到场。优先购买权人经通知未到场的，视为放弃优先购买权。《拍卖、变卖规定》第十四条	
		拍卖成交后，买受人预交的保证金充抵价款，其他竞买人预交的保证金应当在三日内退还；拍卖未成交的，保证金应当于三日内退还竞买人。《拍卖、变卖规定》第十三条	
		拍卖成交后，买受人应当在拍卖公告确定的期限或者人民法院指定的期限内将价款交付到人民法院或者汇入人民法院指定的帐户。《拍卖、变卖规定》第二十四条	

续表

		拍卖时无人竞买或者竞买人的最高应价低于保留价，到场的申请执行人或者其他执行债权人不申请以该次拍卖所定的保留价抵债的，应当在六十日内再行拍卖。《拍卖、变卖规定》第二十六条
		对于第二次拍卖仍流拍的不动产或者其他财产权，人民法院可以将其作价交申请执行人或者其他执行债权人抵债。申请执行人或者其他执行债权人拒绝接受或者依法不能交付其抵债的，应当在六十日内进行第三次拍卖。《拍卖、变卖规定》第二十八条
		第三次拍卖流拍且申请执行人或者其他执行债权人拒绝接受或者依法不能接受该不动产或者其他财产权抵债的，人民法院应当于第三次拍卖终结之日起七日内发出变卖公告。自公告之日起六十日内没有买受人愿意以第三次拍卖的保留价买受该财产，且申请执行人、其他执行债权人仍不表示接受该财产抵债的，应当解除查封、冻结，将该财产退还被执行人，但对该财产可以采取其他执行措施的除外。《拍卖、变卖规定》第二十八条
		法院委托拍卖后，遇有依法应当暂缓执行或者中止执行的情形的，应当决定暂缓执行或者裁定中止执行，并及时通知拍卖机构和当事人。拍卖机构收到通知后，应当立即停止拍卖，并通知竞买人。暂缓执行期限届满或者中止执行的事由消失后，需要继续拍卖的，人民法院应当在十五日内通知拍卖机构恢复拍卖。《拍卖、变卖规定》第二十一条
		拍卖成交或者以流拍的财产抵债的，人民法院应当作出裁定，并于价款或者需要补交的差价全额交付后十日内，送达买受人或者承受人。《拍卖、变卖规定》第二十三条
		人民法院裁定拍卖成交或者以流拍的财产抵债后，除有依法不能移交的情形外，应当于裁定送达后十五日内，将拍卖的财产移交买受人或者承受人。被执行人或者第三人占有拍卖财产应当移交而拒不移交的，强制执行。《拍卖、变卖规定》第三十条
参与分配	多个债权人对执行财产申请参与分配的，执行法院应当制作财产分配方案，并送达各债权人和被执行人。债权人或者被执行人对分配方案有异议的，应当自收到分配方案之日起十五日内向执行法院提出书面异议。《民事诉讼法司法解释》第五百一十一条	
	债权人或者被执行人对分配方案提出书面异议的，执行法院应当通知未提出异议的债权人、被执行人。未提出异议的债权人、被执行人自收到通知之日起十五日内未提出反对意见的，执行法院依异议人的意见对分配方案审查修正后进行分配；提出反对意见的，应当通知异议人。异议人可以自收到通知之日起十五日内，以提出反对意见的债权人、被执行人为被告，向执行法院提起诉讼；异议人逾期未提起诉讼的，执行法院按照原分配方案进行分配。《民事诉讼法司法解释第》五百一十二条	

续表

<table>
<tr><td rowspan="4">变更、追加当事人</td><td colspan="2">申请人申请变更、追加执行当事人，执行法院应当自收到书面申请之日起六十日内作出裁定。有特殊情况需要延长的，由本院院长批准。《变更、追加当事人规定》第二十八条</td></tr>
<tr><td colspan="2">被申请人、申请人或其他执行当事人对执行法院作出的变更、追加裁定或驳回申请裁定不服的，可以自裁定书送达之日起十日内向上一级人民法院申请复议，但依据本规定第三十二条的规定应当提起诉讼的除外。《变更、追加当事人规定》第三十条</td></tr>
<tr><td colspan="2">上一级人民法院对复议申请应当组成合议庭审查，并自收到申请之日起六十日内作出复议裁定。有特殊情况需要延长的，由本院院长批准。《变更、追加当事人规定》第三十一条</td></tr>
<tr><td>被申请人或申请人对执行法院下列变更、追加裁定或驳回申请裁定不服的，可以自裁定书送达之日起十五日内，向执行法院提起执行异议之诉。</td><td>1. 为按期足额缴纳出资的有限合伙人
2. 未缴纳或未足额缴纳出资的股东、出资人或依公司法规定对该出资承担连带责任的发起人
3. 抽逃出资的股东、出资人
4. 未依法履行出资义务即转让股权的原股东或依公司法规定对该出资承担连带责任的发起人
5. 财产不足以清偿生效法律文书确定债务的一人有限公司的不能证明公司财产独立于自己的财产的股东
6. 未经清算即办理注销登记导致公司无法进行清算的有限责任公司的股东、股份有限公司的董事和控股股东为被执行人《变更、追加当事人规定》第三十二、十四、十七至二十条</td></tr>
<tr><td rowspan="2">执行异议</td><td>当事人、利害关系人认为执行行为违反法律规定的，可以向负责执行的人民法院提出书面异议。当事人、利害关系人提出书面异议的，人民法院应当自收到书面异议之日起十五日内审查，理由成立的，裁定撤销或者改正；理由不成立的，裁定驳回。《民事诉讼法》第二百二十五条</td><td rowspan="2">1. 为按期足额缴纳出资的有限合伙人
2. 未缴纳或未足额缴纳出资的股东、出资人或依公司法规定对该出资承担连带责任的发起人
3. 抽逃出资的股东、出资人
4. 未依法履行出资义务即转让股权的原股东或依公司法规定对该出资承担连带责任的发起人
5. 财产不足以清偿生效法律文书确定债务的一人有限公司的不能证明公司财产独立于自己的财产的股东</td></tr>
<tr><td>当事人、利害关系人提出执行行为异议的，应当在执行程序终结之前提出《执行异议和复议规定》第六条</td></tr>
</table>

续表

	当事人、利害关系人认为终结本次执行程序违反法律规定的，可以提出执行异议。人民法院应当依照民事诉讼法第二百二十五条的规定进行审查。《关于严格规范终结本次执行程序的规定（试行）》第七条	6.未经清算即办理注销登记导致公司无法进行清算的有限责任公司的股东、股份有限公司的董事和控股股东为被执行人《变更、追加当事人规定》第十四、十七至二十一条
	对终结执行行为提出异议的，应当自收到终结执行法律文书之日起六十日内提出；未收到法律文书的，应当自知道或者应当知道人民法院终结执行之日起六十日内提出。《关于对人民法院终结执行行为提出执行异议期限问题的批复》	
	执行过程中，案外人对执行标的提出书面异议的，人民法院应当自收到书面异议之日起十五日内审查，理由成立的，裁定中止对该标的的执行；理由不成立的，裁定驳回。案外人、当事人对裁定不服，认为原判决、裁定错误的，依照审判监督程序办理；与原判决、裁定无关的，可以自裁定送达之日起十五日内向人民法院提起诉讼。《民事诉讼法》第二百二十七条	
	驳回案外人执行异议裁定送达案外人之日起十五日内，人民法院不得对执行标的进行处分。《民事诉讼法司法解释》第四百六十五条	
	案外人提出异议的，应当在异议指向的执行标的执行终结之前提出；执行标的由当事人受让的，应当在执行程序终结之前提出。《执行异议和复议规定》第六条	
执行复议	当事人、利害关系人认为执行行为违法提出书面异议后，对法院裁定（撤销或者改正执行行为，或裁定驳回异议）不服的，可以自裁定送达之日起十日内向上一级人民法院申请复议。《民事诉讼法》第二百二十五条	上一级人民法院应当自收到复议申请之日起三十日内审查完毕，并作出裁定。有特殊情况需要延长的，经本院院长批准，可以延长，延长的期限不得超过三十日。《执行程序若干问题的解释》第九条

续表

	被限制出境的人认为对其限制出境错误的，可以自收到限制出境决定之日起十日内向上一级法院申请复议	上一级人民法院应当自收到复议申请之日起十五日内作出决定。复议期间，不停止原决定的执行。《执行异议和复议规定》第九条
	公民、法人或其他组织对被纳入失信被执行人名单申请纠正的，执行法院应当自收到书面纠正申请之日起十五日内审查，理由成立的，应当在三个工作日内纠正；理由不成立的，决定驳回。公民、法人或其他组织对驳回决定不服的，可以自决定书送达之日起十日内向上一级人民法院申请复议	上一级人民法院应当自收到复议申请之日起十五日内作出决定。《关于公布失信被执行人名单信息若干规定》第十二条
	当事人不服驳回不予执行公证债权文书申请的裁定的，可以自收到裁定之日起十日内向上一级人民法院申请复议	上一级人民法院应当自收到复议申请之日起三十日内审查，理由成立的，裁定撤销原裁定，不予执行该公证债权文书；理由不成立的，裁定驳回复议申请。《执行异议和复议规定》第十条
执行监督	法院自收到申请执行书之日起超过六个月未执行的，申请执行人可以向上一级人民法院申请执行。上一级人民法院经审查，可以责令原人民法院在一定期限内执行，也可以决定由本院执行或者指令其他人民法院执行。《民事诉讼法》第二百二十六条	
	有下列情形之一的，上一级人民法院可以根据申请执行人的申请，责令执行法院限期执行或者变更执行法院	1. 债权人申请执行时被执行人有可供执行的财产，执行法院自收到申请执行书之日起超过六个月对该财产未执行完结的 2. 执行过程中发现被执行人可供执行的财产，执行法院自发现财产之日起超过六个月对该财产未执行完结的 3. 对法律文书确定的行为义务的执行，执行法院自收到申请执行书之日起超过六个月未依法采取相应执行措施的 4. 其他有条件执行超过六个月未执行的。《执行程序若干问题的解释》第十一条
执行赔偿	公民、法人或者其他组织申请赔偿的，应当在民事、行政诉讼程序或者执行程序终结后提出，但下列情形除外。赔偿请求人在民事、行政诉讼程序或者执行程序终结后申请赔偿的，该诉讼程序或者执行程序期间不计入赔偿请求时效	1. 人民法院已依法撤销对妨害诉讼的强制措施的 2. 人民法院采取对妨害诉讼的强制措施，造成公民身体伤害或者死亡的 3. 经诉讼程序依法确认不属于被保全人或者被执行人的财产，且无法在相关诉讼程

续表

		序或者执行程序中予以补救的 4. 人民法院生效法律文书已确认相关行为违法，且无法在相关诉讼程序或者执行程序中予以补救的 5. 赔偿请求人有证据证明其请求与民事、行政诉讼程序或者执行程序无关的 6. 其他情形。《司法赔偿案件适用法律若干问题的解释》第十九条

表格中所列司法解释、司法文件指引：

《最高人民法院关于人民法院办理执行案件若干期限的规定》

《最高人民法院关于适用〈中华人民共和国民事诉讼法〉的解释》

《最高人民法院关于适用〈中华人民共和国民事诉讼法〉执行程序若干问题的解释》

《最高人民法院关于民事执行中财产调查若干问题的规定》（2017 年 5 月 1 日起施行）

《最高人民法院关于公布失信被执行人名单信息的若干规定》（2017 年 5 月 1 日起施行）

《最高人民法院关于执行款物管理工作的规定》（2017 年 5 月 1 日起施行）

《最高人民法院关于执行程序中计算迟延履行期间的债务利息适用法律若干问题的解释》

《最高人民法院关于人民法院办理执行异议和复议案件若干问题的规定》

《最高人民法院关于正确适用暂缓执行措施若干问题的规定》

《最高人民法院关于严格规范终结本次执行程序的规定（试行）》

《最高人民法院关于人民法院执行设定抵押的房屋的规定》

《最高人民法院关于人民法院民事执行中拍卖、变卖财产的规定》

《最高人民法院关于人民法院网络司法拍卖若干问题的规定》

《最高人民法院关于民事执行中变更、追加当事人若干问题的规定》

《最高人民法院关于对人民法院终结执行行为提出执行异议期限问题的

批复》

《最高人民法院关于审理民事、行政诉讼中司法赔偿案件适用法律若干问题的解释》

三

规范注释篇

中华人民共和国民事诉讼法［2017年修正］

（1991年4月9日第七届全国人民代表大会第四次会议通过　根据2007年10月28日第十届全国人民代表大会常务委员会第三十次会议《关于修改〈中华人民共和国民事诉讼法〉的决定》第一次修正　根据2012年8月31日第十一届全国人民代表大会常务委员会第二十八次会议《关于修改〈中华人民共和国民事诉讼法〉的决定》第二次修正　根据2017年6月27日第十二届全国人民代表大会常务委员会第二十八次会议《关于修改〈中华人民共和国行政诉讼法〉的规定》第三次修正）

第九章　保全和先予执行

第十章　对妨害民事诉讼的强制措施

第十一章　诉讼费用

第二编　审判程序

第十二章　第一审普通程序

第一节　起诉和受理

第二节　审理前的准备

第三节　开庭审理

第四节　诉讼中止和终结

第五节　判决和裁定

第十三章　简易程序

第十四章　第二审程序

第十五章　特别程序

第一节　一般规定

第二节　选民资格案件

第三节　宣告失踪、宣告死亡案件

第四节　认定公民无民事行为能力、限制民事行为能力案件

第五节　认定财产无主案件

第六节　确认调解协议案件

第七节　实现担保物权案件

第十六章　审判监督程序

第十七章　督促程序

第十八章　公示催告程序

第三编　执行程序

第十九章　一般规定

第二十章　执行的申请和移送

第三编　执行程序

第十九章　一般规定

第二百二十四条[①]　发生法律效力的民事判决、裁定，以及刑事判决、裁定中的财产部分，由第一审人民法院或者与第一审人民法院同级的被执行的财产所在地人民法院执行。

法律规定由人民法院执行的其他法律文书，由被执行人住所地或者被执行的财产所在地人民法院执行。

第二百二十五条[②]　当事人、利害关系人认为执行行为违反法律规定的，可以向负责执行的人民法院提出书面异议。当事人、利害关系人提出书面异议的，人民法院应当自收到书面异议之日起十五日内审查，理由成立的，裁定撤销或者改正；理由不成立的，裁定驳回。当事人、利害关系人对裁定不服的，可以自裁定送达之日起十日内向上一级人民法院申请复议。

---

① 执行管辖条款。须结合《民诉法解释》第四百六十二条，《执行规定》第十至十七条，《执行解释》第一至四条，《执行异议、复议规定》第二十二条的相关规定。

② 执行行为异议条款。须结合《执行解释》第五至十条，以及《执行异议、复议规定》全文的相关规定。

第二百二十六条[①] 人民法院自收到申请执行书之日起超过六个月未执行的，申请执行人可以向上一级人民法院申请执行。上一级人民法院经审查，可以责令原人民法院在一定期限内执行，也可以决定由本院执行或者指令其他人民法院执行。

第二百二十七条[②] 执行过程中，案外人对执行标的提出书面异议的，人民法院应当自收到书面异议之日起十五日内审查，理由成立的，裁定中止对该标的的执行；理由不成立的，裁定驳回。案外人、当事人对裁定不服，认为原判决、裁定错误的，依照审判监督程序办理；与原判决、裁定无关的，可以自裁定送达之日起十五日内向人民法院提起诉讼。

第二百二十八条 执行工作由执行员进行。

采取强制执行措施时，执行员应当出示证件。执行完毕后，应当将执行情况制作笔录，由在场的有关人员签名或者盖章。

人民法院根据需要可以设立执行机构。

第二百二十九条[③] 被执行人或者被执行的财产在外地的，可以委托当地人民法院代为执行。受委托人民法院收到委托函件后，必须在十五日内开始执行，不得拒绝。执行完毕后，应当将执行结果及时函复委托人民法院；在三十日内如果还未执行完毕，也应当将执行情况函告委托人民法院。

受委托人民法院自收到委托函件之日起十五日内不执行的，委托人民法院可以请求受委托人民法院的上级人民法院指令受委托人民法院执行。

第二百三十条[④] 在执行中，双方当事人自行和解达成协议的，执行员应当将协议内容记入笔录，由双方当事人签名或者盖章。

申请执行人因受欺诈、胁迫与被执行人达成和解协议，或者当事人不履行

---

① 指定执行条款。须结合《执行解释》第十一至十四条的相关规定。

② 执行标的异议条款。须结合《民诉法解释》第四百六十四、四百六十五条，《执行规定》第七十至七十五条，《执行解释》第十五至二十四条的相关规定。

③ 委托执行条款。须结合《委托执行规定》全文的相关规定。

④ 执行和解条款。须结合《民诉法解释》第四百六十六至四百六十八条，《执行规定》第八十六、八十七条的相关规定。

和解协议的，人民法院可以根据当事人的申请，恢复对原生效法律文书的执行。

第二百三十一条[①] 在执行中，被执行人向人民法院提供担保，并经申请执行人同意的，人民法院可以决定暂缓执行及暂缓执行的期限。被执行人逾期仍不履行的，人民法院有权执行被执行人的担保财产或者担保人的财产。

第二百三十二条[②] 作为被执行人的公民死亡的，以其遗产偿还债务。作为被执行人的法人或者其他组织终止的，由其权利义务承受人履行义务。

第二百三十三条[③] 执行完毕后，据以执行的判决、裁定和其他法律文书确有错误，被人民法院撤销的，对已被执行的财产，人民法院应当作出裁定，责令取得财产的人返还；拒不返还的，强制执行。

第二百三十四条 人民法院制作的调解书的执行，适用本编的规定。

第二百三十五条[④] 人民检察院有权对民事执行活动实行法律监督。

第二十章 执行的申请和移送

第二百三十六条[⑤] 发生法律效力的民事判决、裁定，当事人必须履行。一方拒绝履行的，对方当事人可以向人民法院申请执行，也可以由审判员移送执行员执行。

调解书和其他应当由人民法院执行的法律文书，当事人必须履行。一方拒绝履行的，对方当事人可以向人民法院申请执行。

第二百三十七条[⑥] 对依法设立的仲裁机构的裁决，一方当事人不履行

---

① 暂缓执行条款。须结合《民诉法解释》第四百六十九至四百七十一条，《执行规定》第八十四、八十五条以及《暂缓执行规定》全文的相关规定。

② 变更被执行人条款。须结合《民诉法解释》第四百七十二至四百七十五条，《执行规定》第七十六至八十三条，《变更、追加执行当事人规定》全文的相关规定。

③ 执行回转条款。需结合《民诉法解释》第四百七十六条，《执行规定》第一百零九、一百一十条的相关规定。

④ 检察院监督条款。须结合《执行监督规定》全文的相关规定。

⑤ 民事判决、裁定执行程序的启动条款。须结合《民诉法解释》第四百六十三条，《执行规定》第十八至二十三条，《执行解释》第一条，《执行异议、复议规定》第二十二条的相关规定。

⑥ 仲裁机构裁决执行程序的启动条款。须结合《民诉法解释》第四百七十七至四百七十九条，《执行规定》第二十、二十一条的相关规定。

的，对方当事人可以向有管辖权的人民法院申请执行。受申请的人民法院应当执行。

被申请人提出证据证明仲裁裁决有下列情形之一的，经人民法院组成合议庭审查核实，裁定不予执行：

（一）当事人在合同中没有订有仲裁条款或者事后没有达成书面仲裁协议的；

（二）裁决的事项不属于仲裁协议的范围或者仲裁机构无权仲裁的；

（三）仲裁庭的组成或者仲裁的程序违反法定程序的；

（四）裁决所根据的证据是伪造的；

（五）对方当事人向仲裁机构隐瞒了足以影响公正裁决的证据的；

（六）仲裁员在仲裁该案时有贪污受贿，徇私舞弊，枉法裁决行为的。

人民法院认定执行该裁决违背社会公共利益的，裁定不予执行。

裁定书应当送达双方当事人和仲裁机构。

仲裁裁决被人民法院裁定不予执行的，当事人可以根据双方达成的书面仲裁协议重新申请仲裁，也可以向人民法院起诉。

第二百三十八条[①] 对公证机关依法赋予强制执行效力的债权文书，一方当事人不履行的，对方当事人可以向有管辖权的人民法院申请执行，受申请的人民法院应当执行。

公证债权文书确有错误的，人民法院裁定不予执行，并将裁定书送达双方当事人和公证机关。

第二百三十九条[②] 申请执行的期间为二年。申请执行时效的中止、中断，适用法律有关诉讼时效中止、中断的规定。

前款规定的期间，从法律文书规定履行期间的最后一日起计算；法律文书规定分期履行的，从规定的每次履行期间的最后一日起计算；法律文书未规定履行期间的，从法律文书生效之日起计算。

---

① 公证债权文书的执行条款。须结合《民诉法解释》第四百八十、四百八十一条，《执行异议、复议规定》第二十二条的相关规定。

② 执行时效条款。须结合《执行解释》第二十七至二十九条的相关规定。

第二百四十条[①] 执行员接到申请执行书或者移交执行书，应当向被执行人发出执行通知，并可以立即采取强制执行措施。

第二十一章　执行措施

第二百四十一条[②] 被执行人未按执行通知履行法律文书确定的义务，应当报告当前以及收到执行通知之日前一年的财产情况。被执行人拒绝报告或者虚假报告的，人民法院可以根据情节轻重对被执行人或者其法定代理人、有关单位的主要负责人或者直接责任人员予以罚款、拘留。

第二百四十二条[③] 被执行人未按执行通知履行法律文书确定的义务，人民法院有权向有关单位查询被执行人的存款、债券、股票、基金份额等财产情况。人民法院有权根据不同情形扣押、冻结、划拨、变价被执行人的财产。人民法院查询、扣押、冻结、划拨、变价的财产不得超出被执行人应当履行义务的范围。

人民法院决定扣押、冻结、划拨、变价财产，应当作出裁定，并发出协助执行通知书，有关单位必须办理。

第二百四十三条[④] 被执行人未按执行通知履行法律文书确定的义务，人民法院有权扣留、提取被执行人应当履行义务部分的收入。但应当保留被执行人及其所扶养家属的生活必需费用。

人民法院扣留、提取收入时，应当作出裁定，并发出协助执行通知书，被执行人所在单位、银行、信用合作社和其他有储蓄业务的单位必须办理。

第二百四十四条[⑤] 被执行人未按执行通知履行法律文书确定的义务，人

---

① 执行通知条款。须结合《民诉法解释》第四百八十二、四百八十三条，《执行规定》第二十五至二十九条，《执行解释》第三十条的相关规定。

② 财产报告条款。须结合《执行解释》第三十一至三十五条，《财产调查规定》全文的相关规定。

③ 执行措施条款（查询及扣划）。须结合《民诉法解释》第四百八十五至四百八十七条，《执行规定》第三十二至三十五、三十八至四十一、第五十至五十六条的相关规定。

④ 执行措施条款（扣留收入）。须结合《民诉法解释》第五百零一条，《执行规定》第三十六、三十七、六十一至六十九条，《制裁规避执行行为意见》第十三条的相关规定。

⑤ 执行措施条款（查封、拍卖）。须结合《执行规定》第三十八至四十一、五十至五十六、五十九条的相关规定。

民法院有权查封、扣押、冻结、拍卖、变卖被执行人应当履行义务部分的财产。但应当保留被执行人及其所扶养家属的生活必需品。

采取前款措施，人民法院应当作出裁定。

第二百四十五条 人民法院查封、扣押财产时，被执行人是公民的，应当通知被执行人或者他的成年家属到场；被执行人是法人或者其他组织的，应当通知其法定代表人或者主要负责人到场。拒不到场的，不影响执行。被执行人是公民的，其工作单位或者财产所在地的基层组织应当派人参加。

对被查封、扣押的财产，执行员必须造具清单，由在场人签名或者盖章后，交被执行人一份。被执行人是公民的，也可以交他的成年家属一份。

第二百四十六条① 被查封的财产，执行员可以指定被执行人负责保管。因被执行人的过错造成的损失，由被执行人承担。

第二百四十七条② 财产被查封、扣押后，执行员应当责令被执行人在指定期间履行法律文书确定的义务。被执行人逾期不履行的，人民法院应当拍卖被查封、扣押的财产；不适于拍卖或者当事人双方同意不进行拍卖的，人民法院可以委托有关单位变卖或者自行变卖。国家禁止自由买卖的物品，交有关单位按照国家规定的价格收购。

第二百四十八条③ 被执行人不履行法律文书确定的义务，并隐匿财产的，人民法院有权发出搜查令，对被执行人及其住所或者财产隐匿地进行搜查。

采取前款措施，由院长签发搜查令。

第二百四十九条④ 法律文书指定交付的财物或者票证，由执行员传唤双方当事人当面交付，或者由执行员转交，并由被交付人签收。

有关单位持有该项财物或者票证的，应当根据人民法院的协助执行通知

---

① 执行措施条款（被查封财产的保管）。须结合《执行规定》第四十三、四十四条的相关规定。

② 执行措施条款（查封、拍卖）。须结合《民诉法解释》第四百八十八至四百九十三条，《执行规定》第四十五、四十八、四十九条以及《执行拍卖规定》和《委托评估规定》全文的相关规定。

③ 执行措施条款（搜查）。须结合《民诉法解释》第四百九十六至五百条，《执行规定》第三十、三十一条的相关规定。

④ 执行措施条款（法律文书指定交付的财物或者票证的交付）。须结合《民诉法解释》第四百九十四、四百九十五条，《执行规定》第五十七、五十八条的相关规定

书转交，并由被交付人签收。

有关公民持有该项财物或者票证的，人民法院通知其交出。拒不交出的，强制执行。

第二百五十条[①] 强制迁出房屋或者强制退出土地，由院长签发公告，责令被执行人在指定期间履行。被执行人逾期不履行的，由执行员强制执行。

强制执行时，被执行人是公民的，应当通知被执行人或者他的成年家属到场；被执行人是法人或者其他组织的，应当通知其法定代表人或者主要负责人到场。拒不到场的，不影响执行。被执行人是公民的，其工作单位或者房屋、土地所在地的基层组织应当派人参加。执行员应当将强制执行情况记入笔录，由在场人签名或者盖章。

强制迁出房屋被搬出的财物，由人民法院派人运至指定处所，交给被执行人。被执行人是公民的，也可以交给他的成年家属。因拒绝接收而造成的损失，由被执行人承担。

第二百五十一条[②] 在执行中，需要办理有关财产权证照转移手续的，人民法院可以向有关单位发出协助执行通知书，有关单位必须办理。

第二百五十二条[③] 对判决、裁定和其他法律文书指定的行为，被执行人未按执行通知履行的，人民法院可以强制执行或者委托有关单位或者其他人完成，费用由被执行人承担。

第二百五十三条[④] 被执行人未按判决、裁定和其他法律文书指定的期间履行给付金钱义务的，应当加倍支付迟延履行期间的债务利息。被执行人未按判决、裁定和其他法律文书指定的期间履行其他义务的，应当支付迟延履行金。

---

① 执行措施条款（强制迁出）。须结合《抵押房屋执行规定》全文的相关规定。

② 执行措施条款（不动产过户登记）。须结合《民诉法解释》第五百零二条，《国土资源房地产管理部门协助执行通知（法发〔2004〕5号）》全文的相关规定。

③ 执行措施条款（行为的执行）。须结合《民诉法解释》第五百零三至五百零五条的相关规定。

④ 执行期间的利息计算条款。须结合《民诉法解释》第五百零六、五百零七条，《执行程序迟延履行利息解释》全文的相关规定。

第二百五十四条 人民法院采取本法第二百四十二条、第二百四十三条、第二百四十四条规定的执行措施后，被执行人仍不能偿还债务的，应当继续履行义务。债权人发现被执行人有其他财产的，可以随时请求人民法院执行。

第二百五十五条[①] 被执行人不履行法律文书确定的义务的，人民法院可以对其采取或者通知有关单位协助采取限制出境，在征信系统记录、通过媒体公布不履行义务信息以及法律规定的其他措施。

第二十二章 执行中止和终结[②]

第二百五十六条 有下列情形之一的，人民法院应当裁定中止执行：[③]

（一）申请人表示可以延期执行的；

（二）案外人对执行标的提出确有理由的异议的；

（三）作为一方当事人的公民死亡，需要等待继承人继承权利或者承担义务的；

（四）作为一方当事人的法人或者其他组织终止，尚未确定权利义务承受人的；

（五）人民法院认为应当中止执行的其他情形。

中止的情形消失后，恢复执行。

第二百五十七条 有下列情形之一的，人民法院裁定终结执行：[④]

（一）申请人撤销申请的；

（二）据以执行的法律文书被撤销的；

（三）作为被执行人的公民死亡，无遗产可供执行，又无义务承担人的；

（四）追索赡养费、扶养费、抚育费案件的权利人死亡的；

---

① 执行措施条款（失信惩戒）。须结合《执行解释》第三十六至三十九条，《失信信息规定》《限制高消费规定》全文的相关规定。

② 须结合《民诉法解释》第四百六十六条的相关规定。

③ 中止执行条款。须结合《执行规定》第一百零二至一百零四条，《执行立案、结案意见》第十七条的相关规定。

④ 终结执行条款。须结合《执行规定》第一百零七、一百零八条，《执行立案、结案意见》第十七条的相关规定。

（五）作为被执行人的公民因生活困难无力偿还借款，无收入来源，又丧失劳动能力的；

（六）人民法院认为应当终结执行的其他情形。

第二百五十八条[①] 中止和终结执行的裁定，送达当事人后立即生效。

① 中止和终结执行裁定的送达条款。须结合《执行规定》第一百零六条的相关规定。

最高人民法院
关于适用〈中华人民共和国民事诉讼法〉的解释

（2014年12月18日由最高人民法院审判委员会第1636次会议通过，自2015年2月4日起施行　法释〔2015〕5号）

目　录

二十、公示催告程序

二十一、执行程序

二十二、涉外民事诉讼程序的特别规定

二十三、附则

2012年8月31日，第十一届全国人民代表大会常务委员会第二十八次会议审议通过了《关于修改〈中华人民共和国民事诉讼法〉的决定》。根据修改后的民事诉讼法，结合人民法院民事审判和执行工作实际，制定本解释。

二十一、执行程序

第四百六十二条[①] 发生法律效力的实现担保物权裁定、确认调解协议裁定、支付令，由作出裁定、支付令的人民法院或者与其同级的被执行财产所在地的人民法院执行。

认定财产无主的判决，由作出判决的人民法院将无主财产收归国家或者集体所有。

第四百六十三条 当事人申请人民法院执行的生效法律文书应当具备下列条件：

（一）权利义务主体明确；

（二）给付内容明确。

法律文书确定继续履行合同的，应当明确继续履行的具体内容。

第四百六十四条[②] 根据民事诉讼法第二百二十七条规定，案外人对执行标的提出异议的，应当在该执行标的执行程序终结前提出。

---

① 执行管辖条款。须结合《民诉法》第二百二十四条，《执行规定》第十至十七条，《执行解释》第一至四条，《执行异议、复议规定》第二十二条的相关规定。

② 执行标的异议条款。须结合《执行规定》第七十至七十五条，《执行解释》第十五至二十四条，《执行异议、复议规定（法释〔2015〕10号）》的相关规定。

本条规定与《执行异议、复议规定》第六条第二款有冲突，以后者规定为准。

第四百六十五条[①] 案外人对执行标的提出的异议，经审查，按照下列情形分别处理：

（一）案外人对执行标的不享有足以排除强制执行的权益的，裁定驳回其异议；

（二）案外人对执行标的享有足以排除强制执行的权益的，裁定中止执行。

驳回案外人执行异议裁定送达案外人之日起十五日内，人民法院不得对执行标的进行处分。

第四百六十六条[②] 申请执行人与被执行人达成和解协议后请求中止执行或者撤回执行申请的，人民法院可以裁定中止执行或者终结执行。

第四百六十七条[③] 一方当事人不履行或者不完全履行在执行中双方自愿达成的和解协议，对方当事人申请执行原生效法律文书的，人民法院应当恢复执行，但和解协议已履行的部分应当扣除。和解协议已经履行完毕的，人民法院不予恢复执行。

第四百六十八条 申请恢复执行原生效法律文书，适用民事诉讼法第二百三十九条申请执行期间的规定。申请执行期间因达成执行中的和解协议而中断，其期间自和解协议约定履行期限的最后一日起重新计算。

第四百六十九条[④] 人民法院依照民事诉讼法第二百三十一条规定决定暂缓执行的，如果担保是有期限的，暂缓执行的期限应当与担保期限一致，但最长不得超过一年。被执行人或者担保人对担保的财产在暂缓执行期间有转移、隐藏、变卖、毁损等行为的，人民法院可以恢复强制执行。

第四百七十条[⑤] 根据民事诉讼法第二百三十一条规定向人民法院提供执行担保的，可以由被执行人或者他人提供财产担保，也可以由他人提供保证。

---

① 执行标的异议的审查条款。须结合《执行异议、复议规定》第二十四至三十一条的相关规定。

② 执行和解后可以中止执行或者终结执行。须结合《执行规定》第八十六、八十七条的相关规定。

③ 恢复执行条款。须结合《执行立案、结案意见》第六条的相关规定。

④ 暂缓执行条款。须结合《执行规定》第八十四、八十五条和《暂缓执行规定》全文的相关规定。

⑤ 执行担保条款。须结合《执行规定》第七十四、八十四、八十五条，《执行解释》第十、十六、二十、三十八条，《变更、追加被执行人规定》第三十一、三十三条的相关规定。

担保人应当具有代为履行或者代为承担赔偿责任的能力。

他人提供执行保证的，应当向执行法院出具保证书，并将保证书副本送交申请执行人。被执行人或者他人提供财产担保的，应当参照物权法、担保法的有关规定办理相应手续。

第四百七十一条 被执行人在人民法院决定暂缓执行的期限届满后仍不履行义务的，人民法院可以直接执行担保财产，或者裁定执行担保人的财产，但执行担保人的财产以担保人应当履行义务部分的财产为限。

第四百七十二条[①] 依照民事诉讼法第二百三十二条规定，执行中作为被执行人的法人或者其他组织分立、合并的，人民法院可以裁定变更后的法人或者其他组织为被执行人；被注销的，如果依照有关实体法的规定有权利义务承受人的，可以裁定该权利义务承受人为被执行人。

第四百七十三条[②] 其他组织在执行中不能履行法律文书确定的义务的，人民法院可以裁定执行对该其他组织依法承担义务的法人或者公民个人的财产。

第四百七十四条 在执行中，作为被执行人的法人或者其他组织名称变更的，人民法院可以裁定变更后的法人或者其他组织为被执行人。

第四百七十五条 作为被执行人的公民死亡，其遗产继承人没有放弃继承的，人民法院可以裁定变更被执行人，由该继承人在遗产的范围内偿还债务。继承人放弃继承的，人民法院可以直接执行被执行人的遗产。

第四百七十六条 法律规定由人民法院执行的其他法律文书执行完毕后，该法律文书被有关机关或者组织依法撤销的，经当事人申请，适用民事诉讼法第二百三十三条规定。

第四百七十七条 仲裁机构裁决的事项，部分有民事诉讼法第二百三十七条第二款、第三款规定情形的，人民法院应当裁定对该部分不予执行。

---

① 变更被执行人条款（法人或其他组织分立）。须结合《执行规定》第七十九至八十三条，《变更、追加被执行人规定》第六、十二条的相关规定。

② 变更被执行人条款（其他组织履行不能）。须结合《执行规定》第七十六至七十八条，《变更、追加被执行人规定》第四至七条，第十一、十二、十六、二十二、二十三、二十五条的相关规定。

应当不予执行部分与其他部分不可分的，人民法院应当裁定不予执行仲裁裁决。

第四百七十八条 依照民事诉讼法第二百三十七条第二款、第三款规定，人民法院裁定不予执行仲裁裁决后，当事人对该裁定提出执行异议或者复议的，人民法院不予受理。当事人可以就该民事纠纷重新达成书面仲裁协议申请仲裁，也可以向人民法院起诉。

第四百七十九条 在执行中，被执行人通过仲裁程序将人民法院查封、扣押、冻结的财产确权或者分割给案外人的，不影响人民法院执行程序的进行。

案外人不服的，可以根据民事诉讼法第二百二十七条规定提出异议。

第四百八十条 有下列情形之一的，可以认定为民事诉讼法第二百三十八条第二款规定的公证债权文书确有错误：

（一）公证债权文书属于不得赋予强制执行效力的债权文书的；

（二）被执行人一方未亲自或者未委托代理人到场公证等严重违反法律规定的公证程序的；

（三）公证债权文书的内容与事实不符或者违反法律强制性规定的；

（四）公证债权文书未载明被执行人不履行义务或者不完全履行义务时同意接受强制执行的。

人民法院认定执行该公证债权文书违背社会公共利益的，裁定不予执行。

公证债权文书被裁定不予执行后，当事人、公证事项的利害关系人可以就债权争议提起诉讼。

第四百八十一条 当事人请求不予执行仲裁裁决或者公证债权文书的，应当在执行终结前向执行法院提出。

第四百八十二条[①] 人民法院应当在收到申请执行书或者移交执行书后十日内发出执行通知。

执行通知中除应责令被执行人履行法律文书确定的义务外，还应通知其

① 执行通知条款。须结合《民诉法》第二百四十条，《执行规定》第二十五至二十九条，《执行解释》第三十条的相关规定。

承担民事诉讼法第二百五十三条规定的迟延履行利息或者迟延履行金。

第四百八十三条 申请执行人超过申请执行时效期间向人民法院申请强制执行的，人民法院应予受理。被执行人对申请执行时效期间提出异议，人民法院经审查异议成立的，裁定不予执行。

被执行人履行全部或者部分义务后，又以不知道申请执行时效期间届满为由请求执行回转的，人民法院不予支持。

第四百八十四条 对必须接受调查询问的被执行人、被执行人的法定代表人、负责人或者实际控制人，经依法传唤无正当理由拒不到场的，人民法院可以拘传其到场。

人民法院应当及时对被拘传人进行调查询问，调查询问的时间不得超过八小时；情况复杂，依法可能采取拘留措施的，调查询问的时间不得超过二十四小时。

人民法院在本辖区以外采取拘传措施时，可以将被拘传人拘传到当地人民法院，当地人民法院应予协助。

第四百八十五条[①] 人民法院有权查询被执行人的身份信息与财产信息，掌握相关信息的单位和个人必须按照协助执行通知书办理。

第四百八十六条[②] 对被执行的财产，人民法院非经查封、扣押、冻结不得处分。对银行存款等各类可以直接扣划的财产，人民法院的扣划裁定同时具有冻结的法律效力。

第四百八十七条[③] 人民法院冻结被执行人的银行存款的期限不得超过一年，查封、扣押动产的期限不得超过两年，查封不动产、冻结其他财产权的期限不得超过三年。

申请执行人申请延长期限的，人民法院应当在查封、扣押、冻结期限届满前办理续行查封、扣押、冻结手续，续行期限不得超过前款规定的期限。

---

① 被执行人信息查询条款。须结合《执行规定》第三十八条的相关规定。

② 被执行财产处分条款。须结合《执行规定》第三十二至三十五、三十九至四十一条的相关规定。

③ 查封期限条款。须结合《冻结、拍卖股权规定》《查封、扣押、冻结规定》《不动产协执通知》《冻结、拍卖股权规定》等相关规定。

人民法院也可以依职权办理续行查封、扣押、冻结手续。

第四百八十八条[①] 依照民事诉讼法第二百四十七条规定，人民法院在执行中需要拍卖被执行人财产的，可以由人民法院自行组织拍卖，也可以交由具备相应资质的拍卖机构拍卖。

交拍卖机构拍卖的，人民法院应当对拍卖活动进行监督。

第四百八十九条[②] 拍卖评估需要对现场进行检查、勘验的，人民法院应当责令被执行人、协助义务人予以配合。被执行人、协助义务人不予配合的，人民法院可以强制进行。

第四百九十条 人民法院在执行中需要变卖被执行人财产的，可以交有关单位变卖，也可以由人民法院直接变卖。

对变卖的财产，人民法院或者其工作人员不得买受。

第四百九十一条 经申请执行人和被执行人同意，且不损害其他债权人合法权益和社会公共利益的，人民法院可以不经拍卖、变卖，直接将被执行人的财产作价交申请执行人抵偿债务。对剩余债务，被执行人应当继续清偿。

第四百九十二条 被执行人的财产无法拍卖或者变卖的，经申请执行人同意，且不损害其他债权人合法权益和社会公共利益的，人民法院可以将该项财产作价后交付申请执行人抵偿债务，或者交付申请执行人管理；申请执行人拒绝接收或者管理的，退回被执行人。

第四百九十三条 拍卖成交或者依法定程序裁定以物抵债的，标的物所有权自拍卖成交裁定或者抵债裁定送达买受人或者接受抵债物的债权人时转移。

第四百九十四条[③] 执行标的物为特定物的，应当执行原物。原物确已毁损或者灭失的，经双方当事人同意，可以折价赔偿。

---

① 拍卖条款。须结合《执行规定》第四十六条，《冻结、拍卖上市公司股权规定》第八条，《执行拍卖规定》全文的相关规定。

② 拍卖评估的现场勘验条款。须结合《执行规定》第四十七至四十九条，《执行拍卖规定》第四条，《委托评估规定》第九、十二条的相关规定。

③ 原物的执行。须结合《执行规定》第五十七条的相关规定。

双方当事人对折价赔偿不能协商一致的，人民法院应当终结执行程序。申请执行人可以另行起诉。

第四百九十五条[①] 他人持有法律文书指定交付的财物或者票证，人民法院依照民事诉讼法第二百四十九条第二款、第三款规定发出协助执行通知后，拒不转交的，可以强制执行，并可依照民事诉讼法第一百一十四条、第一百一十五条规定处理。

他人持有期间财物或者票证毁损、灭失的，参照本解释第四百九十四条规定处理。

他人主张合法持有财物或者票证的，可以根据民事诉讼法第二百二十七条规定提出执行异议。

第四百九十六条 在执行中，被执行人隐匿财产、会计账簿等资料的，人民法院除可依照民事诉讼法第一百一十一条第一款第六项规定对其处理外，还应责令被执行人交出隐匿的财产、会计账簿等资料。被执行人拒不交出的，人民法院可以采取搜查措施。

第四百九十七条 搜查人员应当按规定着装并出示搜查令和工作证件。

第四百九十八条 人民法院搜查时禁止无关人员进入搜查现场；搜查对象是公民的，应当通知被执行人或者他的成年家属以及基层组织派员到场；搜查对象是法人或者其他组织的，应当通知法定代表人或者主要负责人到场。拒不到场的，不影响搜查。

搜查妇女身体，应当由女执行人员进行。

第四百九十九条 搜查中发现应当依法采取查封、扣押措施的财产，依照民事诉讼法第二百四十五条第二款和第二百四十七条规定办理。

第五百条 搜查应当制作搜查笔录，由搜查人员、被搜查人及其他在场人签名、捺印或者盖章。拒绝签名、捺印或者盖章的，应当记入搜查笔录。

---

① 法律文书指定交付的财物或者票证的执行。须结合《执行规定》第五十八条的相关规定。

第五百零一条[①]　人民法院执行被执行人对他人的到期债权，可以作出冻结债权的裁定，并通知该他人向申请执行人履行。

该他人对到期债权有异议，申请执行人请求对异议部分强制执行的，人民法院不予支持。利害关系人对到期债权有异议的，人民法院应当按照民事诉讼法第二百二十七条规定处理。

对生效法律文书确定的到期债权，该他人予以否认的，人民法院不予支持。

第五百零二条　人民法院在执行中需要办理房产证、土地证、林权证、专利证书、商标证书、车船执照等有关财产权证照转移手续的，可以依照民事诉讼法第二百五十一条规定办理。

第五百零三条　被执行人不履行生效法律文书确定的行为义务，该义务可由他人完成的，人民法院可以选定代履行人；法律、行政法规对履行该行为义务有资格限制的，应当从有资格的人中选定。必要时，可以通过招标的方式确定代履行人。

申请执行人可以在符合条件的人中推荐代履行人，也可以申请自己代为履行，是否准许，由人民法院决定。

第五百零四条　代履行费用的数额由人民法院根据案件具体情况确定，并由被执行人在指定期限内预先支付。被执行人未预付的，人民法院可以对该费用强制执行。

代履行结束后，被执行人可以查阅、复制费用清单以及主要凭证。

第五百零五条　被执行人不履行法律文书指定的行为，且该项行为只能由被执行人完成的，人民法院可以依照民事诉讼法第一百一十一条第一款第六项规定处理。

被执行人在人民法院确定的履行期间内仍不履行的，人民法院可以依照民事诉讼法第一百一十一条第一款第六项规定再次处理。

第五百零六条　被执行人迟延履行的，迟延履行期间的利息或者迟延履

---

① 对被执行人债权的执行。须结合《执行规定》第三十六、三十七、六十一至六十九条，《制裁规避执行行为意见》第十三条的相关规定。

行金自判决、裁定和其他法律文书指定的履行期间届满之日起计算。

第五百零七条 被执行人未按判决、裁定和其他法律文书指定的期间履行非金钱给付义务的，无论是否已给申请执行人造成损失，都应当支付迟延履行金。已经造成损失的，双倍补偿申请执行人已经受到的损失；没有造成损失的，迟延履行金可以由人民法院根据具体案件情况决定。

第五百零八条 被执行人为公民或者其他组织，在执行程序开始后，被执行人的其他已经取得执行依据的债权人发现被执行人的财产不能清偿所有债权的，可以向人民法院申请参与分配。

对人民法院查封、扣押、冻结的财产有优先权、担保物权的债权人，可以直接申请参与分配，主张优先受偿权。

第五百零九条 申请参与分配，申请人应当提交申请书。申请书应当写明参与分配和被执行人不能清偿所有债权的事实、理由，并附有执行依据。

参与分配申请应当在执行程序开始后，被执行人的财产执行终结前提出。

第五百一十条[①] 参与分配执行中，执行所得价款扣除执行费用，并清偿应当优先受偿的债权后，对于普通债权，原则上按照其占全部申请参与分配债权数额的比例受偿。清偿后的剩余债务，被执行人应当继续清偿。债权人发现被执行人有其他财产的，可以随时请求人民法院执行。

第五百一十一条 多个债权人对执行财产申请参与分配的，执行法院应当制作财产分配方案，并送达各债权人和被执行人。债权人或者被执行人对分配方案有异议的，应当自收到分配方案之日起十五日内向执行法院提出书面异议。

第五百一十二条 债权人或者被执行人对分配方案提出书面异议的，执行法院应当通知未提出异议的债权人、被执行人。

未提出异议的债权人、被执行人自收到通知之日起十五日内未提出反对意见的，执行法院依异议人的意见对分配方案审查修正后进行分配；提出反对意见的，应当通知异议人。异议人可以自收到通知之日起十五日内，以提出

① 执行中申请参与分配。须结合《执行规定》第九十一、九十二条的相关规定。

反对意见的债权人、被执行人为被告，向执行法院提起诉讼；异议人逾期未提起诉讼的，执行法院按照原分配方案进行分配。

诉讼期间进行分配的，执行法院应当提存与争议债权数额相应的款项。

第五百一十三条 在执行中，作为被执行人的企业法人符合企业破产法第二条第一款规定情形的，执行法院经申请执行人之一或者被执行人同意，应当裁定中止对该被执行人的执行，将执行案件相关材料移送被执行人住所地人民法院。

第五百一十四条 被执行人住所地人民法院应当自收到执行案件相关材料之日起三十日内，将是否受理破产案件的裁定告知执行法院。不予受理的，应当将相关案件材料退回执行法院。

第五百一十五条 被执行人住所地人民法院裁定受理破产案件的，执行法院应当解除对被执行人财产的保全措施。被执行人住所地人民法院裁定宣告被执行人破产的，执行法院应当裁定终结对该被执行人的执行。

被执行人住所地人民法院不受理破产案件的，执行法院应当恢复执行。

第五百一十六条 当事人不同意移送破产或者被执行人住所地人民法院不受理破产案件的，执行法院就执行变价所得财产，在扣除执行费用及清偿优先受偿的债权后，对于普通债权，按照财产保全和执行中查封、扣押、冻结财产的先后顺序清偿。

第五百一十七条 债权人根据民事诉讼法第二百五十四条规定请求人民法院继续执行的，不受民事诉讼法第二百三十九条规定申请执行时效期间的限制。

第五百一十八条 被执行人不履行法律文书确定的义务的，人民法院除对被执行人予以处罚外，还可以根据情节将其纳入失信被执行人名单，将被执行人不履行或者不完全履行义务的信息向其所在单位、征信机构以及其他相关机构通报。

第五百一十九条[①] 经过财产调查未发现可供执行的财产，在申请执行人

① 终结本次执行程序条款。须结合《执行立案、结案意见》的相关规定。

签字确认或者执行法院组成合议庭审查核实并经院长批准后，可以裁定终结本次执行程序。

依照前款规定终结执行后，申请执行人发现被执行人有可供执行财产的，可以再次申请执行。再次申请不受申请执行时效期间的限制。

第五百二十条 因撤销申请而终结执行后，当事人在民事诉讼法第二百三十九条规定的申请执行时效期间内再次申请执行的，人民法院应当受理。

第五百二十一条 在执行终结六个月内，被执行人或者其他人对已执行的标的有妨害行为的，人民法院可以依申请排除妨害，并可以依照民事诉讼法第一百一十一条规定进行处罚。因妨害行为给执行债权人或者其他人造成损失的，受害人可以另行起诉。

最高人民法院
关于人民法院执行工作若干问题的规定（试行）

（1998年6月11日最高人民法院审判委员会第992次会议通过，自1998年7月18日起施行　法释〔1998〕15号）

为了保证在执行程序中正确适用法律，及时有效地执行生效法律文书，维护当事人的合法权益，根据《中华人民共和国民事诉讼法》（以下简称民事诉讼法）等有关法律的规定，结合人民法院执行工作的实践经验，现对人民法院执行工作若干问题作如下规定。

一、执行机构及其职责

1. 人民法院根据需要，依据有关法律的规定，设立执行机构，专门负责执行工作。

2. 执行机构负责执行下列生效法律文书：

（1）人民法院民事、行政判决、裁定、调解书，民事制裁决定、支付令，以及刑事附带民事判决、裁定、调解书；

（2）依法应由人民法院执行的行政处罚决定、行政处理决定；

（3）我国仲裁机构作出的仲裁裁决和调解书；人民法院依据《中华人民共和国仲裁法》有关规定作出的财产保全和证据保全裁定；

（4）公证机关依法赋予强制执行效力的关于追偿债款、物品的债权文书；

（5）经人民法院裁定承认其效力的外国法院作出的判决、裁定，以及国外仲裁机构作出的仲裁裁决；

（6）法律规定由人民法院执行的其他法律文书。

3. 人民法院在审理民事、行政案件中作出的财产保全和先予执行裁定，由审理案件的审判庭负责执行。

4. 人民法庭审结的案件，由人民法庭负责执行。其中复杂、疑难或被执行人不在本法院辖区的案件，由执行机构负责执行。

5. 执行程序中重大事项的办理，应由三名以上执行员讨论，并报经院长批准。

6. 依据民事诉讼法第二百一十三条（现第二百三十七条）或第二百五十八条（现第二百七十四条）[①] 的规定对仲裁裁决是否有不予执行事由进行审查的，应组成合议庭进行。

7. 执行机构应配备必要的交通工具、通讯设备、音像设备和警械用具等，以保障及时有效地履行职责。

8. 执行人员执行公务时，应向有关人员出示工作证和执行公务证，并按规定着装。必要时应由司法警察参加。

执行公务证由最高人民法院统一制发。

9. 上级人民法院执行机构负责本院对下级人民法院执行工作的监督、指导和协调。

二、执行管辖

10. 仲裁机构作出的国内仲裁裁决、公证机关依法赋予强制执行效力的公证债权文书，由被执行人住所地或被执行的财产所在地人民法院执行。

前款案件的级别管辖，参照各地法院受理诉讼案件的级别管辖的规定确定。

11. 在国内仲裁过程中，当事人申请财产保全，经仲裁机构提交人民法院的，由被申请人住所地或被申请保全的财产所在地的基层人民法院裁定并执行；申请证据保全的，由证据所在地的基层人民法院裁定并执行。

12. 在涉外仲裁过程中，当事人申请财产保全，经仲裁机构提交人民法院

---

① 编者注：本条中引用的条文根据《最高人民法院关于调整司法解释等文件中引用〈中华人民共和国民事诉讼法〉条文序号的决定》及 2017 年修正的《中华人民共和国民事诉讼法》进行了调整。

的，由被申请人住所在地或被申请保全的财产所在地的中级人民法院裁定并执行；申请证据保全的，由证据所在地的中级人民法院裁定并执行。

13. 专利管理机关依法作出的处理决定和处罚决定，由被执行人住所地或财产所在地的省、自治区、直辖市有权受理专利纠纷案件的中级人民法院执行。

14. 国务院各部门、各省、自治区、直辖市人民政府和海关依照法律、法规作出的处理决定和处罚决定，由被执行人住所地或财产所在地的中级人民法院执行。

15. 两个以上人民法院都有管辖权的，当事人可以向其中一个人民法院申请执行；当事人向两个以上人民法院申请执行的，由最先立案的人民法院管辖。

16. 人民法院之间因执行管辖权发生争议的，由双方协商解决；协商不成的，报请双方共同的上级人民法院指定管辖。

17. 基层人民法院和中级人民法院管辖的执行案件，因特殊情况需要由上级人民法院执行的，可以报请上级人民法院执行。

三、执行的申请和移送

18. 人民法院受理执行案件应当符合下列条件：

（1）申请或移送执行的法律文书已经生效；

（2）申请执行人是生效法律文书确定的权利人或其继承人、权利承受人；

（3）申请执行人在法定期限内提出申请；[①]

（4）申请执行的法律文书有给付内容，且执行标的和被执行人明确；

（5）义务人在生效法律文书确定的期限内未履行义务；

（6）属于受申请执行的人民法院管辖。

---

① 与《民诉法解释》第四百八十三条冲突，以解释为准：

第四百八十三条 申请执行人超过申请执行时效期间向人民法院申请强制执行的，人民法院应予受理。被执行人对申请执行时效期间提出异议，人民法院经审查异议成立的，裁定不予执行。

被执行人履行全部或者部分义务后，又以不知道申请执行时效期间届满为由请求执行回转的，人民法院不予支持。

人民法院对符合上述条件的申请，应当在七日内予以立案；不符合上述条件之一的，应当在七日内裁定不予受理。

19. 生效法律文书的执行，一般应当由当事人依法提出申请。

发生法律效力的具有给付赡养费、扶养费、抚育费内容的法律文书、民事制裁决定书，以及刑事附带民事判决、裁定、调解书，由审判庭移送执行机构执行。

20. 申请执行，应向人民法院提交下列文件和证件：

（1）申请执行书。申请执行书中应当写明申请执行的理由、事项、执行标的，以及申请执行人所了解的被执行人的财产状况。

申请执行人书写申请执行书确有困难的，可以口头提出申请。人民法院接待人员对口头申请应当制作笔录，由申请执行人签字或盖章。

外国一方当事人申请执行的，应当提交中文申请执行书。当事人所在国与我国缔结或共同参加的司法协助条约有特别规定的，按照条约规定办理。

（2）生效法律文书副本。

（3）申请执行人的身份证明。公民个人申请的，应当出示居民身份证；法人申请的，应当提交法人营业执照副本和法定代表人身份证明；其他组织申请的，应当提交营业执照副本和主要负责人身份证明。

（4）继承人或权利承受人申请执行的，应当提交继承或承受权利的证明文件。

（5）其他应当提交的文件或证件。

21. 申请执行仲裁机构的仲裁裁决，应当向人民法院提交有仲裁条款的合同书或仲裁协议书。

申请执行国外仲裁机构的仲裁裁决的，应当提交经我国驻外使领馆认证或我国公证机关公证的仲裁裁决书中文本。

22. 申请执行人可以委托代理人代为申请执行。委托代理的，应当向人民法院提交经委托人签字或盖章的授权委托书，写明委托事项和代理人的权限。

委托代理人代为放弃、变更民事权利，或代为进行执行和解，或代为收取执行款项的，应当有委托人的特别授权。

23. 申请人民法院强制执行，应当按照人民法院诉讼收费办法的规定缴纳申请执行的费用。

四、执行前的准备和对被执行人财产状况的查明

24.[①] 人民法院决定受理执行案件后，应当在三日内向被执行人发出执行通知书，责令其在指定的期间内履行生效法律文书确定的义务，并承担民事诉讼法第二百二十九条（现第二百五十三条）规定的迟延履行期间的债务利息或迟延履行金。

25. 执行通知书的送达，适用民事诉讼法关于送达的规定。

26. 被执行人未按执行通知书指定的期间履行生效法律文书确定的义务的，应当及时采取执行措施。

在执行通知书指定的期限内，被执行人转移、隐匿、变卖、毁损财产的，应当立即采取执行措施。

人民法院采取执行措施，应当制作裁定书，送达被执行人。

27. 人民法院执行非诉讼生效法律文书，必要时可向制作生效法律文书的机构调取卷宗材料。

28. 申请执行人应当向人民法院提供其所了解的被执行人的财产状况或线索。被执行人必须如实向人民法院报告其财产状况。

人民法院在执行中有权向被执行人、有关机关、社会团体、企业事业单位或公民个人，调查了解被执行人的财产状况，对调查所需的材料可以进行复制、抄录或拍照，但应当依法保密。

29. 为查明被执行人的财产状况和履行义务的能力，可以传唤被执行人或被执行人的法定代表人或负责人到人民法院接受询问。

30. 被执行人拒绝按人民法院的要求提供其有关财产状况的证据材料的，人民法院可以按照民事诉讼法第二百二十四条（现第二百四十八条）的规定

---

① 与《民诉法解释》第四百八十二条冲突，以解释为准：

第四百八十二条 人民法院应当在收到申请执行书或者移交执行书后十日内发出执行通知。

执行通知中除应责令被执行人履行法律文书确定的义务外，还应通知其承担民事诉讼法第二百五十三条规定的迟延履行利息或者迟延履行金。

进行搜查。

31. 人民法院依法搜查时，对被执行人可能存放隐匿的财物及有关证据材料的处所、箱柜等，经责令被执行人开启而拒不配合的，可以强制开启。

五、金钱给付的执行

32. 查询、冻结、划拨被执行人在银行（含其分理处、营业所和储蓄所）、非银行金融机构、其他有储蓄业务的单位（以下简称金融机构）的存款，依照中国人民银行、最高人民法院、最高人民检察院、公安部《关于查询、冻结、扣划企业事业单位、机关、团体银行存款的通知》的规定办理。

33. 金融机构擅自解冻被人民法院冻结的款项，致冻结款项被转移的，人民法院有权责令其限期追回已转移的款项。在限期内未能追回的，应当裁定该金融机构在转移的款项范围内以自己的财产向申请执行人承担责任。

34. 被执行人为金融机构的，对其交存在人民银行的存款准备金和备付金不得冻结和扣划，但对其在本机构、其他金融机构的存款，及其在人民银行的其他存款可以冻结、划拨，并可对被执行人的其他财产采取执行措施，但不得查封其营业场所。

35. 作为被执行人的公民，其收入转为储蓄存款的，应当责令其交出存单。拒不交出的，人民法院应当作出提取其存款的裁定，向金融机构发出协助执行通知书，并附生效法律文书，由金融机构提取被执行人的存款交人民法院或存入人民法院指定的帐户。

36. 被执行人在有关单位的收入尚未支取的，人民法院应当作出裁定，向该单位发出协助执行通知书，由其协助扣留或提取。

37. 有关单位收到人民法院协助执行被执行人收入的通知后，擅自向被执行人或其他人支付的，人民法院有权责令其限期追回；逾期未追回的，应当裁定其在支付的数额内向申请执行人承担责任。

38. 被执行人无金钱给付能力的，人民法院有权裁定对被执行人的其他财产采取查封、扣押措施。裁定书应送达被执行人。

采取前款措施需有关单位协助的，应当向有关单位发出协助执行通知书，连同裁定书副本一并送达有关单位。

39. 查封、扣押财产的价值应当与被执行人履行债务的价值相当。

40. 人民法院对被执行人所有的其他人享有抵押权、质押权或留置权的财产，可以采取查封、扣押措施。财产拍卖、变卖后所得价款，应当在抵押权人、质押权人或留置权人优先受偿后，其余额部分用于清偿申请执行人的债权。

41. 对动产的查封，应当采取加贴封条的方式。不便加贴封条的，应当张贴公告。

对有产权证照的动产或不动产的查封，应当向有关管理机关发出协助执行通知书，要求其不得办理查封财产的转移过户手续，同时可以责令被执行人将有关财产权证照交人民法院保管。必要时也可以采取加贴封条或张贴公告的方法查封。

既未向有关管理机关发出协助执行通知书，也未采取加贴封条或张贴公告的办法查封的，不得对抗其他人民法院的查封。

42. 被查封的财产，可以指令由被执行人负责保管。如继续使用被查封的财产对其价值无重大影响，可以允许被执行人继续使用。因被执行人保管或使用的过错造成的损失，由被执行人承担。

43. 被扣押的财产，人民法院可以自行保管，也可以委托其他单位或个人保管。对扣押的财产，保管人不得使用。

44. 被执行人或其他人擅自处分已被查封、扣押、冻结财产的，人民法院有权责令责任人限期追回财产或承担相应的赔偿责任。

45. 被执行人的财产经查封、扣押后，在人民法院指定的期间内履行义务的，人民法院应当及时解除查封、扣押措施。

46.[①] 人民法院对查封、扣押的被执行人财产进行变价时，应当委托拍卖

① 与《民诉法解释》第四百八十八条第一款冲突，以解释为准：

第四百八十八条 依照民事诉讼法第二百四十七条规定，人民法院在执行中需要拍卖被执行人财产的，可以由人民法院自行组织拍卖，也可以交由具备相应资质的拍卖机构拍卖。

机构进行拍卖。

财产无法委托拍卖、不适于拍卖或当事人双方同意不需要拍卖的，人民法院可以交由有关单位变卖或自行组织变卖。

47. 人民法院对拍卖、变卖被执行人的财产，应当委托依法成立的资产评估机构进行价格评估。

48. 被执行人申请对人民法院查封的财产自行变卖的，人民法院可以准许，但应当监督其按照合理价格在指定的期限内进行，并控制变卖的价款。

49. 拍卖、变卖被执行人的财产成交后，必须即时钱物两清。

委托拍卖、组织变卖被执行人财产所发生的实际费用，从所得价款中优先扣除。所得价款超出执行标的数额和执行费用的部分，应当退还被执行人。

50. 被执行人不履行生效法律文书确定的义务，人民法院有权裁定禁止被执行人转让其专利权、注册商标专用权、著作权（财产权部分）等知识产权。上述权利有登记主管部门的，应当同时向有关部门发出协助执行通知书，要求其不得办理财产权转移手续，必要时可以责令被执行人将产权或使用权证照交人民法院保存。

对前款财产权，可以采取拍卖、变卖等执行措施。

51. 对被执行人从有关企业中应得的已到期的股息或红利等收益，人民法院有权裁定禁止被执行人提取和有关企业向被执行人支付，并要求有关企业直接向申请执行人支付。

对被执行人预期从有关企业中应得的股息或红利等收益，人民法院可以采取冻结措施，禁止到期后被执行人提取和有关企业向被执行人支付。到期后人民法院可从有关企业中提取，并出具提取收据。

52. 对被执行人在其他股份有限公司中持有的股份凭证（股票），人民法院可以扣押，并强制被执行人按照公司法的有关规定转让，也可以直接采取拍卖、变卖的方式进行处分，或直接将股票抵偿给债权人，用于清偿被执行人的债务。

53. 对被执行人在有限责任公司、其他法人企业中的投资权益或股权，人民法院可以采取冻结措施。

冻结投资权益或股权的，应当通知有关企业不得办理被冻结投资权益或股权的转移手续，不得向被执行人支付股息或红利。被冻结的投资权益或股权，被执行人不得自行转让。

54. 被执行人在其独资开办的法人企业中拥的投资权益被冻结后，人民法院可以直接裁定予以转让，以转让所得清偿其对申请执行人的债务。

对被执行人在有限责任公司中被冻结的投资权益或股权，人民法院可以依据《中华人民共和国公司法》第三十五条、第三十六条的规定，征得全体股东过半数同意后，予以拍卖、变卖或以其他方式转让。不同意转让的股东，应当购买该转让的投资权益或股权，不购买的，视为同意转让，不影响执行。

人民法院也可允许并监督被执行人自行转让其投资权益或股权，将转让所得收益用于清偿对申请执行人的债务。

55. 对被执行人在中外合资、合作经营企业中的投资权益或股权，在征得合资或合作他方的同意和对外经济贸易主管机关的批准后，可以对冻结的投资权益或股权予以转让。

如果被执行人除在中外合资、合作企业中的股权以外别无其他财产可供执行，其他股东又不同意转让的，可以直接强制转让被执行人的股权，但应当保护合资他方的优先购买权。

56. 有关企业收到人民法院发出的协助冻结通知后，擅自向被执行人支付股息或红利，或擅自为被执行人办理已冻结股权的转移手续，造成已转移的财产无法追回的，应当在所支付的股息或红利或转移的股权价值范围内向申请执行人承担责任。

六、交付财产和完成行为的执行

57. 生效法律文书确定被执行人交付特定标的物的，应当执行原物。原物被隐匿或非法转移的，人民法院有权责令其交出。原物确已变质、损坏或灭失的，应当裁定折价赔偿或按标的物的价值强制执行被执行人的其他财产。

58. 有关单位或公民持有法律文书指定交付的财物或票证，在接到人民法院协助执行通知书或通知书后，协同被执行人转移财物或票证的，人民法院有权责令其限期追回；逾期未追回的，应当裁定其承担赔偿责任。

59. 被执行人的财产经拍卖、变卖或裁定以物抵债后，需从现占有人处交付给买受人或申请执行人的，适用民事诉讼法第二百二十五条（现第二百四十九条）、第二百二十六条（现第二百五十条）和本规定 57 条、58 条的规定。

60.① 被执行人拒不履行生效法律文书中指定的行为的，人民法院可以强制其履行。

对于可以替代履行的行为，可以委托有关单位或他人完成，因完成上述行为发生的费用由被执行人承担。

对于只能由被执行人完成的行为，经教育，被执行人仍拒不履行的，人民法院应当按照妨害执行行为的有关规定处理。

七、被执行人到期债权的执行

61. 被执行人不能清偿债务，但对本案以外的第三人享有到期债权的，人民法院可以依申请执行人或被执行人的申请，向第三人发出履行到期债务的

---

① 与《民诉法解释》第五百零三、五百零四、五百零五条冲突，以解释为准。

第五百零三条 被执行人不履行生效法律文书确定的行为义务，该义务可由他人完成的，人民法院可以选定代履行人；法律、行政法规对履行该行为义务有资格限制的，应当从有资格的人中选定。必要时，可以通过招标的方式确定代履行人。

申请执行人可以在符合条件的人中推荐代履行人，也可以申请自己代为履行，是否准许，由人民法院决定。

第五百零四条 代履行费用的数额由人民法院根据案件具体情况确定，并由被执行人在指定期限内预先支付。被执行人未预付的，人民法院可以对该费用强制执行。

代履行结束后，被执行人可以查阅、复制费用清单以及主要凭证。

第五百零五条 被执行人不履行法律文书指定的行为，且该项行为只能由被执行人完成的，人民法院可以依照民事诉讼法第一百一十一条第一款第六项规定处理。

通知（以下简称履行通知）。履行通知必须直接送达第三人。

履行通知应当包含下列内容：

（1）第三人直接向申请执行人履行其对被执行人所负的债务，不得向被执行人清偿；

（2）第三人应当在收到履行通知后的十五日内向申请执行人履行债务；

（3）第三人对履行到期债权有异议的，应当在收到履行通知后的十五日内向执行法院提出；

（4）第三人违背上述义务的法律后果。

62. 第三人对履行通知的异议一般应当以书面形式提出，口头提出的，执行人员应记入笔录，并由第三人签字或盖章。

63. 第三人在履行通知指定的期间内提出异议的，人民法院不得对第三人强制执行，对提出的异议不进行审查。

64. 第三人提出自己无履行能力或其与申请执行人无直接法律关系，不属于本规定所指的异议。

第三人对债务部分承认、部分有异议的，可以对其承认的部分强制执行。

65. 第三人在履行通知指定的期限内没有提出异议，而又不履行的，执行法院有权裁定对其强制执行。此裁定同时送达第三人和被执行人。

66. 被执行人收到人民法院履行通知后，放弃其对第三人的债权或延缓第三人履行期限的行为无效，人民法院仍可在第三人无异议又不履行的情况下予以强制执行。

67. 第三人收到人民法院要求其履行到期债务的通知后，擅自向被执行人履行，造成已向被执行人履行的财产不能追回的，除在已履行的财产范围内与被执行人承担连带清偿责任外，可以追究其妨害执行的责任。

68. 在对第三人作出强制执行裁定后，第三人确无财产可供执行的，不得就第三人对他人享有的到期债权强制执行。

69. 第三人按照人民法院履行通知向申请执行人履行了债务或已被强制执行后，人民法院应当出具有关证明。

八、对案外人异议的处理

70.[①] 案外人对执行标的主张权利的，可以向执行法院提出异议。

案外人异议一般应当以书面形式提出，并提供相应的证据。以书面形式提出确有困难的，可以允许以口头形式提出。

71. 对案外人提出的异议，执行法院应当依照民事诉讼法第二百零四条（现第二百二十七条）的规定进行审查。

审查期间可以对财产采取查封、扣押、冻结等保全措施，但不得进行处分。正在实施的处分措施应当停止。

经审查认为案外人的异议理由不成立的，裁定驳回其异议，继续执行。

72. 案外人提出异议的执行标的物是法律文书指定交付的特定物，经审查认为案外人的异议成立的，报经院长批准，裁定对生效法律文书中该项内容中止执行。

73. 执行标的物不属生效法律文书指定交付的特定物，经审查认为案外人的异议成立的，报经院长批准，停止对该标的物的执行。已经采取的执行措施应当裁定立即解除或撤销，并将该标的物交还案外人。

74. 对案外人提出的异议一时难以确定是否成立，案外人已提供确实有效的担保的，可以解除查封、扣押措施。申请执行人提供确实有效的担保的，可以继续执行。因提供担保而解除查封扣押或继续执行有错误，给对方造成损失的，应裁定以担保的财产予以赔偿。

75. 执行上级人民法院的法律文书遇有本规定 72 条规定的情形的，或执行的财产是上级人民法院裁定保全的财产时遇有本规定 73 条、74 条规定的情

---

① 与《民诉法》第二百二十五条冲突，应以该条规定为准并结合起来理解、适用。

第二百二十五条 当事人、利害关系人认为执行行为违反法律规定的，可以向负责执行的人民法院提出书面异议。当事人、利害关系人提出书面异议的，人民法院应当自收到书面异议之日起十五日内审查，理由成立的，裁定撤销或者改正；理由不成立的，裁定驳回。当事人、利害关系人对裁定不服的，可以自裁定送达之日起十日内向上一级人民法院申请复议。

形的，需报经上级人民法院批准。

九、[1] 被执行主体的变更和追加

76. 被执行人为无法人资格的私营独资企业，无能力履行法律文书确定的义务的，人民法院可以裁定执行该独资企业业主的其他财产。

77. 被执行人为个人合伙组织或合伙型联营企业，无能力履行生效法律文书确定的义务的，人民法院可以裁定追加该合伙组织的合伙人或参加该联营企业的法人为被执行人。

78. 被执行人为企业法人的分支机构不能清偿债务时，可以裁定企业法人为被执行人。企业法人直接经营管理的财产仍不能清偿债务的，人民法院可以裁定执行该企业法人其他分支机构的财产。

若必须执行已被承包或租赁的企业法人分支机构的财产时，对承包人或承租人投入及应得的收益应依法保护。

79.[2] 被执行人按法定程序分立为两个或多个具有法人资格的企业，分立后存续的企业按照分立协议确定的比例承担债务；不符合法定程序分立的，裁定由分立后存续的企业按照其从被执行企业分得的资产占原企业总资产的比例对申请执行人承担责任。

80. 被执行人无财产清偿债务，如果其开办单位对其开办时投入的注册资金不实或抽逃注册资金，可以裁定变更或追加其开办单位为被执行人，在注册资金不实或抽逃注册资金的范围内，对申请执行人承担责任。

81. 被执行人被撤销、注销或歇业后，上级主管部门或开办单位无偿接受

---

① 应与《变更、追加执行当事人规定》结合起来理解、适用。

② 与《变更、追加执行当事人规定》第十二条有冲突，以该项为准：

第十二条 作为被执行人的法人或其他组织分立，申请执行人申请变更、追加分立后新设的法人或其他组织为被执行人，对生效法律文书确定的债务承担连带责任的，人民法院应予支持。但被执行人在分立前与申请执行人就债务清偿达成的书面协议另有约定的除外。

被执行人的财产，致使被执行人无遗留财产清偿债务或遗留财产不足清偿的，可以裁定由上级主管部门或开办单位在所接受的财产范围内承担责任。

82. 被执行人的开办单位已经在注册资金范围内或接受财产的范围内向其他债权人承担了全部责任的，人民法院不得裁定开办单位重复承担责任。

83. 依照民事诉讼法第二百零九条（现第二百三十二条）、最高人民法院关于适用民事诉讼法若干问题的意见第 271 条至第 274 条及本规定裁定变更或追加被执行主体的，由执行法院的执行机构办理。

十、执行担保和执行和解

84. 被执行人或其担保人以财产向人民法院提供执行担保的，应当依据《中华人民共和国担保法》的有关规定，按照担保物的种类、性质，将担保物移交执行法院，或依法到有关机关办理登记手续。

85. 人民法院在审理案件期间，保证人为被执行人提供保证，人民法院据此未对被执行人的财产采取保全措施或解除保全措施的，案件审结后如果被执行人无财产可供执行或其财产不足清偿债务时，即使生效法律文书中未确定保证人承担责任，人民法院有权裁定执行保证人在保证责任范围内的财产。

86. 在执行中，双方当事人可以自愿达成和解协议，变更生效法律文书确定的履行义务主体、标的物及其数额、履行期限和履行方式。

和解协议一般应当采取书面形式。执行人员应将和解协议副本附卷。无书面协议的，执行人员应将和解协议的内容记入笔录，并由双方当事人签名或盖章。

87. 当事人之间达成的和解协议合法有效并已履行完毕的，人民法院作执行结案处理。

十一、多个债权人对一个债务人申请执行和参与分配

88.[①] 多份生效法律文书确定金钱给付内容的多个债权人分别对同一被执行人申请执行，各债权人对执行标的物均无担保物权的，按照执行法院采取执行措施的先后顺序受偿。

多个债权人的债权种类不同的，基于所有权和担保物权而享有的债权，优先于金钱债权受偿。有多个担保物权的，按照各担保物权成立的先后顺序清偿。

一份生效法律文书确定金钱给付内容的多个债权人对同一被执行人申请执行，执行的财产不足清偿全部债务的，各债权人对执行标的物均无担保物权的，按照各债权比例受偿。

89. 被执行人为企业法人，其财产不足清偿全部债务的，可告知当事人依法申请被执行人破产。

90. 被执行人为公民或其他组织，其全部或主要财产已被一个人民法院因执行确定金钱给付的生效法律文书而查封、扣押或冻结，无其他财产可供执行或其他财产不足清偿全部债务的，在被执行人的财产被执行完毕前，对该被执行人已经取得金钱债权执行依据的其他债权人可以申请对该被执行人的财产参与分配。

91. 对参与被执行人财产的具体分配，应当由首先查封、扣押或冻结的法院主持进行。

首先查封、扣押、冻结的法院所采取的执行措施如系为执行财产保全裁定，具体分配应当在该院案件审理终结后进行。

---

① 与《民诉法解释》第五百零八条冲突，以解释为准：

第五百零八条 被执行人为公民或者其他组织，在执行程序开始后，被执行人的其他已经取得执行依据的债权人发现被执行人的财产不能清偿所有债权的，可以向人民法院申请参与分配。

对人民法院查封、扣押、冻结的财产有优先权、担保物权的债权人，可以直接申请参与分配，主张优先受偿权。

92. 债权人申请参与分配的，应当向其原申请执行法院提交参与分配申请书，写明参与分配的理由，并附有执行依据。该执行法院应将参与分配申请书转交给主持分配的法院，并说明执行情况。

93. 对人民法院查封、扣押或冻结的财产有优先权、担保物权的债权人，可以申请参加参与分配程序，主张优先受偿权。

94.[①] 参与分配案件中可供执行的财产，在对享有优先权、担保权的债权人依照法律规定的顺序优先受偿后，按照各个案件债权额的比例进行分配。

95. 被执行人的财产被分配给各债权人后，被执行人对其剩余债务应当继续清偿。债权人发现被执行人有其他财产的，人民法院可以根据债权人的申请继续依法执行。

96. 被执行人为企业法人，未经清理或清算而撤销、注销或歇业，其财产不足清偿全部债务的，应当参照本规定 90 条至 95 条的规定，对各债权人的债权按比例清偿。

十二、对妨害执行行为的强制措施的适用

97.[②] 对必须到人民法院接受询问的被执行人或被执行人的法定代表人或负责人，经两次传票传唤，无正当理由拒不到场的，人民法院可以对其进行拘传。

98.[③] 对被拘传人的调查询问不得超过二十四小时，调查询问后不得限制

---

① 与《民诉法解释》第五百一十六条矛盾，以解释为准：

第五百一十六条 当事人不同意移送破产或者被执行人住所地人民法院不受理破产案件的，执行法院就执行变价所得财产，在扣除执行费用及清偿优先受偿的债权后，对于普通债权，按照财产保全和执行中查封、扣押、冻结财产的先后顺序清偿。

② 与《民诉法解释》第四百八十四条第一款冲突，以解释为准：

第四百八十四条第一款 对必须接受调查询问的被执行人、被执行人的法定代表人、负责人或者实际控制人，经依法传唤无正当理由拒不到场的，人民法院可以拘传其到场。

③ 与《民诉法解释》第四百八十四条第二款冲突，以解释为准：

第四百八十四条第二款 人民法院应当及时对被拘传人进行调查询问，调查询问的时间不得超过八小时；情况复杂，依法可能采取拘留措施的，调查询问的时间不得超过二十四小时。

被拘传人的人身自由。

99. 在本辖区以外采取拘传措施时，应当将被拘传人拘传到当地法院，当地法院应予以协助。

100. 被执行人或其他人有下列拒不履行生效法律文书或者妨害执行行为之一的，人民法院可以依照民事诉讼法第一百零二条（现第一百一十一条）的规定处理：

（1）隐藏、转移、变卖、毁损向人民法院提供执行担保的财产的；

（2）案外人与被执行人恶意串通转移被执行人财产的；

（3）故意撕毁人民法院执行公告、封条的；

（4）伪造、隐藏、毁灭有关被执行人履行能力的重要证据，妨碍人民法院查明被执行人财产状况的；

（5）指使、贿买、胁迫他人对被执行人的财产状况和履行义务的能力问题作伪证的；

（6）妨碍人民法院依法搜查的；

（7）以暴力、威胁或其他方法妨碍或抗拒执行的；

（8）哄闹、冲击执行现场的；

（9）对人民法院执行人员或协助执行人员进行侮辱、诽谤、诬陷、围攻、威胁、殴打或者打击报复的；

（10）毁损、抢夺执行案件材料、执行公务车辆、其他执行器械、执行人员服装和执行公务证件的；

101. 在执行过程中遇有被执行人或其他人拒不履行生效法律文书或者妨害执行情节严重，需要追究刑事责任的，应将有关材料移交有关机关处理。

十三、执行的中止、终结、结案和执行回转

102. 有下列情形之一的，人民法院应当依照民事诉讼法第二百三十二条（现第二百五十六条）第一款第五项的规定裁定中止执行：

（1）人民法院已受理以被执行人为债务人的破产申请的；

（2）被执行人确无财产可供执行的；

（3）执行的标的物是其他法院或仲裁机构正在审理的案件争议标的物，需要等待该案件审理完毕确定权属的；

（4）一方当事人申请执行仲裁裁决，另一方当事人申请撤销仲裁裁决的；

（5）仲裁裁决的被申请执行人依据民事诉讼法第二百一十三条（现第二百三十七条）第二款的规定向人民法院提出不予执行请求，并提供适当担保的。

103. 按照审判监督程序提审或再审的案件，执行机构根据上级法院或本院作出的中止执行裁定书中止执行。

104. 中止执行的情形消失后，执行法院可以根据当事人的申请或依职权恢复执行。

恢复执行应当书面通知当事人。

105. 在执行中，被执行人被人民法院裁定宣告破产的，执行法院应当依照民事诉讼法第二百三十三条（现第二百五十七条）第六项的规定，裁定终结执行。

106. 中止执行和终结执行的裁定书应当写明中止或终结执行的理由和法律依据。

107. 人民法院执行生效法律文书，一般应当在立案之日起六个月内执行结案，但中止执行的期间应当扣除。确有特殊情况需要延长的，由本院院长批准。

108. 执行结案的方式为：

（1）生效法律文书确定的内容全部执行完毕；

（2）裁定终结执行；

（3）裁定不予执行；

（4）当事人之间达成执行和解协议并已履行完毕。

109. 在执行中或执行完毕后，据以执行的法律文书被人民法院或其他有关机关撤销或变更的，原执行机构应当依照民事诉讼法第二百一十条（现第二百三十三条）的规定，依当事人申请或依职权，按照新的生效法律文书，作出执行回转的裁定，责令原申请执行人返还已取得的财产及其孳息。拒不返还的，强制执行。

执行回转应重新立案，适用执行程序的有关规定。

110. 执行回转时，已执行的标的物系特定物的，应当退还原物。不能退还原物的，可以折价抵偿。

十四、委托执行、协助执行和执行争议的协调

111. 凡需要委托执行的案件，委托法院应在立案后一个月内办妥委托执行手续。超过此期限委托的，应当经对方法院同意。

112. 委托法院明知被执行人有下列情形的，应当及时依法裁定中止执行或终结执行，不得委托当地法院执行：

（1）无确切住所，长期下落不明，又无财产可供执行的；

（2）有关法院已经受理以被执行人为债务人的破产案件或者已经宣告其破产的。

113. 委托执行一般应在同级人民法院之间进行。经对方法院同意，也可委托上一级的法院执行。

被执行人是军队企业的，可以委托其所在地的军事法院执行。

执行标的物是船舶的，可以委托有关海事法院执行。

114. 委托法院应当向受委托法院出具书面委托函，并附送据以执行的生效法律文书副本原件、立案审批表复印件及有关情况说明，包括财产保全情况、被执行人的财产状况、生效法律文书履行的情况，并注明委托法院地址、联系电话、联系人等。

115. 委托执行案件的实际支出费用，由受托法院向被执行人收取，确有必要的，可以向申请执行人预收。委托法院已经向申请执行人预收费用的，应当将预收的费用转交受托法院。

116. 案件委托执行后，未经受托法院同意，委托法院不得自行执行。

117. 受托法院接到委托后，应当及时将指定的承办人、联系电话、地址

等告知委托法院；如发现委托执行的手续、资料不全，应及时要求委托法院补办。但不得据此拒绝接受委托。

118. 受托法院对受托执行的案件应当严格按照民事诉讼法和最高人民法院有关规定执行，有权依法采取强制执行措施和对妨害执行行为的强制措施。

119. 被执行人在受托法院当地有工商登记或户籍登记，但人员下落不明，如有可供执行的财产，可以直接执行其财产。

120. 对执行担保和执行和解的情况以及案外人对非属法律文书指定交付的执行标的物提出的异议，受托法院可以按照有关法律规定处理，并及时通知委托法院。

121. 受托法院在执行中，认为需要变更被执行人的，应当将有关情况函告委托法院，由委托法院依法决定是否作出变更被执行人的裁定。

122. 受托法院认为受托执行的案件应当中止、终结执行的，应提供有关证据材料，函告委托法院作出裁定。受托法院提供的证据材料确实、充分的，委托法院应当及时作出中止或终结执行的裁定。

123. 受托法院认为委托执行的法律文书有错误，如执行可能造成执行回转困难或无法执行回转的，应当首先采取查封、扣押、冻结等保全措施，必要时要将保全款项划到法院帐户，然后函请委托法院审查。受托法院按照委托法院的审查结果继续执行或停止执行。

124. 人民法院在异地执行时，当地人民法院应当积极配合，协同排除障碍，保证执行人员的人身安全和执行装备、执行标的物不受侵害。

125. 两个或两个以上人民法院在执行相关案件中发生争议的，应当协商解决。协商不成的，逐级报请上级法院，直至报请共同的上级法院协调处理。

执行争议经高级人民法院协商不成的，由有关的高级人民法院书面报请最高人民法院协调处理。

126. 执行中发现两地法院或人民法院与仲裁机构就同一法律关系作出不同裁判内容的法律文书的，各有关法院应当立即停止执行，报请共同的上级法院处理。

127. 上级法院协调处理有关执行争议案件，认为必要时，可以决定将有关款项划到本院指定的帐户。

128. 上级法院协调下级法院之间的执行争议所作出的处理决定，有关法院必须执行。

十五、执行监督

129. 上级人民法院依法监督下级人民法院的执行工作。最高人民法院依法监督地方各级人民法院和专门法院的执行工作。

130. 上级法院发现下级法院在执行中作出的裁定、决定、通知或具体执行行为不当或有错误的，应当及时指令下级法院纠正，并可以通知有关法院暂缓执行。

下级法院收到上级法院的指令后必须立即纠正。如果认为上级法院的指令有错误，可以在收到该指令后五日内请求上级法院复议。

上级法院认为请求复议的理由不成立，而下级法院仍不纠正的，上级法院可直接作出裁定或决定予以纠正，送达有关法院及当事人，并可直接向有关单位发出协助执行通知书。

131. 上级法院发现下级法院执行的非诉讼生效法律文书有不予执行事由，应当依法作出不予执行裁定而不制作的，可以责令下级法院在指定时限内作出裁定，必要时可直接裁定不予执行。

132. 上级法院发现下级法院的执行案件（包括受委托执行的案件）在规定的期限内未能执行结案的，应当作出裁定、决定、通知而不制作的，或应当依法实施具体执行行为而不实施的，应当督促下级法院限期执行，及时作出有关裁定等法律文书，或采取相应措施。

对下级法院长期未能执结的案件，确有必要的，上级法院可以决定由本院执行或与下级法院共同执行，也可以指定本辖区其他法院执行。

133. 上级法院在监督、指导、协调下级法院执行案件中，发现据以执行的生效法律文书确有错误的，应当书面通知下级法院暂缓执行，并按照审判监督程序处理。

134. 上级法院在申诉案件复查期间，决定对生效法律文书暂缓执行的，有关审判庭应当将暂缓执行的通知抄送执行机构。

135. 上级法院通知暂缓执行的，应同时指定暂缓执行的期限。暂缓执行的期限一般不得超过三个月。有特殊情况需要延长的，应报经院长批准，并及时通知下级法院。

暂缓执行的原因消除后，应当及时通知执行法院恢复执行。期满后上级法院未通知继续暂缓执行的，执行法院可以恢复执行。

136. 下级法院不按照上级法院的裁定、决定或通知执行，造成严重后果的，按照有关规定追究有关主管人员和直接责任人员的责任。

十六、附则

137. 本规定自公布之日起试行。

本院以前作出的司法解释与本规定有抵触的，以本规定为准。本规定未尽事宜，按照以前的规定办理。

最高人民法院
关于冻结、拍卖上市公司国有股和社会法人股若干问题的规定

（2001年8月28日由最高人民法院审判委员会1188次会议通过，自2001年9月30日起施行　法释〔2001〕28号）

为了保护债权人以及其他当事人的合法权益，维护证券市场的正常交易秩序，根据《中华人民共和国证券法》、《中华人民共和国公司法》、《中华人民共和国民事诉讼法》，参照《中华人民共和国拍卖法》等法律的有关规定，对人民法院在财产保全和执行过程中，冻结、拍卖上市公司国有股和社会法人股（以下均简称股权）等有关问题[①]，作如下规定：

第一条　人民法院在审理民事纠纷案件过程中，对股权采取冻结、评估、拍卖和办理股权过户等财产保全和执行措施，适用本规定。

第二条　本规定所指上市公司国有股，包括国家股和国有法人股。国家股指有权代表国家投资的机构或部门向股份有限公司出资或依据法定程序取得的股份；国有法人股指国有法人单位，包括国有资产比例超过50%的国有控股企业，以其依法占有的法人资产向股份有限公司出资形成或者依据法定程序取得的股份。

本规定所指社会法人股是指非国有法人资产投资于上市公司形成的股份。

第三条　人民法院对股权采取冻结、拍卖措施时，被保全人和被执行人应当是股权的持有人或者所有权人。被冻结、拍卖股权的上市公司非依据法定程序确定为案件当事人或者被执行人，人民法院不得对其采取保全或执行措施。

---

① 本解释特定的适用范围。

第四条 人民法院在审理案件过程中，股权持有人或者所有权人作为债务人，如有偿还能力的，人民法院一般不应对其股权采取冻结保全措施[①]。

人民法院已对股权采取冻结保全措施的，股权持有人、所有权人或者第三人提供了有效担保，人民法院经审查符合法律规定的，可以解除对股权的冻结。

第五条 人民法院裁定冻结或者解除冻结股权，除应当将法律文书送达负有协助执行义务的单位以外，还应当在作出冻结或者解除冻结裁定后 7 日内，将法律文书送达股权持有人或者所有权人并书面通知上市公司。

人民法院裁定拍卖上市公司股权，应当于委托拍卖之前将法律文书送达股权持有人或者所有权人并书面通知上市公司。

被冻结或者拍卖股权的当事人是国有股份持有人的，人民法院在向该国有股份持有人送达冻结或者拍卖裁定时，应当告其于 5 日内报主管财政部门备案。

第六条 冻结股权的期限不超过一年。[②]如申请人需要延长期限的，人民法院应当根据申请[③]，在冻结期限届满前办理续冻手续，每次续冻期限不超过 6 个月。逾期不办理续冻手续的，视为自动撤销冻结。

第七条 人民法院采取保全措施，所冻结的股权价值不得超过股权持有人或者所有权人的债务总额。股权价值应当按照上市公司最近期报表每股资产净值计算。

股权冻结的效力及于股权产生的股息以及红利、红股等孳息，但股权持有人或者所有权人仍可享有因上市公司增发、配售新股而产生的权利。

第八条 人民法院采取强制执行措施时，如果股权持有人或者所有权人在限期内提供了方便执行的其他财产，应当首先执行其他财产。其他财产不足以清偿债务的，方可执行股权[④]。

---

① 对股权进行保全的前提条件。

② 与《民诉法解释》第四百八十七条第一款冲突，以解释为准，应为最长期限 3 年。

③ 律师代理案件应当特别注意及时提出申请。

④ 对股权进行执行的前提条件。

本规定所称可供方便执行的其他财产，是指存款、现金、成品和半成品、原材料、交通工具等。

人民法院执行股权，必须进行拍卖[①]。

股权的持有人或者所有权人以股权向债权人质押的，人民法院执行时也应当通过拍卖方式进行，不得直接将股权执行给债权人[②]。

第九条 拍卖股权之前，人民法院应当委托具有证券从业资格的资产评估机构对股权价值进行评估。资产评估机构由债权人和债务人协商选定。不能达成一致意见的，由人民法院召集债权人和债务人提出候选评估机构，以抽签方式决定。

第十条 人民法院委托资产评估机构评估时，应当要求资产评估机构严格依照国家规定的标准、程序和方法对股权价值进行评估，并说明其应当对所作出的评估报告依法承担相应责任。

人民法院还应当要求上市公司向接受人民法院委托的资产评估机构如实提供有关情况和资料；要求资产评估机构对上市公司提供的情况和资料保守秘密。

第十一条 人民法院收到资产评估机构作出的评估报告后，须将评估报告分别送达债权人和债务人以及上市公司。债权人和债务人以及上市公司对评估报告有异议的，应当在收到评估报告后 7 日内书面提出。人民法院应当将异议书交资产评估机构，要求该机构在 10 日之内作出说明或者补正。

第十二条 对股权拍卖，人民法院应当委托依法成立的拍卖机构进行。拍卖机构的选定，参照本规定第九条规定的方法进行。

第十三条 股权拍卖保留价，应当按照评估值确定。

第一次拍卖最高应价未达到保留价时，应当继续进行拍卖，每次拍卖的保留价应当不低于前次保留价的 90%。经三次拍卖仍不能成交时，人民法院应当将所拍卖的股权按第三次拍卖的保留价折价抵偿给债权人。

---

① 股权变现的途径限制。

② 质押的股权不得直接过户。

人民法院可以在每次拍卖未成交后主持调解，将所拍卖的股权参照该次拍卖保留价折价抵偿给债权人。

第十四条 拍卖股权，人民法院应当委托拍卖机构于拍卖日前10天，在《中国证券报》、《证券时报》或者《上海证券报》上进行公告。

第十五条 国有股权竞买人应当具备依法受让国有股权的条件。

第十六条 股权拍卖过程中，竞买人已经持有的该上市公司股份数额和其竞买的股份数额累计不得超过该上市公司已经发行股份数额的30%[①]。如竞买人累计持有该上市公司股份数额已达到30%仍参与竞买的，须依照《中华人民共和国证券法》的相关规定办理，在此期间应当中止拍卖程序。

第十七条 拍卖成交后，人民法院应当向证券交易市场和证券登记结算公司出具协助执行通知书，由买受人持拍卖机构出具的成交证明和财政主管部门对股权性质的界定等有关文件，向证券交易市场和证券登记结算公司办理股权变更登记。

① 竞买人持股比例的限制。

最高人民法院
关于正确适用暂缓执行措施若干问题的规定

（2002年9月28日　法发〔2002〕16号）

为了在执行程序中正确适用暂缓执行措施，维护当事人及其他利害关系人的合法权益，根据《中华人民共和国民事诉讼法》和其他有关法律的规定，结合司法实践，制定本规定。

第一条　执行程序开始后，人民法院因法定事由，可以决定对某一项或者某几项执行措施在规定的期限内暂缓实施。

执行程序开始后，除法定事由外，人民法院不得决定暂缓执行。

第二条　暂缓执行由执行法院或者其上级人民法院作出决定，由执行机构统一办理。

人民法院决定暂缓执行的，应当制作暂缓执行决定书，并及时送达当事人。

第三条[①]　有下列情形之一的，经当事人或者其他利害关系人申请，人民法院可以决定暂缓执行：

（一）执行措施或者执行程序违反法律规定的；

（二）执行标的物存在权属争议的；

（三）被执行人对申请执行人享有抵销权的。

第四条　人民法院根据本规定第三条决定暂缓执行的，应当同时责令申请暂缓执行的当事人或者其他利害关系人在指定的期限内提供相应的担保。

被执行人或者其他利害关系人提供担保申请暂缓执行，申请执行人提供担保要求继续执行的，执行法院可以继续执行[②]。

---

① 当事人或者利害关系人可以申请暂缓执行的前提条件。

② 申请执行人的应对措施。

第五条 当事人或者其他利害关系人提供财产担保的，应当出具评估机构对担保财产价值的评估证明。

评估机构出具虚假证明给当事人造成损失的，当事人可以对担保人、评估机构另行提起损害赔偿诉讼。

第六条 人民法院在收到暂缓执行申请后，应当在十五日内作出决定，并在作出决定后五日内将决定书发送当事人或者其他利害关系人。

第七条[①] 有下列情形之一的，人民法院可以依职权决定暂缓执行；

（一）上级人民法院已经受理执行争议案件并正在处理的；

（二）人民法院发现据以执行的生效法律文书确有错误，并正在按照审判监督程序进行审查的。

人民法院依照前款规定决定暂缓执行的，一般应由申请执行人或者被执行人提供相应的担保。

第八条 依照本规定第七条第一款第（一）项决定暂缓执行的，由上级人民法院作出决定。依照本规定第七条第一款第（二）项决定暂缓执行的，审判机构应当向本院执行机构发出暂缓执行建议书，执行机构收到建议书后，应当办理暂缓相关执行措施的手续。

第九条 在执行过程中，执行人员发现据以执行的判决、裁定、调解书和支付令确有错误的，应当依照最高人民法院《关于适用〈中华人民共和国民事诉讼法〉若干问题的意见》第258条[②] 的规定处理。

在审查处理期间，执行机构可以报经院长决定对执行标的暂缓采取处分性措施，并通知当事人。

第十条 暂缓执行的期间不得超过三个月。因特殊事由需要延长的，可

---

① 法院可以依职权决定暂缓执行的前提条件。

② 已失效。

258.执行员在执行本院的判决、裁定和调解书时，发现确有错误的，应当提出书面意见，报请院长审查处理。在执行上级人民法院的判决、裁定和调解书时，发现确有错误的，可提出书面意见，经院长批准，函请上级人民法院审查处理。

以适当延长，延长的期限不得超过三个月。[①]

暂缓执行的期限从执行法院作出暂缓执行决定之日起计算。暂缓执行的决定由上级人民法院作出的，从执行法院收到暂缓执行决定之日起计算。

第十一条 人民法院对暂缓执行的案件，应当组成合议庭对是否暂缓执行进行审查，必要时应当听取当事人或者其他利害关系人的意见。

第十二条 上级人民法院发现执行法院对不符合暂缓执行条件的案件决定暂缓执行，或者对符合暂缓执行条件的案件未予暂缓执行的，应当作出决定予以纠正。执行法院收到该决定后，应当遵照执行。

第十三条 暂缓执行期限届满后，人民法院应当立即恢复执行。

暂缓执行期限届满前，据以决定暂缓执行的事由消灭的，如果该暂缓执行的决定是由执行法院作出的，执行法院应当立即作出恢复执行的决定；如果该暂缓执行的决定是由执行法院的上级人民法院作出的，执行法院应当将该暂缓执行事由消灭的情况及时报告上级人民法院，该上级人民法院应当在收到报告后十日内审查核实并作出恢复执行的决定。

第十四条 本规定自公布之日起施行。本规定施行后，其他司法解释与本规定不一致的，适用本规定。

---

① 与《民诉法解释》第四百六十九条有冲突，以解释为准。

第四百六十九条 人民法院依照民事诉讼法第二百三十一条规定决定暂缓执行的，如果担保是有期限的，暂缓执行的期限应当与担保期限一致，但最长不得超过一年。被执行人或者担保人对担保的财产在暂缓执行期间有转移、隐藏、变卖、毁损等行为的，人民法院可以恢复强制执行。

最高人民法院、国土资源部、建设部关于依法规范人民法院执行和国土资源房地产管理部门协助执行若干问题的通知

（法发〔2004〕5号）

各省、自治区、直辖市高级人民法院，解放军军事法院，新疆维吾尔自治区高级人民法院生产建设兵团分院；各省、自治区、直辖市国土资源厅（国土环境资源厅、国土资源和房屋管理局、房屋土地资源管理局、规划和国土资源局），新疆生产建设兵团国土资源局；各省、自治区建设厅，新疆生产建设兵团建设局，各直辖市房地产管理局：

为保证人民法院生效判决、裁定及其他生效法律文书依法及时执行，保护当事人的合法权益，根据《中华人民共和国民事诉讼法》、《中华人民共和国土地管理法》、《中华人民共和国城市房地产管理法》等有关法律规定，现就规范人民法院执行和国土资源、房地产管理部门协助执行的有关问题通知如下：

一、人民法院在办理案件时，需要国土资源、房地产管理部门协助执行的，国土资源、房地产管理部门应当按照人民法院的生效法律文书和协助执行通知书办理协助执行事项。

国土资源、房地产管理部门依法协助人民法院执行时，除复制有关材料所必需的工本费外，不得向人民法院收取其他费用。登记过户的费用按照国家有关规定收取。

二、人民法院对土地使用权、房屋实施查封或者进行实体处理前，应当向国土资源、房地产管理部门查询该土地、房屋的权属。

人民法院执行人员到国土资源、房地产管理部门查询土地、房屋权属情

况时，应当出示本人工作证和执行公务证，并出具协助查询通知书。

人民法院执行人员到国土资源、房地产管理部门办理土地使用权或者房屋查封、预查封登记手续时，应当出示本人工作证和执行公务证，并出具查封、预查封裁定书和协助执行通知书。

三、对人民法院查封或者预查封的土地使用权、房屋，国土资源、房地产管理部门应当及时办理查封或者预查封登记。

国土资源、房地产管理部门在协助人民法院执行土地使用权、房屋时，不对生效法律文书和协助执行通知书进行实体审查。国土资源、房地产管理部门认为人民法院查封、预查封或者处理的土地、房屋权属错误的，可以向人民法院提出审查建议，但不应当停止办理协助执行事项。

四、人民法院在国土资源、房地产管理部门查询并复制或者抄录的书面材料，由土地、房屋权属的登记机构或者其所属的档案室（馆）加盖印章。无法查询或者查询无结果的，国土资源、房地产管理部门应当书面告知人民法院。

五、人民法院查封时，土地、房屋权属的确认以国土资源、房地产管理部门的登记或者出具的权属证明为准。权属证明与权属登记不一致的，以权属登记为准。

在执行人民法院确认土地、房屋权属的生效法律文书时，应当按照人民法院生效法律文书所确认的权利人办理土地、房屋权属变更、转移登记手续。

六、土地使用权和房屋所有权归属同一权利人的，人民法院应当同时查封；土地使用权和房屋所有权归属不一致的，查封被执行人名下的土地使用权或者房屋。

七、登记在案外人名下的土地使用权、房屋，登记名义人（案外人）书面认可该土地、房屋实际属于被执行人时，执行法院可以采取查封措施。

如果登记名义人否认该土地、房屋属于被执行人，而执行法院、申请执行人认为登记为虚假时，须经当事人另行提起诉讼或者通过其他程序，撤销该登记并登记在被执行人名下之后，才可以采取查封措施。

八、对被执行人因继承、判决或者强制执行取得，但尚未办理过户登记的土地使用权、房屋的查封，执行法院应当向国土资源、房地产管理部门提交被执行人取得财产所依据的继承证明、生效判决书或者执行裁定书及协助执行通知书，由国土资源、房地产管理部门办理过户登记手续后，办理查封登记。

九、对国土资源、房地产管理部门已经受理被执行人转让土地使用权、房屋的过户登记申请，尚未核准登记的，人民法院可以进行查封，已核准登记的，不得进行查封。

十、人民法院对可以分割处分的房屋应当在执行标的额的范围内分割查封，不可分割的房屋可以整体查封。

分割查封的，应当在协助执行通知书中明确查封房屋的具体部位。

十一、人民法院对土地使用权、房屋的查封期限不得超过二年①。期限届满可以续封一次，续封时应当重新制作查封裁定书和协助执行通知书，续封的期限不得超过一年。确有特殊情况需要再续封的，应当经过所属高级人民法院批准，且每次再续封的期限不得超过一年。

查封期限届满，人民法院未办理继续查封手续的，查封的效力消灭。

十二、人民法院在案件执行完毕后，对未处理的土地使用权、房屋需要解除查封的，应当及时作出裁定解除查封，并将解除查封裁定书和协助执行通知书送达国土资源、房地产管理部门。

十三、被执行人全部缴纳土地使用权出让金但尚未办理土地使用权登记的，人民法院可以对该土地使用权进行预查封。

十四、被执行人部分缴纳土地使用权出让金但尚未办理土地使用权登记的，对可以分割的土地使用权，按已缴付的土地使用权出让金，由国土资源管理部门确认被执行人的土地使用权，人民法院可以对确认后的土地使用权裁定预查封。对不可以分割的土地使用权，可以全部进行预查封。

被执行人在规定的期限内仍未全部缴纳土地出让金的，在人民政府收回土地使用权的同时，应当将被执行人缴纳的按照有关规定应当退还的土地出

---

① 与《民诉法解释》第四百八十七条第一款冲突，以解释为准。

让金交由人民法院处理，预查封自动解除。

十五、下列房屋虽未进行房屋所有权登记，人民法院也可以进行预查封：

（一）作为被执行人的房地产开发企业，已办理了商品房预售许可证且尚未出售的房屋；

（二）被执行人购买的已由房地产开发企业办理了房屋权属初始登记的房屋；

（三）被执行人购买的办理了商品房预售合同登记备案手续或者商品房预告登记的房屋。

十六、国土资源、房地产管理部门应当依据人民法院的协助执行通知书和所附的裁定书办理预查封登记。土地、房屋权属在预查封期间登记在被执行人名下的，预查封登记自动转为查封登记，预查封转为正式查封后，查封期限从预查封之日起开始计算。

十七、预查封的期限为二年。期限届满可以续封一次，续封时应当重新制作预查封裁定书和协助执行通知书，预查封的续封期限为一年。确有特殊情况需要再续封的，应当经过所属高级人民法院批准，且每次再续封的期限不得超过一年。

十八、预查封的效力等同于正式查封。预查封期限届满之日，人民法院未办理预查封续封手续的，预查封的效力消灭。

十九、两个以上人民法院对同一宗土地使用权、房屋进行查封的，国土资源、房地产管理部门为首先送达协助执行通知书的人民法院办理查封登记手续后，对后来办理查封登记的人民法院作轮候查封登记，并书面告知该土地使用权、房屋已被其他人民法院查封的事实及查封的有关情况。

二十、轮候查封登记的顺序按照人民法院送达协助执行通知书的时间先后进行排列。查封法院依法解除查封的，排列在先的轮候查封自动转为查封；查封法院对查封的土地使用权、房屋全部处理的，排列在后的轮候查封自动失效；查封法院对查封的土地使用权、房屋部分处理的，对剩余部分，排列在后的轮候查封自动转为查封。

预查封的轮候登记参照第十九条和本条第一款的规定办理。

二十一、已被人民法院查封、预查封并在国土资源、房地产管理部门办理了查封、预查封登记手续的土地使用权、房屋，被执行人隐瞒真实情况，到国土资源、房地产管理部门办理抵押、转让等手续的，人民法院应当依法确认其行为无效，并可视情节轻重，依法追究有关人员的法律责任。国土资源、房地产管理部门应当按照人民法院的生效法律文书撤销不合法的抵押、转让等登记，并注销所颁发的证照。

二十二、国土资源、房地产管理部门对被人民法院依法查封、预查封的土地使用权、房屋，在查封、预查封期间不得办理抵押、转让等权属变更、转移登记手续。

国土资源、房地产管理部门明知土地使用权、房屋已被人民法院查封、预查封，仍然办理抵押、转让等权属变更、转移登记手续的，对有关的国土资源、房地产管理部门和直接责任人可以依照民事诉讼法第一百零二条的规定处理。

二十三、在变价处理土地使用权、房屋时，土地使用权、房屋所有权同时转移；土地使用权与房屋所有权归属不一致的，受让人继受原权利人的合法权利。

二十四、人民法院执行集体土地使用权时，经与国土资源管理部门取得一致意见后，可以裁定予以处理，但应当告知权利受让人到国土资源管理部门办理土地征用和国有土地使用权出让手续，缴纳土地使用权出让金及有关税费。

对处理农村房屋涉及集体土地的，人民法院应当与国土资源管理部门协商一致后再行处理。

二十五、人民法院执行土地使用权时，不得改变原土地用途和出让年限。

二十六、经申请执行人和被执行人协商同意，可以不经拍卖、变卖，直接裁定将被执行人以出让方式取得的国有土地使用权及其地上房屋经评估作价后交由申请执行人抵偿债务，但应当依法向国土资源和房地产管理部门办理土地、房屋权属变更、转移登记手续。

二十七、人民法院制作的土地使用权、房屋所有权转移裁定送达权利受让人时即发生法律效力，人民法院应当明确告知权利受让人及时到国土资源、房地产管理部门申请土地、房屋权属变更、转移登记。

国土资源、房地产管理部门依据生效法律文书进行权属登记时，当事人的土地、房屋权利应当追溯到相关法律文书生效之时。

二十八、人民法院进行财产保全和先予执行时适用本通知。

二十九、本通知下发前已经进行的查封，自本通知实施之日起计算期限。

三十、本通知自2004年3月1日起实施。

中华人民共和国最高人民法院

中华人民共和国国土资源部

中华人民共和国建设部

二〇〇四年二月十日

最高人民法院
关于人民法院民事执行中查封、扣押、冻结财产的规定

（2004年10月26日由最高人民法院审判委员会第1330次会议通过，自2005年1月1日起施行　法释〔2004〕15号）

为了进一步规范民事执行中的查封、扣押、冻结措施，维护当事人的合法权益，根据《中华人民共和国民事诉讼法》等法律的规定，结合人民法院民事执行工作的实践经验，制定本规定。

第一条　人民法院查封、扣押、冻结被执行人的动产、不动产及其他财产权，应当作出裁定，并送达被执行人和申请执行人。

采取查封、扣押、冻结措施需要有关单位或者个人协助的，人民法院应当制作协助执行通知书，连同裁定书副本一并送达协助执行人。查封、扣押、冻结裁定书和协助执行通知书送达时发生法律效力。

第二条　人民法院可以查封、扣押、冻结被执行人占有的动产、登记在被执行人名下的不动产、特定动产及其他财产权。

未登记的建筑物和土地使用权，依据土地使用权的审批文件和其他相关证据确定权属。

对于第三人占有的动产或者登记在第三人名下的不动产、特定动产及其他财产权，第三人书面确认该财产属于被执行人的，人民法院可以查封、扣押、冻结。

第三条　作为执行依据的法律文书生效后至申请执行前，债权人可以向有执行管辖权的人民法院申请保全债务人的财产。人民法院可以参照民事诉讼法第九十二条（注：现第一百条）的规定作出保全裁定，保全裁定应当立即执行。

第四条　诉讼前、诉讼中及仲裁中采取财产保全措施的，进入执行程序

后，自动转为执行中的查封、扣押、冻结措施，并适用本规定第二十九条关于查封、扣押、冻结期限的规定。

第五条 人民法院对被执行人下列的财产不得查封、扣押、冻结：

（一）被执行人及其所扶养家属生活所必需的衣服、家具、炊具、餐具及其他家庭生活必需的物品；

（二）被执行人及其所扶养家属所必需的生活费用。当地有最低生活保障标准的，必需的生活费用依照该标准确定；

（三）被执行人及其所扶养家属完成义务教育所必需的物品；

（四）未公开的发明或者未发表的著作；

（五）被执行人及其所扶养家属用于身体缺陷所必需的辅助工具、医疗物品；

（六）被执行人所得的勋章及其他荣誉表彰的物品；

（七）根据《中华人民共和国缔结条约程序法》，以中华人民共和国、中华人民共和国政府或者中华人民共和国政府部门名义同外国、国际组织缔结的条约、协定和其他具有条约、协定性质的文件中规定免于查封、扣押、冻结的财产；

（八）法律或者司法解释规定的其他不得查封、扣押、冻结的财产。

第六条 对被执行人及其所扶养家属生活所必需的居住房屋，人民法院可以查封，但不得拍卖、变卖或者抵债。

第七条 对于超过被执行人及其所扶养家属生活所必需的房屋和生活用品，人民法院根据申请执行人的申请，在保障被执行人及其所扶养家属最低生活标准所必需的居住房屋和普通生活必需品后，可予以执行。

第八条 查封、扣押动产的，人民法院可以直接控制该项财产。人民法院将查封、扣押的动产交付其他人控制的，应当在该动产上加贴封条或者采取其他足以公示查封、扣押的适当方式。

第九条 查封不动产的，人民法院应当张贴封条或者公告，并可以提取保存有关财产权证照。

查封、扣押、冻结已登记的不动产、特定动产及其他财产权，应当通知有关登记机关办理登记手续。未办理登记手续的，不得对抗其他已经办理了登记手续的查封、扣押、冻结行为。

第十条 查封尚未进行权属登记的建筑物时，人民法院应当通知其管理人或者该建筑物的实际占有人，并在显著位置张贴公告。

第十一条 扣押尚未进行权属登记的机动车辆时，人民法院应当在扣押清单上记载该机动车辆的发动机编号。该车辆在扣押期间权利人要求办理权属登记手续的，人民法院应当准许并及时办理相应的扣押登记手续。

第十二条 查封、扣押的财产不宜由人民法院保管的，人民法院可以指定被执行人负责保管；不宜由被执行人保管的，可以委托第三人或者申请执行人保管。

由人民法院指定被执行人保管的财产，如果继续使用对该财产的价值无重大影响，可以允许被执行人继续使用；由人民法院保管或者委托第三人、申请执行人保管的，保管人不得使用。

第十三条 查封、扣押、冻结担保物权人占有的担保财产，一般应当指定该担保物权人作为保管人；该财产由人民法院保管的，质权、留置权不因转移占有而消灭。

第十四条 对被执行人与其他人共有的财产，人民法院可以查封、扣押、冻结，并及时通知共有人。

共有人协议分割共有财产，并经债权人认可的，人民法院可以认定有效。查封、扣押、冻结的效力及于协议分割后被执行人享有份额内的财产；对其他共有人享有份额内的财产的查封、扣押、冻结，人民法院应当裁定予以解除。

共有人提起析产诉讼或者申请执行人代位提起析产诉讼的，人民法院应当准许。诉讼期间中止对该财产的执行。

第十五条 对第三人为被执行人的利益占有的被执行人的财产，人民法院可以查封、扣押、冻结；该财产被指定给第三人继续保管的，第三人不得将其交付给被执行人。

对第三人为自己的利益依法占有的被执行人的财产，人民法院可以查封、扣押、冻结，第三人可以继续占有和使用该财产，但不得将其交付给被执行人。

第三人无偿借用被执行人的财产的，不受前款规定的限制。

第十六条 被执行人将其财产出卖给第三人，第三人已经支付部分价款并实际占有该财产，但根据合同约定被执行人保留所有权的，人民法院可以查封、扣押、冻结[①]；第三人要求继续履行合同的，应当由第三人在合理期限内向人民法院交付全部余款后，裁定解除查封、扣押、冻结。

第十七条 被执行人将其所有的需要办理过户登记的财产出卖给第三人，第三人已经支付部分或者全部价款并实际占有该财产，但尚未办理产权过户登记手续的，人民法院可以查封、扣押、冻结；第三人已经支付全部价款并实际占有，但未办理过户登记手续的，如果第三人对此没有过错，人民法院不得查封、扣押、冻结。

第十八条 被执行人购买第三人的财产，已经支付部分价款并实际占有该财产，但第三人依合同约定保留所有权，申请执行人已向第三人支付剩余价款或者第三人书面同意剩余价款从该财产变价款中优先支付的，人民法院可以查封、扣押、冻结。

第三人依法解除合同的，人民法院应当准许，已经采取的查封、扣押、冻结措施应当解除，但人民法院可以依据申请执行人的申请，执行被执行人因支付价款而形成的对该第三人的债权。

第十九条 被执行人购买需要办理过户登记的第三人的财产，已经支付部分或者全部价款并实际占有该财产，虽未办理产权过户登记手续，但申请执行人已向第三人支付剩余价款或者第三人同意剩余价款从该财产变价款中优先支付的，人民法院可以查封、扣押、冻结。

第二十条 查封、扣押、冻结被执行人的财产时，执行人员应当制作笔录，载明下列内容：

（一）执行措施开始及完成的时间；

（二）财产的所在地、种类、数量；

（三）财产的保管人；

---

① 律师须注意审查相关合同。

（四）其他应当记明的事项。

执行人员及保管人应当在笔录上签名，有民事诉讼法第二百二十四条（现第二百四十五条）规定的人员到场的，到场人员也应当在笔录上签名。

第二十一条 查封、扣押、冻结被执行人的财产，以其价额足以清偿法律文书确定的债权额及执行费用为限，不得明显超标的额查封、扣押、冻结。

发现超标的额查封、扣押、冻结的，人民法院应当根据被执行人的申请或者依职权，及时解除对超标的额部分财产的查封、扣押、冻结，但该财产为不可分物且被执行人无其他可供执行的财产或者其他财产不足以清偿债务的除外。

第二十二条 查封、扣押的效力及于查封、扣押物的从物和天然孳息。

第二十三条 查封地上建筑物的效力及于该地上建筑物使用范围内的土地使用权，查封土地使用权的效力及于地上建筑物，但土地使用权与地上建筑物的所有权分属被执行人与他人的除外。

地上建筑物和土地使用权的登记机关不是同一机关的，应当分别办理查封登记。

第二十四条 查封、扣押、冻结的财产灭失或者毁损的，查封、扣押、冻结的效力及于该财产的替代物、赔偿款。人民法院应当及时作出查封、扣押、冻结该替代物、赔偿款的裁定。

第二十五条 查封、扣押、冻结协助执行通知书在送达登记机关时，登记机关已经受理被执行人转让不动产、特定动产及其他财产的过户登记申请，尚未核准登记的，应当协助人民法院执行。人民法院不得对登记机关已经核准登记的被执行人已转让的财产实施查封、扣押、冻结措施。

查封、扣押、冻结协助执行通知书在送达登记机关时，其他人民法院已向该登记机关送达了过户登记协助执行通知书的，应当优先办理过户登记。

第二十六条 被执行人就已经查封、扣押、冻结的财产所作的移转、设定权利负担或者其他有碍执行的行为，不得对抗申请执行人。

第三人未经人民法院准许占有查封、扣押、冻结的财产或者实施其他有碍执行的行为的，人民法院可以依据申请执行人的申请或者依职权解除其占有或者排除其妨害。

人民法院的查封、扣押、冻结没有公示的，其效力不得对抗善意第三人。

第二十七条 人民法院查封、扣押被执行人设定最高额抵押权的抵押物的，应当通知抵押权人。抵押权人受抵押担保的债权数额自收到人民法院通知时起不再增加。

人民法院虽然没有通知抵押权人，但有证据证明抵押权人知道查封、扣押事实的，受抵押担保的债权数额从其知道该事实时起不再增加。

第二十八条 对已被人民法院查封、扣押、冻结的财产，其他人民法院可以进行轮候查封、扣押、冻结。查封、扣押、冻结解除的，登记在先的轮候查封、扣押、冻结即自动生效。

其他人民法院对已登记的财产进行轮候查封、扣押、冻结的，应当通知有关登记机关协助进行轮候登记，实施查封、扣押、冻结的人民法院应当允许其他人民法院查阅有关文书和记录。

其他人民法院对没有登记的财产进行轮候查封、扣押、冻结的，应当制作笔录，并经实施查封、扣押、冻结的人民法院执行人员及被执行人签字，或者书面通知实施查封、扣押、冻结的人民法院。

第二十九条① 人民法院冻结被执行人的银行存款及其他资金的期限不得超过六个月，查封、扣押动产的期限不得超过一年，查封不动产、冻结其他财产权的期限不得超过二年。法律、司法解释另有规定的除外。

申请执行人申请延长期限的，人民法院应当在查封、扣押、冻结期限届满前办理续行查封、扣押、冻结手续，续行期限不得超过前款规定期限的二分之一。

第三十条 查封、扣押、冻结期限届满，人民法院未办理延期手续的，查封、扣押、冻结的效力消灭。

---

① 与《民诉法解释》第四百八十七条第一款冲突，以解释为准

第四百八十七条第一款 人民法院冻结被执行人的银行存款的期限不得超过一年，查封、扣押动产的期限不得超过两年，查封不动产、冻结其他财产权的期限不得超过三年。

查封、扣押、冻结的财产已经被执行拍卖、变卖或者抵债的，查封、扣押、冻结的效力消灭。

第三十一条 有下列情形之一的，人民法院应当作出解除查封、扣押、冻结裁定，并送达申请执行人、被执行人或者案外人：

（一）查封、扣押、冻结案外人财产的；

（二）申请执行人撤回执行申请或者放弃债权的；

（三）查封、扣押、冻结的财产流拍或者变卖不成，申请执行人和其他执行债权人又不同意接受抵债的；

（四）债务已经清偿的；

（五）被执行人提供担保且申请执行人同意解除查封、扣押、冻结的；

（六）人民法院认为应当解除查封、扣押、冻结的其他情形。

解除以登记方式实施的查封、扣押、冻结的，应当向登记机关发出协助执行通知书。

第三十二条 财产保全裁定和先予执行裁定的执行适用本规定。

第三十三条 本规定自 2005 年 1 月 1 日起施行。施行前本院公布的司法解释与本规定不一致的，以本规定为准。

最高人民法院
关于人民法院民事执行中拍卖、变卖财产的规定

（2004年10月26日由最高人民法院审判委员会第1330次会议通过，自2005年1月1日起实施　法释〔2004〕16号）

为了进一步规范民事执行中的拍卖、变卖措施，维护当事人的合法权益，根据《中华人民共和国民事诉讼法》等法律的规定，结合人民法院民事执行工作的实践经验，制定本规定。

第一条　在执行程序中，被执行人的财产被查封、扣押、冻结后，人民法院应当及时进行拍卖、变卖或者采取其他执行措施。

第二条　人民法院对查封、扣押、冻结的财产进行变价处理时，应当首先采取拍卖的方式[①]，但法律、司法解释另有规定的除外。

第三条　人民法院拍卖被执行人财产，应当委托具有相应资质的拍卖机构进行，并对拍卖机构的拍卖进行监督，但法律、司法解释另有规定的除外。

第四条　对拟拍卖的财产，人民法院应当委托具有相应资质的评估机构进行价格评估。对于财产价值较低或者价格依照通常方法容易确定的，可以不进行评估。

当事人双方及其他执行债权人申请不进行评估的，人民法院应当准许。

对被执行人的股权进行评估时，人民法院可以责令有关企业提供会计报表等资料；有关企业拒不提供的，可以强制提取。

第五条[②]　评估机构由当事人协商一致后经人民法院审查确定；协商不成

① 《网络拍卖规定》。

第二条　人民法院以拍卖方式处置财产的，应当采取网络司法拍卖方式，但法律、行政法规和司法解释规定必须通过其他途径处置，或者不宜采用网络拍卖方式处置的除外。

第三条　网络司法拍卖应当在互联网拍卖平台上向社会全程公开，接受社会监督。

② 评估机构的选定规则。

的，从负责执行的人民法院或者被执行人财产所在地的人民法院确定的评估机构名册中，采取随机的方式确定；当事人双方申请通过公开招标方式确定评估机构的，人民法院应当准许。

第六条 人民法院收到评估机构作出的评估报告后，应当在五日内将评估报告发送当事人及其他利害关系人。当事人或者其他利害关系人对评估报告有异议的，可以在收到评估报告后十日内以书面形式向人民法院提出。

当事人或者其他利害关系人有证据证明评估机构、评估人员不具备相应的评估资质或者评估程序严重违法而申请重新评估的，人民法院应当准许。

第七条① 拍卖机构由当事人协商一致后经人民法院审查确定；协商不成的，从负责执行的人民法院或者被执行人财产所在地的人民法院确定的拍卖机构名册中，采取随机的方式确定；当事人双方申请通过公开招标方式确定拍卖机构的，人民法院应当准许。

第八条 拍卖应当确定保留价。

拍卖保留价由人民法院参照评估价确定；未作评估的，参照市价确定，并应当征询有关当事人的意见。

人民法院确定的保留价，第一次拍卖时，不得低于评估价或者市价的百分之八十；如果出现流拍，再行拍卖时，可以酌情降低保留价，但每次降低的数额不得超过前次保留价的百分之二十②。

---

① 与《最高人民法院关于人民法院委托评估、拍卖工作的若干规定》第三条有冲突，以该规定为准：

第三条 人民法院采用随机方式确定评估、拍卖机构。高级人民法院或者中级人民法院可以根据本地实际情况统一实施对外委托。

② 网络拍卖不受此限制。

《网络拍卖规定》

第十条 网络司法拍卖应当确定保留价，拍卖保留价即为起拍价。

起拍价由人民法院参照评估价确定；未作评估的，参照市价确定，并征询当事人意见。起拍价不得低于评估价或者市价的百分之七十。

第二十六条 网络司法拍卖竞价期间无人出价的，本次拍卖流拍。流拍后应当在三十日内在同一网络司法拍卖平台再次拍卖，拍卖动产的应当在拍卖七日前公告；拍卖不动产或者其他财产权的应当在拍卖十五日前公告。再次拍卖的起拍价降价幅度不得超过前次起拍价的百分之二十。

再次拍卖流拍的，可以依法在同一网络司法拍卖平台变卖。

第九条 保留价确定后，依据本次拍卖保留价计算，拍卖所得价款在清偿优先债权和强制执行费用后无剩余可能的，应当在实施拍卖前将有关情况通知申请执行人。申请执行人于收到通知后五日内申请继续拍卖的，人民法院应当准许，但应当重新确定保留价；重新确定的保留价应当大于该优先债权及强制执行费用的总额。

依照前款规定流拍的，拍卖费用由申请执行人负担。

第十条 执行人员应当对拍卖财产的权属状况、占有使用情况等进行必要的调查，制作拍卖财产现状的调查笔录或者收集其他有关资料。

第十一条 拍卖应当先期公告。

拍卖动产的，应当在拍卖七日前公告；拍卖不动产或者其他财产权的，应当在拍卖十五日前公告。

第十二条 拍卖公告的范围及媒体由当事人双方协商确定；协商不成的，由人民法院确定。拍卖财产具有专业属性的，应当同时在专业性报纸上进行公告。

当事人申请在其他新闻媒体上公告或者要求扩大公告范围的，应当准许，但该部分的公告费用由其自行承担。

第十三条 拍卖不动产、其他财产权或者价值较高的动产的，竞买人应当于拍卖前向人民法院预交保证金。申请执行人参加竞买的，可以不预交保证金[①]。保证金的数额由人民法院确定，但不得低于评估价或者市价的百分之五[②]。

应当预交保证金而未交纳的，不得参加竞买。拍卖成交后，买受人预交的保证金充抵价款，其他竞买人预交的保证金应当在三日内退还；拍卖未成交的，保证金应当于三日内退还竞买人。

---

① 与《网络拍卖规定》第十七条第二款冲突，以该规定为准。

《网络拍卖规定》第十七条第二款：申请执行人参加竞买的，可以不交保证金；但债权数额小于保证金数额的按差额部分交纳。

② 与《网络拍卖规定》第十七条第一款冲突，以该规定为准。

《网络拍卖规定》第十七条第一款：保证金数额由人民法院在起拍价的百分之五至百分之二十范围内确定。

第十四条 人民法院应当在拍卖五日前以书面或者其他能够确认收悉的适当方式，通知当事人和已知的担保物权人、优先购买权人或者其他优先权人于拍卖日到场。

优先购买权人经通知未到场的，视为放弃优先购买权。

第十五条 法律、行政法规对买受人的资格或者条件有特殊规定的，竞买人应当具备规定的资格或者条件。

申请执行人、被执行人可以参加竞买。

第十六条 拍卖过程中，有最高应价时，优先购买权人可以表示以该最高价买受，如无更高应价，则拍归优先购买权人；如有更高应价，而优先购买权人不作表示的，则拍归该应价最高的竞买人。

顺序相同的多个优先购买权人同时表示买受的，以抽签方式决定买受人。

第十七条 拍卖多项财产时，其中部分财产卖得的价款足以清偿债务和支付被执行人应当负担的费用的，对剩余的财产应当停止拍卖，但被执行人同意全部拍卖的除外。

第十八条 拍卖的多项财产在使用上不可分，或者分别拍卖可能严重减损其价值的，应当合并拍卖。

第十九条 拍卖时无人竞买或者竞买人的最高应价低于保留价，到场的申请执行人或者其他执行债权人申请或者同意以该次拍卖所定的保留价接受拍卖财产的，应当将该财产交其抵债。

有两个以上执行债权人申请以拍卖财产抵债的，由法定受偿顺位在先的债权人优先承受；受偿顺位相同的，以抽签方式决定承受人。承受人应受清偿的债权额低于抵债财产的价额的，人民法院应当责令其在指定的期间内补交差额。

第二十条 在拍卖开始前，有下列情形之一的，人民法院应当撤回拍卖委托：

（一）据以执行的生效法律文书被撤销的；

（二）申请执行人及其他执行债权人撤回执行申请的；

（三）被执行人全部履行了法律文书确定的金钱债务的；

（四）当事人达成了执行和解协议，不需要拍卖财产的；

（五）案外人对拍卖财产提出确有理由的异议的；

（六）拍卖机构与竞买人恶意串通的；

（七）其他应当撤回拍卖委托的情形。

第二十一条 人民法院委托拍卖后，遇有依法应当暂缓执行或者中止执行的情形的，应当决定暂缓执行或者裁定中止执行，并及时通知拍卖机构和当事人。拍卖机构收到通知后，应当立即停止拍卖，并通知竞买人。

暂缓执行期限届满或者中止执行的事由消失后，需要继续拍卖的，人民法院应当在十五日内通知拍卖机构恢复拍卖。

第二十二条 被执行人在拍卖日之前向人民法院提交足额金钱清偿债务，要求停止拍卖的，人民法院应当准许，但被执行人应当负担因拍卖支出的必要费用。

第二十三条 拍卖成交或者以流拍的财产抵债的，人民法院应当作出裁定，并于价款或者需要补交的差价全额交付后十日内，送达买受人或者承受人。

第二十四条 拍卖成交后，买受人应当在拍卖公告确定的期限或者人民法院指定的期限内将价款交付到人民法院或者汇入人民法院指定的帐户。

第二十五条 拍卖成交或者以流拍的财产抵债后，买受人逾期未支付价款或者承受人逾期未补交差价而使拍卖、抵债的目的难以实现的，人民法院可以裁定重新拍卖。重新拍卖时，原买受人不得参加竞买。

重新拍卖的价款低于原拍卖价款造成的差价、费用损失及原拍卖中的佣金，由原买受人承担。人民法院可以直接从其预交的保证金中扣除。扣除后保证金有剩余的，应当退还原买受人；保证金数额不足的，可以责令原买受人补交；拒不补交的，强制执行。

第二十六条 拍卖时无人竞买或者竞买人的最高应价低于保留价，到场的申请执行人或者其他执行债权人不申请以该次拍卖所定的保留价抵债的，应当在六十日内再行拍卖。

第二十七条 对于第二次拍卖仍流拍的动产，人民法院可以依照本规定第十九条的规定将其作价交申请执行人或者其他执行债权人抵债。申请执行人或者其他执行债权人拒绝接受或者依法不能交付其抵债的，人民法院应当解除查封、扣押，并将该动产退还被执行人。

第二十八条 对于第二次拍卖仍流拍的不动产或者其他财产权，人民法院可以依照本规定第十九条的规定将其作价交申请执行人或者其他执行债权人抵债。申请执行人或者其他执行债权人拒绝接受或者依法不能交付其抵债的，应当在六十日内进行第三次拍卖。

第三次拍卖流拍且申请执行人或者其他执行债权人拒绝接受或者依法不能接受该不动产或者其他财产权抵债的，人民法院应当于第三次拍卖终结之日起七日内发出变卖公告。自公告之日起六十日内没有买受人愿意以第三次拍卖的保留价买受该财产，且申请执行人、其他执行债权人仍不表示接受该财产抵债的，应当解除查封、冻结，将该财产退还被执行人，但对该财产可以采取其他执行措施的除外。

第二十九条 动产拍卖成交或者抵债后，其所有权自该动产交付时起转移给买受人或者承受人。

不动产、有登记的特定动产或者其他财产权拍卖成交或者抵债后，该不动产、特定动产的所有权、其他财产权自拍卖成交或者抵债裁定送达买受人或者承受人时起转移。

第三十条 人民法院裁定拍卖成交或者以流拍的财产抵债后，除有依法不能移交的情形外，应当于裁定送达后十五日内，将拍卖的财产移交买受人或者承受人。被执行人或者第三人占有拍卖财产应当移交而拒不移交的，强制执行。

第三十一条 拍卖财产上原有的担保物权及其他优先受偿权，因拍卖而消灭，拍卖所得价款，应当优先清偿担保物权人及其他优先受偿权人的债权，但当事人另有约定的除外。

拍卖财产上原有的租赁权及其他用益物权，不因拍卖而消灭，但该权利继续存在于拍卖财产上，对在先的担保物权或者其他优先受偿权的实现有影响的，人民法院应当依法将其除去后进行拍卖。

第三十二条 拍卖成交的，拍卖机构可以按照下列比例向买受人收取佣金：

拍卖成交价200万元以下的，收取佣金的比例不得超过5%；超过200万元至1000万元的部分，不得超过3%；超过1000万元至5000万元的部分，不得超过2%；超过5000万元至1亿元的部分，不得超过1%；超过1亿元的部分，不得超过0.5%。

采取公开招标方式确定拍卖机构的，按照中标方案确定的数额收取佣金。

拍卖未成交或者非因拍卖机构的原因撤回拍卖委托的，拍卖机构为本次拍卖已经支出的合理费用，应当由被执行人负担。

第三十三条 在执行程序中拍卖上市公司国有股和社会法人股的，适用最高人民法院《关于冻结、拍卖上市公司国有股和社会法人股若干问题的规定》。

第三十四条 对查封、扣押、冻结的财产，当事人双方及有关权利人同意变卖的，可以变卖。

金银及其制品、当地市场有公开交易价格的动产、易腐烂变质的物品、季节性商品、保管困难或者保管费用过高的物品，人民法院可以决定变卖。

第三十五条 当事人双方及有关权利人对变卖财产的价格有约定的，按照其约定价格变卖；无约定价格但有市价的，变卖价格不得低于市价；无市价但价值较大、价格不易确定的，应当委托评估机构进行评估，并按照评估价格进行变卖。

按照评估价格变卖不成的，可以降低价格变卖，但最低的变卖价不得低于评估价的二分之一。

变卖的财产无人应买的，适用本规定第十九条的规定将该财产交申请执行人或者其他执行债权人抵债；申请执行人或者其他执行债权人拒绝接受或者依法不能交付其抵债的，人民法院应当解除查封、扣押，并将该财产退还被执行人。

第三十六条 本规定自2005年1月1日起施行。施行前本院公布的司法解释与本规定不一致的，以本规定为准。

最高人民法院
关于人民法院执行设定抵押的房屋的规定

（最高人民法院审判委员会第 1371 次会议通过，自 2005 年 12 月 21 日起施行　法释〔2005〕14 号）

根据《中华人民共和国民事诉讼法》等法律的规定，结合人民法院民事执行工作的实践，对人民法院根据抵押权人的申请，执行设定抵押的房屋的问题规定如下：

第一条　对于被执行人所有的已经依法设定抵押的房屋，人民法院可以查封，并可以根据抵押权人的申请，依法拍卖、变卖或者抵债。

第二条　人民法院对已经依法设定抵押的被执行人及其所扶养家属居住的房屋，在裁定拍卖、变卖或者抵债后，应当给予被执行人六个月的宽限期。在此期限内，被执行人应当主动腾空房屋，人民法院不得强制被执行人及其所扶养家属迁出该房屋。

第三条　上述宽限期届满后，被执行人仍未迁出的，人民法院可以作出强制迁出裁定，并按照民事诉讼法第二百二十九条（现第二百五十条）的规定执行。

强制迁出时，被执行人无法自行解决居住问题的，经人民法院审查属实，可以由申请执行人为被执行人及其所扶养家属提供临时住房。

第四条　申请执行人提供的临时住房，其房屋品质、地段可以不同于被执行人原住房，面积参照建设部、财政部、民政部、国土资源部和国家税务总局联合发布的《城镇最低收入家庭廉租住房管理办法》所规定的人均廉租住房面积标准确定。

第五条　申请执行人提供的临时住房，应当计收租金。租金标准由申请执行人和被执行人双方协商确定；协商不成的，由人民法院参照当地同类房屋租金标准确定，当地无同类房屋租金标准可以参照的，参照当地房屋租赁市场平均租金标准确定。

已经产生的租金，可以从房屋拍卖或者变卖价款中优先扣除。

第六条 被执行人属于低保对象且无法自行解决居住问题的，人民法院不应强制迁出。

第七条 本规定自公布之日起施行。施行前本院已公布的司法解释与本规定不一致的，以本规定为准。

最高人民法院
关于适用《中华人民共和国民事诉讼法》
执行程序若干问题的解释

（2008年9月8日由最高人民法院审判委员会第1452次会议通过，自2009年1月1日起施行　法释〔2008〕13号）

为了依法及时有效地执行生效法律文书，维护当事人的合法权益，根据2007年10月修改后的《中华人民共和国民事诉讼法》（以下简称民事诉讼法），结合人民法院执行工作实际，对执行程序中适用法律的若干问题作出如下解释：

第一条　申请执行人向被执行的财产所在地人民法院申请执行的，应当提供该人民法院辖区有可供执行财产的证明材料。

第二条　对两个以上人民法院都有管辖权的执行案件，人民法院在立案前发现其他有管辖权的人民法院已经立案的，不得重复立案。

立案后发现其他有管辖权的人民法院已经立案的，应当撤销案件；已经采取执行措施的，应当将控制的财产交先立案的执行法院处理。

第三条　人民法院受理执行申请后，当事人对管辖权有异议的，应当自收到执行通知书之日起十日内提出。

人民法院对当事人提出的异议，应当审查。异议成立的，应当撤销执行案件，并告知当事人向有管辖权的人民法院申请执行；异议不成立的，裁定驳回。当事人对裁定不服的，可以向上一级人民法院申请复议。

管辖权异议审查和复议期间，不停止执行。

第四条　对人民法院采取财产保全措施的案件，申请执行人向采取保全措施的人民法院以外的其他有管辖权的人民法院申请执行的，采取保全措施的人民法院应当将保全的财产交执行法院处理。

第五条　执行过程中，当事人、利害关系人认为执行法院的执行行为违反法律规定的，可以依照民事诉讼法第二百零二条（现第二百二十五条）的规定提出异议[①]。

执行法院审查处理执行异议，应当自收到书面异议之日起十五日内作出裁定。

第六条 当事人、利害关系人依照民事诉讼法第二百零二条（现第二百二十五条）规定申请复议的，应当采取书面形式。

第七条 当事人、利害关系人申请复议的书面材料，可以通过执行法院转交，也可以直接向执行法院的上一级人民法院提交。

执行法院收到复议申请后，应当在五日内将复议所需的案卷材料报送上一级人民法院；上一级人民法院收到复议申请后，应当通知执行法院在五日内报送复议所需的案卷材料。

第八条 上一级人民法院对当事人、利害关系人的复议申请，应当组成合议庭进行审查。

第九条 当事人、利害关系人依照民事诉讼法第二百零二条（现第二百二十五条）规定申请复议的，上一级人民法院应当自收到复议申请之日起三十日内审查完毕，并作出裁定。有特殊情况需要延长的，经本院院长批准，可以延长，延长的期限不得超过三十日。

第十条 执行异议审查和复议期间，不停止执行。

被执行人、利害关系人提供充分、有效的担保请求停止相应处分措施的，人民法院可以准许；申请执行人提供充分、有效的担保请求继续执行的，应当继续执行。

第十一条 依照民事诉讼法第二百零三条（现第二百二十六条）[②]的规定，有下列情形之一的，上一级人民法院可以根据申请执行人的申请，责令执行法院限期执行或者变更执行法院：

---

① 《最高人民法院关于人民法院办理执行异议和复议案件若干问题的规定》法释〔2015〕10号。

② 人民法院自收到申请执行书之日起超过六个月未执行的，申请执行人可以向上一级人民法院申请执行。上一级人民法院经审查，可以责令原人民法院在一定期限内执行，也可以决定由本院执行或者指令其他人民法院执行。

（一）债权人申请执行时被执行人有可供执行的财产，执行法院自收到申请执行书之日起超过六个月对该财产未执行完结的；

（二）执行过程中发现被执行人可供执行的财产，执行法院自发现财产之日起超过六个月对该财产未执行完结的；

（三）对法律文书确定的行为义务的执行，执行法院自收到申请执行书之日起超过六个月未依法采取相应执行措施的；

（四）其他有条件执行超过六个月未执行的。

第十二条 上一级人民法院依照民事诉讼法第二百零三条（现第二百二十六条）规定责令执行法院限期执行的，应当向其发出督促执行令，并将有关情况书面通知申请执行人。

上一级人民法院决定由本院执行或者指令本辖区其他人民法院执行的，应当作出裁定，送达当事人并通知有关人民法院。

第十三条 上一级人民法院责令执行法院限期执行，执行法院在指定期间内无正当理由仍未执行完结的，上一级人民法院应当裁定由本院执行或者指令本辖区其他人民法院执行。

第十四条 民事诉讼法第二百零三条（现第二百二十六条）规定的六个月期间，不应当计算执行中的公告期间、鉴定评估期间、管辖争议处理期间、执行争议协调期间、暂缓执行期间以及中止执行期间。

第十五条 案外人对执行标的主张所有权或者有其他足以阻止执行标的转让、交付的实体权利的，可以依照民事诉讼法第二百零四条（现第二百二十七条）[①]的规定，向执行法院提出异议[②]。

第十六条 案外人异议审查期间，人民法院不得对执行标的进行处分。

案外人向人民法院提供充分、有效的担保请求解除对异议标的的查封、

① 执行过程中，案外人对执行标的提出书面异议的，人民法院应当自收到书面异议之日起十五日内审查，理由成立的，裁定中止对该标的的执行；理由不成立的，裁定驳回。案外人、当事人对裁定不服，认为原判决、裁定错误的，依照审判监督程序办理；与原判决、裁定无关的，可以自裁定送达之日起十五日内向人民法院提起诉讼。

② 《最高人民法院关于人民法院办理执行异议和复议案件若干问题的规定》法释〔2015〕10号。

扣押、冻结的，人民法院可以准许；申请执行人提供充分、有效的担保请求继续执行的，应当继续执行。

因案外人提供担保解除查封、扣押、冻结有错误，致使该标的无法执行的，人民法院可以直接执行担保财产；申请执行人提供担保请求继续执行有错误，给对方造成损失的，应当予以赔偿。

第十七条 案外人依照民事诉讼法第二百零四条（现第二百二十七条）规定提起诉讼，对执行标的主张实体权利，并请求对执行标的停止执行的，应当以申请执行人为被告；被执行人反对案外人对执行标的所主张的实体权利的，应当以申请执行人和被执行人为共同被告。

第十八条 案外人依照民事诉讼法第二百零四条（现第二百二十七条）规定提起诉讼的，由执行法院管辖。

第十九条 案外人依照民事诉讼法第二百零四条（现第二百二十七条）规定提起诉讼的，执行法院应当依照诉讼程序审理。经审理，理由不成立的，判决驳回其诉讼请求；理由成立的，根据案外人的诉讼请求作出相应的裁判。

第二十条 案外人依照民事诉讼法第二百零四条（现第二百二十七条）规定提起诉讼的，诉讼期间，不停止执行。

案外人的诉讼请求确有理由或者提供充分、有效的担保请求停止执行的，可以裁定停止对执行标的进行处分；申请执行人提供充分、有效的担保请求继续执行的，应当继续执行。

案外人请求停止执行、请求解除查封、扣押、冻结或者申请执行人请求继续执行有错误，给对方造成损失的，应当予以赔偿。

第二十一条[①] 申请执行人依照民事诉讼法第二百零四条（现第二百二十七条）规定提起诉讼，请求对执行标的许可执行的，应当以案外人为被告；被执行人反对申请执行人请求的，应当以案外人和被执行人为共同被告。

---

① 与《民诉法解释》第三百零八条有冲突，以解释为准。

第三百零八条 申请执行人提起执行异议之诉的，以案外人为被告。被执行人反对申请执行人主张的，以案外人和被执行人为共同被告；被执行人不反对申请执行人主张的，可以列被执行人为第三人。

第二十二条 申请执行人依照民事诉讼法第二百零四条（现第二百二十七条）规定提起诉讼的，由执行法院管辖。

第二十三条 人民法院依照民事诉讼法第二百零四条（现第二百二十七条）规定裁定对异议标的中止执行后，申请执行人自裁定送达之日起十五日内未提起诉讼的，人民法院应当裁定解除已经采取的执行措施。

第二十四条 申请执行人依照民事诉讼法第二百零四条（现第二百二十七条）规定提起诉讼的，执行法院应当依照诉讼程序审理。经审理，理由不成立的，判决驳回其诉讼请求；理由成立的，根据申请执行人的诉讼请求作出相应的裁判。

第二十五条 多个债权人对同一被执行人[①]申请执行或者对执行财产申请参与分配的，执行法院应当制作财产分配方案，并送达各债权人和被执行人。债权人或者被执行人对分配方案有异议的，应当自收到分配方案之日起十五日内向执行法院提出书面异议。

第二十六条 债权人或者被执行人对分配方案提出书面异议的，执行法院应当通知未提出异议的债权人或被执行人。

未提出异议的债权人、被执行人收到通知之日起十五日内未提出反对意见的，执行法院依异议人的意见对分配方案审查修正后进行分配；提出反对意见的，应当通知异议人。异议人可以自收到通知之日起十五日内，以提出反对意见的债权人、被执行人为被告，向执行法院提起诉讼；异议人逾期未提起诉讼的，执行法院依原分配方案进行分配。

诉讼期间进行分配的，执行法院应当将与争议债权数额相应的款项予以提存。

第二十七条 在申请执行时效期间的最后六个月内，因不可抗力或者其

---

① 与《民诉法解释》第五百零八条有冲突，以解释为准。

第五百零八条 被执行人为公民或者其他组织，在执行程序开始后，被执行人的其他已经取得执行依据的债权人发现被执行人的财产不能清偿所有债权的，可以向人民法院申请参与分配。

对人民法院查封、扣押、冻结的财产有优先权、担保物权的债权人，可以直接申请参与分配，主张优先受偿权。

他障碍不能行使请求权的，申请执行时效中止。从中止时效的原因消除之日起，申请执行时效期间继续计算。

第二十八条[①] 申请执行时效因申请执行、当事人双方达成和解协议、当事人一方提出履行要求或者同意履行义务而中断。从中断时起，申请执行时效期间重新计算。

第二十九条[②] 生效法律文书规定债务人负有不作为义务的，申请执行时效期间从债务人违反不作为义务之日起计算。

第三十条 执行员依照民事诉讼法第二百一十六条（现第二百四十条）规定立即采取强制执行措施的，可以同时或者自采取强制执行措施之日起三日内发送执行通知书。

第三十一条 人民法院依照民事诉讼法第二百一十七条（现第二百四十一条）规定责令被执行人报告财产情况的，应当向其发出报告财产令。报告财产令中应当写明报告财产的范围、报告财产的期间、拒绝报告或者虚假报告的法律后果等内容。

第三十二条 被执行人依照民事诉讼法第二百一十七条（现第二百四十一条）的规定，应当书面报告下列财产情况：

（一）收入、银行存款、现金、有价证券[③]；

（二）土地使用权、房屋等不动产；

（三）交通运输工具、机器设备、产品、原材料等动产；

（四）债权、股权、投资权益、基金、知识产权等财产性权利[④]；

（五）其他应当报告的财产。

---

① 申请执行时效的中断。

② 申请执行时效的起算。

③ 与《最高人民法院关于民事执行中财产调查若干问题的规定》第五条第一款第一项的规定有冲突，以该项规定为准：

（一）收入、银行存款、现金、理财产品、有价证券。

④ 与《最高人民法院关于民事执行中财产调查若干问题的规定》第五条第一款第四项的规定有冲突，以该项规定为准：

（四）债权、股权、投资权益、基金份额、信托受益权、知识产权等财产性权利。

被执行人自收到执行通知之日前一年至当前财产发生变动的，应当对该变动情况进行报告。[①]

被执行人在报告财产期间履行全部债务的，人民法院应当裁定终结报告程序。

第三十三条 被执行人报告财产后，其财产情况发生变动，影响申请执行人债权实现的，应当自财产变动之日起十日内向人民法院补充报告。

第三十四条 对被执行人报告的财产情况，申请执行人请求查询的，人民法院应当准许。申请执行人对查询的被执行人财产情况，应当保密。

第三十五条 对被执行人报告的财产情况，执行法院可以依申请执行人的申请或者依职权调查核实。

第三十六条 依照民事诉讼法第二百三十一条（现第二百五十五条）规定对被执行人限制出境的，应当由申请执行人向执行法院提出书面申请；必要时，执行法院可以依职权决定。

第三十七条 被执行人为单位的，可以对其法定代表人、主要负责人或者影响债务履行的直接责任人员限制出境。

被执行人为无民事行为能力人或者限制民事行为能力人的，可以对其法定代理人限制出境。

第三十八条 在限制出境期间，被执行人履行法律文书确定的全部债务的，执行法院应当及时解除限制出境措施；被执行人提供充分、有效的担保或者申请执行人同意的，可以解除限制出境措施。

---

① 与《最高人民法院关于民事执行中财产调查若干问题的规定》第六条的规定有冲突，以该条规定为准：

第六条 被执行人自收到执行通知之日前一年至提交书面财产报告之日，其财产情况发生下列变动的，应当将变动情况一并报告：

（一）转让、出租财产的；

（二）在财产上设立担保物权等权利负担的；

（三）放弃债权或延长债权清偿期的；

（四）支出大额资金的；

（五）其他影响生效法律文书确定债权实现的财产变动。

第三十九条　依照民事诉讼法第二百三十一条（现第二百五十五条）的规定，执行法院可以依职权或者依申请执行人的申请，将被执行人不履行法律文书确定义务的信息，通过报纸、广播、电视、互联网等媒体公布。

媒体公布的有关费用，由被执行人负担；申请执行人申请在媒体公布的，应当垫付有关费用。

第四十条　本解释施行前本院公布的司法解释与本解释不一致的，以本解释为准。

最高人民法院
关于在执行工作中如何计算
迟延履行期间的债务利息等问题的批复

（2009年3月30日由最高人民法院审判委员会第1465次会议通过，自2009年5月18日起施行　法释〔2009〕6号）

四川省高级人民法院：

你院《关于执行工作几个适用法律问题的请示》（川高法〔2007〕390号）收悉。经研究，批复如下：

一、人民法院根据《中华人民共和国民事诉讼法》第二百二十九条计算“迟延履行期间的债务利息”时，应当按照中国人民银行规定的同期贷款基准利率计算。

二、执行款不足以偿付全部债务的，应当根据并还原则按比例清偿法律文书确定的金钱债务与迟延履行期间的债务利息，但当事人在执行和解中对清偿顺序另有约定的除外。

此复。

附：具体计算方法

（1）执行款＝清偿的法律文书确定的金钱债务＋清偿的迟延履行期间的债务利息。

（2）清偿的迟延履行期间的债务利息＝清偿的法律文书确定的金钱债务×同期贷款基准利率×2×迟延履行期间。

最高人民法院
关于人民法院委托评估、拍卖和变卖工作的若干规定

（2009年8月24日由最高人民法院审判委员会第1472次会议通过，自2009年11月20日起施行　法释〔2009〕16号）

为规范人民法院委托评估、拍卖和变卖工作，保障当事人的合法权益，维护司法公正，根据《中华人民共和国民事诉讼法》等有关法律的规定，结合人民法院委托评估、拍卖和变卖工作实际，制定本规定。

第一条　人民法院司法技术管理部门负责本院的委托评估、拍卖和流拍财产的变卖工作，依法对委托评估、拍卖机构的评估、拍卖活动进行监督。

第二条　根据工作需要，下级人民法院可将评估、拍卖和变卖工作报请上级人民法院办理。

第三条　人民法院需要对异地的财产进行评估或拍卖时，可以委托财产所在地人民法院办理。

第四条　人民法院按照公开、公平、择优的原则编制人民法院委托评估、拍卖机构名册。

人民法院编制委托评估、拍卖机构名册，应当先期公告，明确入册机构的条件和评审程序等事项。

第五条　人民法院在编制委托评估、拍卖机构名册时，由司法技术管理部门、审判部门、执行部门组成评审委员会，必要时可邀请评估、拍卖行业的专家参加评审。

第六条　评审委员会对申请加入人民法院委托评估、拍卖名册的机构，应当从资质等级、职业信誉、经营业绩、执业人员情况等方面进行审查、打分，按分数高低经过初审、公示、复审后确定进入名册的机构，并对名册进行动态管理。

第七条 人民法院选择评估、拍卖机构，应当在人民法院委托评估、拍卖机构名册内采取公开随机的方式选定。

第八条 人民法院选择评估、拍卖机构，应当通知审判、执行人员到场，视情况可邀请社会有关人员到场监督。

第九条 人民法院选择评估、拍卖机构，应当提前通知各方当事人到场；当事人不到场的，人民法院可将选择机构的情况，以书面形式送达当事人。

第十条 评估、拍卖机构选定后，人民法院应当向选定的机构出具委托书，委托书中应当载明本次委托的要求和工作完成的期限等事项。

第十一条 评估、拍卖机构接受人民法院的委托后，在规定期限内无正当理由不能完成委托事项的，人民法院应当解除委托，重新选择机构，并对其暂停备选资格或从委托评估、拍卖机构名册内除名。

第十二条 评估机构在工作中需要对现场进行勘验的，人民法院应当提前通知审判、执行人员和当事人到场。当事人不到场的，不影响勘验的进行，但应当有见证人见证。评估机构勘验现场，应当制作现场勘验笔录。

勘验现场人员、当事人或见证人应当在勘验笔录上签字或盖章确认。

第十三条 拍卖财产经过评估的，评估价即为第一次拍卖的保留价；未作评估的，保留价由人民法院参照市价确定，并应当征询有关当事人的意见。

第十四条 审判、执行部门未经司法技术管理部门同意擅自委托评估、拍卖，或对流拍财产进行变卖的，按照有关纪律规定追究责任。

第十五条 人民法院司法技术管理部门，在组织评审委员会审查评估、拍卖入册机构，或选择评估、拍卖机构，或对流拍财产进行变卖时，应当通知本院纪检监察部门。纪检监察部门可视情况派员参加。

第十六条 施行前本院公布的司法解释与本规定不一致的，以本规定为准。

最高人民法院关于委托执行若干问题的规定

（2011年4月25日由最高人民法院审判委员会第1521次会议通过，自2011年5月16日起施行　法释〔2011〕11号）

为了规范委托执行工作，维护当事人的合法权益，根据《中华人民共和国民事诉讼法》的规定，结合司法实践，制定本规定。

第一条　执行法院经调查发现被执行人在本辖区内已无财产可供执行，且在其他省、自治区、直辖市内有可供执行财产的，应当将案件委托异地的同级人民法院执行。

执行案件中有三个以上被执行人或者三处以上被执行财产在本省、自治区、直辖市辖区以外，且分属不同异地的，执行法院根据案件具体情况，报经高级人民法院批准后可以异地执行。

第二条　案件委托执行后，受托法院应当依法立案，委托法院应当在收到受托法院的立案通知书后作委托结案处理。

委托异地法院协助查询、冻结、查封、调查或者送达法律文书等有关事项的，受托法院不作为委托执行案件立案办理，但应当积极予以协助。

第三条　委托执行应当以执行标的物所在地或者执行行为实施地的同级人民法院为受托执行法院。有两处以上财产在异地的，可以委托主要财产所在地的人民法院执行。

被执行人是现役军人或者军事单位的，可以委托对其有管辖权的军事法院执行。

执行标的物是船舶的，可以委托有管辖权的海事法院执行。

第四条　委托执行案件应当由委托法院直接向受托法院办理委托手续，并层报各自所在的高级人民法院备案。

事项委托应当以机要形式送达委托事项的相关手续，不需报高级人民法院院备案。

第五条 案件委托执行时，委托法院应当提供下列材料：

（一）委托执行函；

（二）申请执行书和委托执行案件审批表；

（三）据以执行的生效法律文书副本；

（四）有关案件情况的材料或者说明，包括本辖区无财产的调查材料、财产保全情况、被执行人财产状况、生效法律文书的履行情况等；

（五）申请执行人地址、联系电话；

（六）被执行人身份证件或者营业执照复印件、地址、联系电话；

（七）委托法院执行员和联系电话；

（八）其他必要的案件材料等。

第六条 委托执行时，委托法院应当将已经查封、扣押、冻结的被执行人的异地财产，一并移交受托法院处理，并在委托执行函中说明。

委托执行后，委托法院对被执行人财产已经采取查封、扣押、冻结等措施的，视为受托法院的查封、扣押、冻结措施。受托法院需要继续查封、扣押、冻结，持委托执行函和立案通知书办理相关手续。续封续冻时，仍为原委托法院的查封冻结顺序。

查封、扣押、冻结等措施的有效期限在移交受托法院时不足1个月的，委托法院应当先行续封或者续冻，再移交受托法院。

第七条 受托法院收到委托执行函后，应当在7日内予以立案，并及时将立案通知书通过委托法院送达申请执行人，同时将指定的承办人、联系电话等书面告知委托法院。

委托法院收到上述通知书后，应当在7日内书面通知申请执行人案件已经委托执行，并告知申请执行人可以直接与受托法院联系执行相关事宜。

第八条 受托法院如发现委托执行的手续、材料不全，可以要求委托法院补办。委托法院应当在30日内完成补办事项，在上述期限内未完成的，应当作出书面说明。委托法院既不补办又不说明原因的，视为撤回委托，受托法院可以将委托材料退回委托法院。

第九条 受托法院退回委托的，应当层报所在辖区高级人民法院审批。高级人民法院同意退回后，受托法院应当在15日内将有关委托手续和案卷材料退回委托法院，并作出书面说明。

委托执行案件退回后，受托法院已立案的，应当作销案处理。委托法院在案件退回原因消除之后可以再行委托。确因委托不当被退回的，委托法院应当决定撤销委托并恢复案件执行，报所在的高级人民法院备案。

第十条 委托法院在案件委托执行后又发现有可供执行财产的，应当及时告知受托法院。受托法院发现被执行人在受托法院辖区外另有可供执行财产的，可以直接异地执行，一般不再行委托执行。根据情况确需再行委托的，应当按照委托执行案件的程序办理，并通知案件当事人。

第十一条 受托法院未能在6个月内将受托案件执结的，申请执行人有权请求受托法院的上一级人民法院提级执行或者指定执行，上一级人民法院应当立案审查，发现受托法院无正当理由不予执行的，应当限期执行或者作出裁定提级执行或者指定执行。

第十二条 执行法院赴异地执行案件时，应当持有其所在辖区高级人民法院的批准函件，但异地采取财产保全措施和查封、扣押、冻结等非处分性执行措施的除外。

异地执行时，可以根据案件具体情况，请求当地法院协助执行，当地法院应当积极配合，保证执行人员的人身安全和执行装备、执行标的物不受侵害。

第十三条 高级人民法院应当对辖区内委托执行和异地执行工作实行统一管理和协调，履行以下职责：

（一）统一管理跨省、自治区、直辖市辖区的委托和受托执行案件；

（二）指导、检查、监督本辖区内的受托案件的执行情况；

（三）协调本辖区内跨省、自治区、直辖市辖区的委托和受托执行争议案件；

（四）承办需异地执行的有关案件的审批事项；

（五）对下级法院报送的有关委托和受托执行案件中的相关问题提出指导性处理意见；

（六）办理其他涉及委托执行工作的事项。

第十四条 本规定所称的异地是指本省、自治区、直辖市以外的区域。各省、自治区、直辖市内的委托执行，由各高级人民法院参照本规定，结合实际情况，制定具体办法。

第十五条 本规定施行之后，其他有关委托执行的司法解释不再适用。

最高人民法院关于依法制裁规避执行行为的若干意见

法〔2011〕195号

各省、自治区、直辖市高级人民法院，解放军军事法院，新疆维吾尔自治区高级人民法院生产建设兵团分院：

现将《关于依法制裁规避执行行为的若干意见》印发给你们，请认真贯彻执行。

二〇一一年五月二十七日

为了最大限度地实现生效法律文书确认的债权，提高执行效率，强化执行效果，维护司法权威，现就依法制裁规避执行行为提出以下意见：

一、强化财产报告和财产调查，多渠道查明被执行人财产

1. 严格落实财产报告制度。对于被执行人未按执行通知履行法律文书确定义务的，执行法院应当要求被执行人限期如实报告财产，并告知拒绝报告或者虚假报告的法律后果。对于被执行人暂时无财产可供执行的，可以要求被执行人定期报告。

2. 强化申请执行人提供财产线索的责任。各地法院可以根据案件的实际情况，要求申请执行人提供被执行人的财产状况或者财产线索，并告知不能提供的风险。各地法院也可根据本地的实际情况，探索尝试以调查令、委托调查函等方式赋予代理律师法律规定范围内的财产调查权。

3. 加强人民法院依职权调查财产的力度。各地法院要充分发挥执行联动机制的作用，完善与金融、房地产管理、国土资源、车辆管理、工商管理等

各有关单位的财产查控网络，细化协助配合措施，进一步拓宽财产调查渠道，简化财产调查手续，提高财产调查效率。

4. 适当运用审计方法调查被执行人财产。被执行人未履行法律文书确定的义务，且有转移隐匿处分财产、投资开设分支机构、入股其他企业或者抽逃注册资金等情形的，执行法院可以根据申请执行人的申请委托中介机构对被执行人进行审计。审计费用由申请执行人垫付，被执行人确有转移隐匿处分财产等情形的，实际执行到位后由被执行人承担。

5. 建立财产举报机制。执行法院可以依据申请执行人的悬赏执行申请，向社会发布举报被执行人财产线索的悬赏公告。举报人提供的财产线索经查证属实并实际执行到位的，可按申请执行人承诺的标准或者比例奖励举报人。奖励资金由申请执行人承担。

二、强化财产保全措施，加大对保全财产和担保财产的执行力度

6. 加大对当事人的风险提示。各地法院在立案和审判阶段，要通过法律释明向当事人提示诉讼和执行风险，强化当事人的风险防范意识，引导债权人及时申请财产保全，有效防止债务人在执行程序开始前转移财产。

7. 加大财产保全力度。各地法院要加强立案、审判和执行环节在财产保全方面的协调配合，加大依法进行财产保全的力度，强化审判与执行在财产保全方面的衔接，降低债务人或者被执行人隐匿、转移财产的风险。

8. 对保全财产和担保财产及时采取执行措施。进入执行程序后，各地法院要加大对保全财产和担保财产的执行力度，对当事人、担保人或者第三人提出的异议要及时进行审查，审查期间应当依法对相应财产采取控制性措施，驳回异议后应当加大对相应财产的执行力度。

三、依法防止恶意诉讼，保障民事审判和执行活动有序进行

9. 严格执行关于案外人异议之诉的管辖规定。在执行阶段，案外人对人

民法院已经查封、扣押、冻结的财产提起异议之诉的，应当依照《中华人民共和国民事诉讼法》第二百零四条和《最高人民法院关于适用民事诉讼法执行程序若干问题的解释》第十八条的规定，由执行法院受理。

案外人违反上述管辖规定，向执行法院之外的其他法院起诉，其他法院已经受理尚未作出裁判的，应当中止审理或者撤销案件，并告知案外人向作出查封、扣押、冻结裁定的执行法院起诉。

10. 加强对破产案件的监督。执行法院发现被执行人有虚假破产情形的，应当及时向受理破产案件的人民法院提出。申请执行人认为被执行人利用破产逃债的，可以向受理破产案件的人民法院或者其上级人民法院提出异议，受理异议的法院应当依法进行监督。

11. 对于当事人恶意诉讼取得的生效裁判应当依法再审。案外人违反上述管辖规定，向执行法院之外的其他法院起诉，并取得生效裁判文书将已被执行法院查封、扣押、冻结的财产确权或者分割给案外人，或者第三人与被执行人虚构事实取得人民法院生效裁判文书申请参与分配，执行法院认为该生效裁判文书系恶意串通规避执行损害执行债权人利益的，可以向作出该裁判文书的人民法院或者其上级人民法院提出书面建议，有关法院应当依照《中华人民共和国民事诉讼法》和有关司法解释的规定决定再审。

四、完善对被执行人享有债权的保全和执行措施，运用代位权、撤销权诉讼制裁规避执行行为

12. 依法执行已经生效法律文书确认的被执行人的债权。对于被执行人已经生效法律文书确认的债权，执行法院可以书面通知被执行人在限期内向有管辖权的人民法院申请执行该生效法律文书。限期届满被执行人仍怠于申请执行的，执行法院可以依法强制执行该到期债权。

被执行人已经申请执行的，执行法院可以请求执行该债权的人民法院协助扣留相应的执行款物。

13. 依法保全被执行人的未到期债权。对被执行人的未到期债权，执行法院可以依法冻结，待债权到期后参照到期债权予以执行。第三人仅以该债务

未到期为由提出异议的，不影响对该债权的保全。

14. 引导申请执行人依法诉讼。被执行人怠于行使债权对申请执行人造成损害的，执行法院可以告知申请执行人依照《中华人民共和国合同法》第七十三条的规定，向有管辖权的人民法院提起代位权诉讼。

被执行人放弃债权、无偿转让财产或者以明显不合理的低价转让财产，对申请执行人造成损害的，执行法院可以告知申请执行人依照《中华人民共和国合同法》第七十四条的规定向有管辖权的人民法院提起撤销权诉讼。

五、充分运用民事和刑事制裁手段，依法加强对规避执行行为的刑事处罚力度

15. 对规避执行行为加大民事强制措施的适用。被执行人既不履行义务又拒绝报告财产或者进行虚假报告、拒绝交出或者提供虚假财务会计凭证、协助执行义务人拒不协助执行或者妨碍执行、到期债务第三人提出异议后又擅自向被执行人清偿等，给申请执行人造成损失的，应当依法对相关责任人予以罚款、拘留。

16. 对构成犯罪的规避执行行为加大刑事制裁力度。被执行人隐匿财产、虚构债务或者以其他方法隐藏、转移、处分可供执行的财产，拒不交出或者隐匿、销毁、制作虚假财务会计凭证或资产负债表等相关资料，以虚假诉讼或者仲裁手段转移财产、虚构优先债权或者申请参与分配，中介机构提供虚假证明文件或者提供的文件有重大失实，被执行人、担保人、协助义务人有能力执行而拒不执行或者拒不协助执行等，损害申请执行人或其他债权人利益，依照刑法的规定构成犯罪的，应当依法追究行为人的刑事责任。

17. 加强与公安、检察机关的沟通协调。各地法院应当加强与公安、检察机关的协调配合，建立快捷、便利、高效的协作机制，细化拒不执行判决裁定罪和妨害公务罪的适用条件。

18. 充分调查取证。各地法院在执行案件过程中，在行为人存在拒不执行判决裁定或者妨害公务行为的情况下，应当注意收集证据。认为构成犯罪的，应当及时将案件及相关证据材料移送犯罪行为发生地的公安机关立案查处。

19. 抓紧依法审理。对检察机关提起公诉的拒不执行判决裁定或者妨害公务案件，人民法院应当抓紧审理，依法审判，快速结案，加大判后宣传力度，充分发挥刑罚手段的威慑力。

六、依法采取多种措施，有效防范规避执行行为

20. 依法变更追加被执行主体或者告知申请执行人另行起诉。有充分证据证明被执行人通过离婚析产、不依法清算、改制重组、关联交易、财产混同等方式恶意转移财产规避执行的，执行法院可以通过依法变更追加被执行人或者告知申请执行人通过诉讼程序追回被转移的财产。

21. 建立健全征信体系。各地法院应当逐步建立健全与相关部门资源共享的信用平台，有条件的地方可以建立个人和企业信用信息数据库，将被执行人不履行债务的相关信息录入信用平台或者信息数据库，充分运用其形成的威慑力制裁规避执行行为。

22. 加大宣传力度。各地法院应当充分运用新闻媒体曝光、公开执行等手段，将被执行人因规避执行被制裁或者处罚的典型案例在新闻媒体上予以公布，以维护法律权威，提升公众自觉履行义务的法律意识。

23. 充分运用限制高消费手段。各地法院应当充分运用限制高消费手段，逐步构建与有关单位的协作平台，明确有关单位的监督责任，细化协作方式，完善协助程序。

24. 加强与公安机关的协作查找被执行人。对于因逃避执行而长期下落不明或者变更经营场所的被执行人，各地法院应当积极与公安机关协调，加大查找被执行人的力度。

最高人民法院
关于人民法院委托评估、拍卖工作的若干规定

（2010年8月16日最高人民法院审判委员会第1492次会议通过，自2012年1月1日起施行　法释〔2011〕21号）

为进一步规范人民法院委托评估、拍卖工作，促进审判执行工作公正、廉洁、高效，维护当事人的合法权益，根据《中华人民共和国民事诉讼法》等有关法律规定，结合人民法院工作实际，制定本规定。

第一条　人民法院司法辅助部门负责统一管理和协调司法委托评估、拍卖工作。

第二条　取得政府管理部门行政许可并达到一定资质等级的评估、拍卖机构，可以自愿报名参加人民法院委托的评估、拍卖活动。

人民法院不再编制委托评估、拍卖机构名册。

第三条　人民法院采用随机方式确定评估、拍卖机构。高级人民法院或者中级人民法院可以根据本地实际情况统一实施对外委托。

第四条　人民法院委托的拍卖活动应在有关管理部门确定的统一交易场所或网络平台上进行，另有规定的除外。

第五条　受委托的拍卖机构应通过管理部门的信息平台发布拍卖信息，公示评估、拍卖结果。

第六条①　涉国有资产的司法委托拍卖由省级以上国有产权交易机构实施，拍卖机构负责拍卖环节相关工作，并依照相关监管部门制定的实施细则进行。

---

①　国有资产拍卖。

第七条[①] 《中华人民共和国证券法》规定应当在证券交易所上市交易或转让的证券资产的司法委托拍卖，通过证券交易所实施，拍卖机构负责拍卖环节相关工作；其他证券类资产的司法委托拍卖由拍卖机构实施，并依照相关监管部门制定的实施细则进行。

第八条 人民法院对其委托的评估、拍卖活动实行监督。出现下列情形之一，影响评估、拍卖结果，侵害当事人合法利益的，人民法院将不再委托其从事委托评估、拍卖工作。涉及违反法律法规的，依据有关规定处理：

（1）评估结果明显失实；

（2）拍卖过程中弄虚作假、存在瑕疵；

（3）随机选定后无正当理由不能按时完成评估拍卖工作；

（4）其他有关情形。

第九条 各高级人民法院可参照本规定，结合各地实际情况，制定实施细则，报最高人民法院备案。

第十条 本规定自2012年1月1日起施行。此前的司法解释和有关规定，与本规定相抵触的，以本规定为准。

---

① 证券拍卖。

最高人民法院
关于网络查询、冻结被执行人存款的规定

2013年8月29日

为规范人民法院办理执行案件过程中通过网络查询、冻结被执行人存款及其他财产的行为，进一步提高执行效率，根据《中华人民共和国民事诉讼法》的规定，结合人民法院工作实际，制定本规定。

第一条

人民法院与金融机构已建立网络执行查控机制的，可以通过网络实施查询、冻结被执行人存款等措施。

网络执行查控机制的建立和运行应当具备以下条件：

（一）已建立网络执行查控系统，具有通过网络执行查控系统发送、传输、反馈查控信息的功能；

（二）授权特定的人员办理网络执行查控业务；

（三）具有符合安全规范的电子印章系统；

（四）已采取足以保障查控系统和信息安全的措施。

第二条

人民法院实施网络执行查控措施，应当事前统一向相应金融机构报备有权通过网络采取执行查控措施的特定执行人员的相关公务证件。办理具体业务时，不再另行向相应金融机构提供执行人员的相关公务证件。

人民法院办理网络执行查控业务的特定执行人员发生变更的，应当及时向相应金融机构报备人员变更信息及相关公务证件。

第三条

人民法院通过网络查询被执行人存款时，应当向金融机构传输电子协助查询存款通知书。多案集中查询的，可以附汇总的案件查询清单。

对查询到的被执行人存款需要冻结或者续行冻结的，人民法院应当及时向金融机构传输电子冻结裁定书和协助冻结存款通知书。

对冻结的被执行人存款需要解除冻结的，人民法院应当及时向金融机构传输电子解除冻结裁定书和协助解除冻结存款通知书。

第四条

人民法院向金融机构传输的法律文书，应当加盖电子印章。

作为协助执行人的金融机构完成查询、冻结等事项后，应当及时通过网络向人民法院回复加盖电子印章的查询、冻结等结果。

人民法院出具的电子法律文书、金融机构出具的电子查询、冻结等结果，与纸质法律文书及反馈结果具有同等效力。

第五条

人民法院通过网络查询、冻结、续冻、解冻被执行人存款，与执行人员赴金融机构营业场所查询、冻结、续冻、解冻被执行人存款具有同等效力。

第六条

金融机构认为人民法院通过网络执行查控系统采取的查控措施违反相关法律、行政法规规定的，应当向人民法院书面提出异议。人民法院应当在15日内审查完毕并书面回复。

第七条

人民法院应当依据法律、行政法规规定及相应操作规范使用网络执行查控系统和查控信息，确保信息安全。

人民法院办理执行案件过程中，不得泄露通过网络执行查控系统取得的查控信息，也不得用于执行案件以外的目的。

人民法院办理执行案件过程中，不得对被执行人以外的非执行义务主体采取网络查控措施。

第八条

人民法院工作人员违反第七条规定的，应当按照《人民法院工作人员处分条例》给予纪律处分；情节严重构成犯罪的，应当依法追究刑事责任。

第九条

人民法院具备相应网络扣划技术条件，并与金融机构协商一致的，可以通过网络执行查控系统采取扣划被执行人存款措施。

第十条

人民法院与工商行政管理、证券监管、土地房产管理等协助执行单位已建立网络执行查控机制，通过网络执行查控系统对被执行人股权、股票、证券账户资金、房地产等其他财产采取查控措施的，参照本规定执行。

最高人民法院
关于执行程序中计算迟延履行期间的债务利息适用法律若干问题的解释

（2014年6月9日最高人民法院审判委员会第1619次会议通过，自2014年8月1日起施行　法释〔2014〕8号）

为规范执行程序中迟延履行期间债务利息的计算，根据《中华人民共和国民事诉讼法》的规定，结合司法实践，制定本解释。

第一条　根据民事诉讼法第二百五十三条[①]规定加倍计算之后的迟延履行期间的债务利息，包括迟延履行期间的一般债务利息和加倍部分债务利息。

迟延履行期间的一般债务利息，根据生效法律文书确定的方法计算；生效法律文书未确定给付该利息的，不予计算。

加倍部分债务利息的计算方法为：加倍部分债务利息=债务人尚未清偿的生效法律文书确定的除一般债务利息之外的金钱债务×日万分之一点七五×迟延履行期间。

第二条　加倍部分债务利息自生效法律文书确定的履行期间届满之日起计算；生效法律文书确定分期履行的，自每次履行期间届满之日起计算；生效法律文书未确定履行期间的，自法律文书生效之日起计算。

第三条　加倍部分债务利息计算至被执行人履行完毕之日；被执行人分次履行的，相应部分的加倍部分债务利息计算至每次履行完毕之日。

人民法院划拨、提取被执行人的存款、收入、股息、红利等财产的，相

① 被执行人未按判决、裁定和其他法律文书指定的期间履行给付金钱义务的，应当加倍支付迟延履行期间的债务利息。被执行人未按判决、裁定和其他法律文书指定的期间履行其他义务的，应当支付迟延履行金。

应部分的加倍部分债务利息计算至划拨、提取之日；人民法院对被执行人财产拍卖、变卖或者以物抵债的，计算至成交裁定或者抵债裁定生效之日；人民法院对被执行人财产通过其他方式变价的，计算至财产变价完成之日。

非因被执行人的申请，对生效法律文书审查而中止或者暂缓执行的期间及再审中止执行的期间，不计算加倍部分债务利息。

第四条 被执行人的财产不足以清偿全部债务的，应当先清偿生效法律文书确定的金钱债务，再清偿加倍部分债务利息，但当事人对清偿顺序另有约定的除外。

第五条 生效法律文书确定给付外币的，执行时以该种外币按日万分之一点七五计算加倍部分债务利息，但申请执行人主张以人民币计算的，人民法院应予准许。

以人民币计算加倍部分债务利息的，应当先将生效法律文书确定的外币折算或者套算为人民币后再进行计算。

外币折算或者套算为人民币的，按照加倍部分债务利息起算之日的中国外汇交易中心或者中国人民银行授权机构公布的人民币对该外币的中间价折合成人民币计算；中国外汇交易中心或者中国人民银行授权机构未公布汇率中间价的外币，按照该日境内银行人民币对该外币的中间价折算成人民币，或者该外币在境内银行、国际外汇市场对美元汇率，与人民币对美元汇率中间价进行套算。

第六条 执行回转程序中，原申请执行人迟延履行金钱给付义务的，应当按照本解释的规定承担加倍部分债务利息。

第七条 本解释施行时尚未执行完毕部分的金钱债务，本解释施行前的迟延履行期间债务利息按照之前的规定计算；施行后的迟延履行期间债务利息按照本解释计算。

本解释施行前本院发布的司法解释与本解释不一致的，以本解释为准。

最高人民法院
关于人民法院办理执行异议和复议案件若干问题的规定

（2014年12月29日最高人民法院审判委员会第1638次会议通过，自2015年5月5日起施行　法释〔2015〕10号）

为了规范人民法院办理执行异议和复议案件，维护当事人、利害关系人和案外人的合法权益，根据民事诉讼法等法律规定，结合人民法院执行工作实际，制定本规定。

第一条　异议人提出执行异议或者复议申请人申请复议，应当向人民法院提交申请书。申请书应当载明具体的异议或者复议请求、事实、理由等内容，并附下列材料：

（一）异议人或者复议申请人的身份证明；

（二）相关证据材料；

（三）送达地址和联系方式。

第二条　执行异议符合民事诉讼法第二百二十五条或者第二百二十七条规定条件的，人民法院应当在三日内立案，并在立案后三日内通知异议人和相关当事人。不符合受理条件的，裁定不予受理；立案后发现不符合受理条件的，裁定驳回申请。

执行异议申请材料不齐备的，人民法院应当一次性告知异议人在三日内补足，逾期未补足的，不予受理。

异议人对不予受理或者驳回申请裁定不服的，可以自裁定送达之日起十日内向上一级人民法院申请复议。上一级人民法院审查后认为符合受理条件的，应当裁定撤销原裁定，指令执行法院立案或者对执行异议进行审查。

第三条　执行法院收到执行异议后三日内既不立案又不作出不予受理裁定，或者受理后无正当理由超过法定期限不作出异议裁定的，异议人可以向上一级人民法院提出异议。上一级人民法院审查后认为理由成立的，应当指令执行法院在三日内立案或者在十五日内作出异议裁定。

第四条 执行案件被指定执行、提级执行、委托执行后，当事人、利害关系人对原执行法院的执行行为提出异议的，由提出异议时负责该案件执行的人民法院审查处理；受指定或者受委托的人民法院是原执行法院的下级人民法院的，仍由原执行法院审查处理。

执行案件被指定执行、提级执行、委托执行后，案外人对原执行法院的执行标的提出异议的，参照前款规定处理。

第五条 有下列情形之一的，当事人以外的公民、法人和其他组织，可以作为利害关系人提出执行行为异议：

（一）认为人民法院的执行行为违法，妨碍其轮候查封、扣押、冻结的债权受偿的；

（二）认为人民法院的拍卖措施违法，妨碍其参与公平竞价的；

（三）认为人民法院的拍卖、变卖或者以物抵债措施违法，侵害其对执行标的的优先购买权的；

（四）认为人民法院要求协助执行的事项超出其协助范围或者违反法律规定的；

（五）认为其他合法权益受到人民法院违法执行行为侵害的。

第六条 当事人、利害关系人依照民事诉讼法第二百二十五条[①]规定提出异议的，应当在执行程序终结之前提出，但对终结执行措施提出异议的除外。

案外人依照民事诉讼法第二百二十七条[②]规定提出异议的，应当在异议指

---

① 当事人、利害关系人认为执行行为违反法律规定的，可以向负责执行的人民法院提出书面异议。当事人、利害关系人提出书面异议的，人民法院应当自收到书面异议之日起十五日内审查，理由成立的，裁定撤销或者改正；理由不成立的，裁定驳回。当事人、利害关系人对裁定不服的，可以自裁定送达之日起十日内向上一级人民法院申请复议。

② 执行过程中，案外人对执行标的提出书面异议的，人民法院应当自收到书面异议之日起十五日内审查，理由成立的，裁定中止对该标的的执行；理由不成立的，裁定驳回。案外人、当事人对裁定不服，认为原判决、裁定错误的，依照审判监督程序办理；与原判决、裁定无关的，可以自裁定送达之日起十五日内向人民法院提起诉讼。

向的执行标的执行终结之前提出；执行标的由当事人受让的，应当在执行程序终结之前提出。

第七条 当事人、利害关系人认为执行过程中或者执行保全、先予执行裁定过程中的下列行为违法提出异议的，人民法院应当依照民事诉讼法第二百二十五条规定进行审查：

（一）查封、扣押、冻结、拍卖、变卖、以物抵债、暂缓执行、中止执行、终结执行等执行措施；

（二）执行的期间、顺序等应当遵守的法定程序；

（三）人民法院作出的侵害当事人、利害关系人合法权益的其他行为。

被执行人以债权消灭、丧失强制执行效力等执行依据生效之后的实体事由提出排除执行异议的，人民法院应当参照民事诉讼法第二百二十五条规定进行审查。

除本规定第十九条规定的情形外，被执行人以执行依据生效之前的实体事由提出排除执行异议的，人民法院应当告知其依法申请再审或者通过其他程序解决。

第八条 案外人基于实体权利既对执行标的提出排除执行异议又作为利害关系人提出执行行为异议的，人民法院应当依照民事诉讼法第二百二十七条规定进行审查。

案外人既基于实体权利对执行标的提出排除执行异议又作为利害关系人提出与实体权利无关的执行行为异议的，人民法院应当分别依照民事诉讼法第二百二十七条和第二百二十五条规定进行审查。

第九条 被限制出境的人认为对其限制出境错误的，可以自收到限制出境决定之日起十日内向上一级人民法院申请复议。上一级人民法院应当自收到复议申请之日起十五日内作出决定。复议期间，不停止原决定的执行。

第十条 当事人不服驳回不予执行公证债权文书申请的裁定的，可以自收到裁定之日起十日内向上一级人民法院申请复议。上一级人民法院应当自收到复议申请之日起三十日内审查，理由成立的，裁定撤销原裁定，不予执行该公证债权文书；理由不成立的，裁定驳回复议申请。复议期间，不停止执行。

第十一条 人民法院审查执行异议或者复议案件，应当依法组成合议庭。

指令重新审查的执行异议案件，应当另行组成合议庭。

办理执行实施案件的人员不得参与相关执行异议和复议案件的审查。

第十二条 人民法院对执行异议和复议案件实行书面审查。案情复杂、争议较大的，应当进行听证。

第十三条 执行异议、复议案件审查期间，异议人、复议申请人申请撤回异议、复议申请的，是否准许由人民法院裁定。

第十四条 异议人或者复议申请人经合法传唤，无正当理由拒不参加听证，或者未经法庭许可中途退出听证，致使人民法院无法查清相关事实的，由其自行承担不利后果。

第十五条 当事人、利害关系人对同一执行行为有多个异议事由，但未在异议审查过程中一并提出，撤回异议或者被裁定驳回异议后，再次就该执行行为提出异议的，人民法院不予受理。

案外人撤回异议或者被裁定驳回异议后，再次就同一执行标的提出异议的，人民法院不予受理。

第十六条[①] 人民法院依照民事诉讼法第二百二十五条规定作出裁定时，应当告知相关权利人申请复议的权利和期限。

人民法院依照民事诉讼法第二百二十七条规定作出裁定时，应当告知相关权利人提起执行异议之诉的权利和期限。

人民法院作出其他裁定和决定时，法律、司法解释规定了相关权利人申请复议的权利和期限的，应当进行告知。

第十七条 人民法院对执行行为异议，应当按照下列情形，分别处理：

（一）异议不成立的，裁定驳回异议；

（二）异议成立的，裁定撤销相关执行行为；

（三）异议部分成立的，裁定变更相关执行行为；

① 实践中应当注意法院未依法告知相关权利的情况，避免因未尽注意义务导致委托人失去相关的救济途径。

（四）异议成立或者部分成立，但执行行为无撤销、变更内容的，裁定异议成立或者相应部分异议成立。

第十八条 执行过程中，第三人因书面承诺自愿代被执行人偿还债务而被追加为被执行人后，无正当理由反悔并提出异议的，人民法院不予支持。

第十九条 当事人互负到期债务，被执行人请求抵销，请求抵销的债务符合下列情形的，除依照法律规定或者按照债务性质不得抵销的以外，人民法院应予支持：

（一）已经生效法律文书确定或者经申请执行人认可；

（二）与被执行人所负债务的标的物种类、品质相同。

第二十条① 金钱债权执行中，符合下列情形之一，被执行人以执行标的系本人及所扶养家属维持生活必需的居住房屋为由提出异议的，人民法院不予支持：

（一）对被执行人有扶养义务的人名下有其他能够维持生活必需的居住房屋的；

（二）执行依据生效后，被执行人为逃避债务转让其名下其他房屋的；

（三）申请执行人按照当地廉租住房保障面积标准为被执行人及所扶养家属提供居住房屋，或者同意参照当地房屋租赁市场平均租金标准从该房屋的变价款中扣除五至八年租金的。

执行依据确定被执行人交付居住的房屋，自执行通知送达之日起，已经给予三个月的宽限期，被执行人以该房屋系本人及所扶养家属维持生活的必需品为由提出异议的，人民法院不予支持。

第二十一条② 当事人、利害关系人提出异议请求撤销拍卖，符合下列情形之一的，人民法院应予支持：

（一）竞买人之间、竞买人与拍卖机构之间恶意串通，损害当事人或者其他竞买人利益的；

---

① 注意反向解读、应用。

② 撤销拍卖的可行性。

（二）买受人不具备法律规定的竞买资格的；

（三）违法限制竞买人参加竞买或者对不同的竞买人规定不同竞买条件的；

（四）未按照法律、司法解释的规定对拍卖标的物进行公告的；

（五）其他严重违反拍卖程序且损害当事人或者竞买人利益的情形。

当事人、利害关系人请求撤销变卖的，参照前款规定处理。

第二十二条 公证债权文书对主债务和担保债务同时赋予强制执行效力的，人民法院应予执行；仅对主债务赋予强制执行效力未涉及担保债务的，对担保债务的执行申请不予受理；仅对担保债务赋予强制执行效力未涉及主债务的，对主债务的执行申请不予受理[①]。

人民法院受理担保债务的执行申请后，被执行人仅以担保合同不属于赋予强制执行效力的公证债权文书范围为由申请不予执行的，不予支持。

第二十三条 上一级人民法院对不服异议裁定的复议申请审查后，应当按照下列情形，分别处理：

（一）异议裁定认定事实清楚，适用法律正确，结果应予维持的，裁定驳回复议申请，维持异议裁定；

（二）异议裁定认定事实错误，或者适用法律错误，结果应予纠正的，裁定撤销或者变更异议裁定；

（三）异议裁定认定基本事实不清、证据不足的，裁定撤销异议裁定，发回作出裁定的人民法院重新审查，或者查清事实后作出相应裁定；

（四）异议裁定遗漏异议请求或者存在其他严重违反法定程序的情形，裁定撤销异议裁定，发回作出裁定的人民法院重新审查；

（五）异议裁定对应当适用民事诉讼法第二百二十七条规定审查处理的异议，错误适用民事诉讼法第二百二十五条规定审查处理的，裁定撤销异议裁定，发回作出裁定的人民法院重新作出裁定。

除依照本条第一款第三、四、五项发回重新审查或者重新作出裁定的情形外，裁定撤销或者变更异议裁定且执行行为可撤销、变更的，应当同时撤

---

① 制作公证债权文书时应当注意。

销或者变更该裁定维持的执行行为。

人民法院对发回重新审查的案件作出裁定后，当事人、利害关系人申请复议的，上一级人民法院复议后不得再次发回重新审查。

第二十四条[①] 对案外人提出的排除执行异议，人民法院应当审查下列内容：

（一）案外人是否系权利人；

（二）该权利的合法性与真实性；

（三）该权利能否排除执行。

第二十五条[②] 对案外人的异议，人民法院应当按照下列标准判断其是否系权利人：

（一）已登记的不动产，按照不动产登记簿判断；未登记的建筑物、构筑物及其附属设施，按照土地使用权登记簿、建设工程规划许可、施工许可等相关证据判断；

（二）已登记的机动车、船舶、航空器等特定动产，按照相关管理部门的登记判断；未登记的特定动产和其他动产，按照实际占有情况判断；

（三）银行存款和存管在金融机构的有价证券，按照金融机构和登记结算机构登记的账户名称判断；有价证券由具备合法经营资质的托管机构名义持有的，按照该机构登记的实际投资人账户名称判断；

（四）股权按照工商行政管理机关的登记和企业信用信息公示系统公示的信息判断；

（五）其他财产和权利，有登记的，按照登记机构的登记判断；无登记的，按照合同等证明财产权属或者权利人的证据判断。

案外人依据另案生效法律文书提出排除执行异议，该法律文书认定的执行标的权利人与依照前款规定得出的判断不一致的，依照本规定第二十六条规定处理。

---

① 代理案外人提出排除执行异议时应当考虑的因素。

② 同上。

第二十六条[①] 金钱债权执行中，案外人依据执行标的被查封、扣押、冻结前作出的另案生效法律文书提出排除执行异议，人民法院应当按照下列情形，分别处理：

（一）该法律文书系就案外人与被执行人之间的权属纠纷以及租赁、借用、保管等不以转移财产权属为目的的合同纠纷，判决、裁决执行标的归属于案外人或者向其返还执行标的且其权利能够排除执行的，应予支持；

（二）该法律文书系就案外人与被执行人之间除前项所列合同之外的债权纠纷，判决、裁决执行标的归属于案外人或者向其交付、返还执行标的的，不予支持。

（三）该法律文书系案外人受让执行标的的拍卖、变卖成交裁定或者以物抵债裁定且其权利能够排除执行的，应予支持。

金钱债权执行中，案外人依据执行标的被查封、扣押、冻结后作出的另案生效法律文书提出排除执行异议的，人民法院不予支持。

非金钱债权执行中，案外人依据另案生效法律文书提出排除执行异议，该法律文书对执行标的权属作出不同认定的，人民法院应当告知案外人依法申请再审或者通过其他程序解决。

申请执行人或者案外人不服人民法院依照本条第一、二款规定作出的裁定，可以依照民事诉讼法第二百二十七条规定提起执行异议之诉。

第二十七条[②] 申请执行人对执行标的依法享有对抗案外人的担保物权等优先受偿权，人民法院对案外人提出的排除执行异议不予支持，但法律、司法解释另有规定的除外。

第二十八条[③] 金钱债权执行中，买受人对登记在被执行人名下的不动产提出异议，符合下列情形且其权利能够排除执行的，人民法院应予支持：

（一）在人民法院查封之前已签订合法有效的书面买卖合同；

---

① 代理案外人提出排除执行异议时应当考虑的因素。

② 同上。

③ 被执行人名下的不动产排除执行的情形。

（二）在人民法院查封之前已合法占有该不动产；

（三）已支付全部价款，或者已按照合同约定支付部分价款且将剩余价款按照人民法院的要求交付执行；

（四）非因买受人自身原因未办理过户登记。

第二十九条[①] 金钱债权执行中，买受人对登记在被执行的房地产开发企业名下的商品房提出异议，符合下列情形且其权利能够排除执行的，人民法院应予支持：

（一）在人民法院查封之前已签订合法有效的书面买卖合同；

（二）所购商品房系用于居住且买受人名下无其他用于居住的房屋；

（三）已支付的价款超过合同约定总价款的百分之五十。

第三十条[②] 金钱债权执行中，对被查封的办理了受让物权预告登记的不动产，受让人提出停止处分异议的，人民法院应予支持；符合物权登记条件，受让人提出排除执行异议的，应予支持。

第三十一条[③] 承租人请求在租赁期内阻止向受让人移交占有被执行的不动产，在人民法院查封之前已签订合法有效的书面租赁合同并占有使用该不动产的，人民法院应予支持。

承租人与被执行人恶意串通，以明显不合理的低价承租被执行的不动产或者伪造交付租金证据的，对其提出的阻止移交占有的请求，人民法院不予支持。

第三十二条 本规定施行后尚未审查终结的执行异议和复议案件，适用本规定。本规定施行前已经审查终结的执行异议和复议案件，人民法院依法提起执行监督程序的，不适用本规定。

---

① 开发商作为被执行人时，其名下商品房排除执行的情形。

② 物权预告登记和准登记排除执行的情形。

③ 租赁权在租赁期内排除执行的情形。

最高人民法院
关于限制被执行人高消费及有关消费的若干规定

（2010年5月17日最高人民法院审判委员会第1487次会议通过，根据2015年7月6日最高人民法院审判委员会第1657次会议通过的《最高人民法院关于修改〈最高人民法院关于限制被执行人高消费的若干规定〉的决定》修正，该修正自2015年7月22日起施行　法释〔2015〕17号）

为进一步加大执行力度，推动社会信用机制建设，最大限度保护申请执行人和被执行人的合法权益，根据《中华人民共和国民事诉讼法》的有关规定，结合人民法院民事执行工作的实践经验，制定本规定。

第一条　被执行人未按执行通知书指定的期间履行生效法律文书确定的给付义务的，人民法院可以采取限制消费措施，限制其高消费及非生活或者经营必需的有关消费。

纳入失信被执行人名单的被执行人，人民法院应当对其采取限制消费措施。[①]

第二条　人民法院决定采取限制消费措施时，应当考虑被执行人是否有消极履行、规避执行或者抗拒执行的行为以及被执行人的履行能力等因素。

第三条　被执行人为自然人的，被采取限制消费措施后，不得有以下高

---

① 与失信信息相关规定有冲突。《最高人民法院关于公布失信被执行人名单信息的若干规定》。

第一条　被执行人未履行生效法律文书确定的义务，并具有下列情形之一的，人民法院应当将其纳入失信被执行人名单，依法对其进行信用惩戒：

（一）有履行能力而拒不履行生效法律文书确定义务的；

（二）以伪造证据、暴力、威胁等方法妨碍、抗拒执行的；

（三）以虚假诉讼、虚假仲裁或者以隐匿、转移财产等方法规避执行的；

（四）违反财产报告制度的；

（五）违反限制消费令的；

（六）无正当理由拒不履行执行和解协议的。

消费及非生活和工作必需的消费行为：

（一）乘坐交通工具时，选择飞机、列车软卧、轮船二等以上舱位；

（二）在星级以上宾馆、酒店、夜总会、高尔夫球场等场所进行高消费；

（三）购买不动产或者新建、扩建、高档装修房屋；

（四）租赁高档写字楼、宾馆、公寓等场所办公；

（五）购买非经营必需车辆；

（六）旅游、度假；

（七）子女就读高收费私立学校；

（八）支付高额保费购买保险理财产品；

（九）乘坐G字头动车组列车全部座位、其他动车组列车一等以上座位等其他非生活和工作必需的消费行为。

被执行人为单位的，被采取限制消费措施后，被执行人及其法定代表人、主要负责人、影响债务履行的直接责任人员、实际控制人不得实施前款规定的行为。因私消费以个人财产实施前款规定行为的，可以向执行法院提出申请。执行法院审查属实的，应予准许。

第四条　限制消费措施一般由申请执行人提出书面申请，经人民法院审查决定；必要时人民法院可以依职权决定。

第五条　人民法院决定采取限制消费措施的，应当向被执行人发出限制消费令。限制消费令由人民法院院长签发。限制消费令应当载明限制消费的期间、项目、法律后果等内容。

第六条　人民法院决定采取限制消费措施的，可以根据案件需要和被执行人的情况向有义务协助调查、执行的单位送达协助执行通知书，也可以在相关媒体上进行公告。

第七条　限制消费令的公告费用由被执行人负担；申请执行人申请在媒体公告的，应当垫付公告费用。

第八条　被限制消费的被执行人因生活或者经营必需而进行本规定禁止的消费活动的，应当向人民法院提出申请，获批准后方可进行。

第九条　在限制消费期间，被执行人提供确实有效的担保或者经申请执行人同意的，人民法院可以解除限制消费令；被执行人履行完毕生效法律文书确定的义务的，人民法院应当在本规定第六条通知或者公告的范围内及时以通知或者公告解除限制消费令。

第十条 人民法院应当设置举报电话或者邮箱，接受申请执行人和社会公众对被限制消费的被执行人违反本规定第三条的举报，并进行审查认定。

第十一条 被执行人违反限制消费令进行消费的行为属于拒不履行人民法院已经发生法律效力的判决、裁定的行为，经查证属实的，依照《中华人民共和国民事诉讼法》第一百一十一条的规定，予以拘留、罚款；情节严重，构成犯罪的，追究其刑事责任。

有关单位在收到人民法院协助执行通知书后，仍允许被执行人进行高消费及非生活或者经营必需的有关消费的，人民法院可以依照《中华人民共和国民事诉讼法》第一百一十四条的规定，追究其法律责任。

最高人民法院
关于对人民法院终结执行行为
提出执行异议期限问题的批复

（2015年11月30日最高人民法院审判委员会第1668次会议通过，自2016年2月15日起施行　法释〔2016〕3号）

湖北省高级人民法院：

你院《关于咸宁市广泰置业有限公司与咸宁市枫丹置业有限公司房地产开发经营合同纠纷案的请示》（鄂高法〔2015〕295号）收悉。经研究，批复如下：

当事人、利害关系人依照民事诉讼法第二百二十五条规定对终结执行行为提出异议的，应当自收到终结执行法律文书之日起六十日内提出；未收到法律文书的，应当自知道或者应当知道人民法院终结执行之日起六十日内提出。批复发布前终结执行的，自批复发布之日起六十日内提出。超出该期限提出执行异议的，人民法院不予受理。

此复。

最高人民法院
关于首先查封法院与优先债权执行法院处分查封财产有关问题的批复

（2015 年 12 月 16 日由最高人民法院审判委员会第 1672 次会议通过，自 2016 年 4 月 14 日起施行　法释〔2016〕6 号）

福建省高级人民法院：

你院《关于解决法院首封处分权与债权人行使优先受偿债权冲突问题的请示》（闽高法〔2015〕261 号）收悉。经研究，批复如下：

一、执行过程中，应当由首先查封、扣押、冻结（以下简称查封）法院负责处分查封财产。但已进入其他法院执行程序的债权对查封财产有顺位在先的担保物权、优先权（该债权以下简称优先债权），自首先查封之日起已超过 60 日，且首先查封法院就该查封财产尚未发布拍卖公告或者进入变卖程序的，优先债权执行法院可以要求将该查封财产移送执行。

二、优先债权执行法院要求首先查封法院将查封财产移送执行的，应当出具商请移送执行函，并附确认优先债权的生效法律文书及案件情况说明。

首先查封法院应当在收到优先债权执行法院商请移送执行函之日起 15 日内出具移送执行函，将查封财产移送优先债权执行法院执行，并告知当事人。

移送执行函应当载明将查封财产移送执行及首先查封债权的相关情况等内容。

三、财产移送执行后，优先债权执行法院在处分或继续查封该财产时，可以持首先查封法院移送执行函办理相关手续。

优先债权执行法院对移送的财产变价后，应当按照法律规定的清偿顺序分配，并将相关情况告知首先查封法院。

首先查封债权尚未经生效法律文书确认的，应当按照首先查封债权的清偿顺位，预留相应份额。

四、首先查封法院与优先债权执行法院就移送查封财产发生争议的，可以逐级报请双方共同的上级法院指定该财产的执行法院。

共同的上级法院根据首先查封债权所处的诉讼阶段、查封财产的种类及所在地、各债权数额与查封财产价值之间的关系等案件具体情况，认为由首先查封法院执行更为妥当的，也可以决定由首先查封法院继续执行，但应当督促其在指定期限内处分查封财产。

此复。

附件：

1.××××人民法院商请移送执行函

2.××××人民法院移送执行函

附件 1

××××人民法院

商请移送执行函

（××××）……号

××××人民法院：

……（写明当事人姓名或名称和案由）一案的……（写明生效法律文书名称）已经发生法律效力。由于……［写明本案债权人依法享有顺位在先的担保物权（优先权）和首先查封法院没有及时对查封财产进行处理的情况，以及商请移送执行的理由］。根据《最高人民法院关于首先查封法院与优先债权执行法院处分查封财产有关问题的批复》之规定，请你院在收到本函之日起 15 日内向我院出具移送执行函，将……（写明具体查封财产）移送我院执行。

附件：1. 据以执行的生效法律文书

2. 有关案件情况说明［内容包括本案债权依法享有顺位在先的担保物权（优先权）的具体情况、案件执行情况、执行员姓名及联系电话、申请执行人地址及联系电话等］

3. 其他必要的案件材料

××××年××月××日

（院印）

本院地址：　　　　邮编：

联系人：　　　　联系电话：

附件 2

××××人民法院

移送执行函

（××××）……号

××××人民法院：

你院（××××）……号商请移送执行函收悉。我院于××××年××月××日对……（写明具体查封财产，以下简称查封财产）予以查封（或者扣押、冻结），鉴于你院（××××）……号执行案件债权人对该查封财产享有顺位在先的担保物权（优先权），现根据《最高人民法院关于首先查封法院与优先债权执行法院处分查封财产有关问题的批复》之规定及你院的来函要求，将上述查封财产移送你院执行，对该财产的续封、解封和变价、分配等后续工作，交由你院办理，我院不再负责。请你院在后续执行程序中，对我院执行案件债权人××作为首先查封债权人所享有的各项权利依法予以保护，并将执行结果及时告知我院。

附件：1. 据以执行的生效法律文书

2. 有关案件情况的材料和说明（内容包括查封财产的查封、调查、异议、评估、处置和剩余债权数额等案件执行情况，执行员姓名及联系电话、申请

执行人地址及联系电话等）

3. 其他必要的案件材料

××××年××月××日

（院印）

本院地址：　　　　　　　　邮编：

联系人：　　　　　　　　　联系电话：

最高人民法院
关于人民法院网络司法拍卖若干问题的规定

（2016年5月30日最高人民法院审判委员会第1685次会议通过，自2017年1月1日起施行　法释〔2016〕18号）

为了规范网络司法拍卖行为，保障网络司法拍卖公开、公平、公正、安全、高效，维护当事人的合法权益，根据《中华人民共和国民事诉讼法》等法律的规定，结合人民法院执行工作的实际，制定本规定。

第一条　本规定所称的网络司法拍卖，是指人民法院依法通过互联网拍卖平台，以网络电子竞价方式公开处置财产的行为。

第二条[①]　人民法院以拍卖方式处置财产的，应当采取网络司法拍卖方式，但法律、行政法规和司法解释规定必须通过其他途径处置，或者不宜采用网络拍卖方式处置的除外。

第三条　网络司法拍卖应当在互联网拍卖平台上向社会全程公开，接受社会监督。

第四条　最高人民法院建立全国性网络服务提供者名单库。网络服务提供者申请纳入名单库的，其提供的网络司法拍卖平台应当符合下列条件：

（一）具备全面展示司法拍卖信息的界面；

（二）具备本规定要求的信息公示、网上报名、竞价、结算等功能；

（三）具有信息共享、功能齐全、技术拓展等功能的独立系统；

（四）程序运作规范、系统安全高效、服务优质价廉；

（五）在全国具有较高的知名度和广泛的社会参与度。

最高人民法院组成专门的评审委员会，负责网络服务提供者的选定、评

① 网络拍卖为原则，传统拍卖为例外。

审和除名。最高人民法院每年引入第三方评估机构对已纳入和新申请纳入名单库的网络服务提供者予以评审并公布结果。

第五条 网络服务提供者由申请执行人从名单库中选择；未选择或者多个申请执行人的选择不一致的，由人民法院指定。

第六条 实施网络司法拍卖的，人民法院应当履行下列职责：

（一）制作、发布拍卖公告；

（二）查明拍卖财产现状、权利负担等内容，并予以说明；

（三）确定拍卖保留价、保证金的数额、税费负担等；

（四）确定保证金、拍卖款项等支付方式；

（五）通知当事人和优先购买权人；

（六）制作拍卖成交裁定；

（七）办理财产交付和出具财产权证照转移协助执行通知书；

（八）开设网络司法拍卖专用账户；

（九）其他依法由人民法院履行的职责。

第七条 实施网络司法拍卖的，人民法院可以将下列拍卖辅助工作委托社会机构或者组织承担：

（一）制作拍卖财产的文字说明及视频或者照片等资料；

（二）展示拍卖财产，接受咨询，引领查看，封存样品等；

（三）拍卖财产的鉴定、检验、评估、审计、仓储、保管、运输等；

（四）其他可以委托的拍卖辅助工作。

社会机构或者组织承担网络司法拍卖辅助工作所支出的必要费用由被执行人承担。

第八条 实施网络司法拍卖的，下列事项应当由网络服务提供者承担：

（一）提供符合法律、行政法规和司法解释规定的网络司法拍卖平台，并保障安全正常运行；

（二）提供安全便捷配套的电子支付对接系统；

（三）全面、及时展示人民法院及其委托的社会机构或者组织提供的拍卖信息；

（四）保证拍卖全程的信息数据真实、准确、完整和安全；

（五）其他应当由网络服务提供者承担的工作。

网络服务提供者不得在拍卖程序中设置阻碍适格竞买人报名、参拍、竞价以及监视竞买人信息等后台操控功能。

网络服务提供者提供的服务无正当理由不得中断。

第九条 网络司法拍卖服务提供者从事与网络司法拍卖相关的行为，应当接受人民法院的管理、监督和指导。

第十条 网络司法拍卖应当确定保留价，拍卖保留价即为起拍价。

起拍价由人民法院参照评估价确定；未作评估的，参照市价确定，并征询当事人意见。起拍价不得低于评估价或者市价的百分之七十[①]。

第十一条 网络司法拍卖不限制竞买人数量。一人参与竞拍，出价不低于起拍价的，拍卖成交。

第十二条 网络司法拍卖应当先期公告，拍卖公告除通过法定途径发布外，还应同时在网络司法拍卖平台发布。拍卖动产的，应当在拍卖十五日前公告；拍卖不动产或者其他财产权的，应当在拍卖三十日前公告。

拍卖公告应当包括拍卖财产、价格、保证金、竞买人条件、拍卖财产已知瑕疵、相关权利义务、法律责任、拍卖时间、网络平台和拍卖法院等信息。

第十三条 实施网络司法拍卖的，人民法院应当在拍卖公告发布当日通过网络司法拍卖平台公示下列信息：

（一）拍卖公告；

（二）执行所依据的法律文书，但法律规定不得公开的除外；

（三）评估报告副本，或者未经评估的定价依据；

---

① 与《最高人民法院关于人民法院民事执行中拍卖、变卖财产的规定》有变化。

第八条 拍卖应当确定保留价。

拍卖保留价由人民法院参照评估价确定；未作评估的，参照市价确定，并应当征询有关当事人的意见。

人民法院确定的保留价，第一次拍卖时，不得低于评估价或者市价的百分之八十；如果出现流拍，再行拍卖时，可以酌情降低保留价，但每次降低的数额不得超过前次保留价的百分之二十 。

（四）拍卖时间、起拍价以及竞价规则；

（五）拍卖财产权属、占有使用、附随义务等现状的文字说明、视频或者照片等；

（六）优先购买权主体以及权利性质；

（七）通知或者无法通知当事人、已知优先购买权人的情况；

（八）拍卖保证金、拍卖款项支付方式和账户；

（九）拍卖财产产权转移可能产生的税费及承担方式；

（十）执行法院名称，联系、监督方式等；

（十一）其他应当公示的信息。

第十四条　实施网络司法拍卖的，人民法院应当在拍卖公告发布当日通过网络司法拍卖平台对下列事项予以特别提示：

（一）竞买人应当具备完全民事行为能力，法律、行政法规和司法解释对买受人资格或者条件有特殊规定的，竞买人应当具备规定的资格或者条件；

（二）委托他人代为竞买的，应当在竞价程序开始前经人民法院确认，并通知网络服务提供者；

（三）拍卖财产已知瑕疵和权利负担；

（四）拍卖财产以实物现状为准，竞买人可以申请实地看样；

（五）竞买人决定参与竞买的，视为对拍卖财产完全了解，并接受拍卖财产一切已知和未知瑕疵；

（六）载明买受人真实身份的拍卖成交确认书在网络司法拍卖平台上公示；

（七）买受人悔拍后保证金不予退还。

第十五条　被执行人应当提供拍卖财产品质的有关资料和说明。

人民法院已按本规定第十三条、第十四条的要求予以公示和特别提示，且在拍卖公告中声明不能保证拍卖财产真伪或者品质的，不承担瑕疵担保责任。

第十六条　网络司法拍卖的事项应当在拍卖公告发布三日前以书面或者其他能够确认收悉的合理方式，通知当事人、已知优先购买权人[①]。权利人书

① 租赁合同的承租人，有限责任公司股东。

面明确放弃权利的，可以不通知。无法通知的，应当在网络司法拍卖平台公示并说明无法通知的理由，公示满五日视为已经通知。

优先购买权人经通知未参与竞买的，视为放弃优先购买权。

第十七条 保证金数额由人民法院在起拍价的百分之五至百分之二十范围内确定。

竞买人应当在参加拍卖前以实名交纳保证金，未交纳的，不得参加竞买。申请执行人参加竞买的，可以不交保证金；但债权数额小于保证金数额的按差额部分交纳。

交纳保证金，竞买人可以向人民法院指定的账户交纳，也可以由网络服务提供者在其提供的支付系统中对竞买人的相应款项予以冻结。

第十八条 竞买人在拍卖竞价程序结束前交纳保证金经人民法院或者网络服务提供者确认后，取得竞买资格。网络服务提供者应当向取得资格的竞买人赋予竞买代码、参拍密码；竞买人以该代码参与竞买。

网络司法拍卖竞价程序结束前，人民法院及网络服务提供者对竞买人以及其他能够确认竞买人真实身份的信息、密码等，应当予以保密。

第十九条 优先购买权人经人民法院确认后，取得优先竞买资格以及优先竞买代码、参拍密码，并以优先竞买代码参与竞买；未经确认的，不得以优先购买权人身份参与竞买。

顺序不同的优先购买权人申请参与竞买的，人民法院应当确认其顺序，赋予不同顺序的优先竞买代码。

第二十条 网络司法拍卖从起拍价开始以递增出价方式竞价，增价幅度由人民法院确定。竞买人以低于起拍价出价的无效。

网络司法拍卖的竞价时间应当不少于二十四小时。竞价程序结束前五分钟内无人出价的，最后出价即为成交价；有出价的，竞价时间自该出价时点顺延五分钟。竞买人的出价时间以进入网络司法拍卖平台服务系统的时间为准。

竞买代码及其出价信息应当在网络竞买页面实时显示，并储存、显示竞价全程。

第二十一条[①] 优先购买权人参与竞买的，可以与其他竞买人以相同的价格出价，没有更高出价的，拍卖财产由优先购买权人竞得。

顺序不同的优先购买权人以相同价格出价的，拍卖财产由顺序在先的优先购买权人竞得。

顺序相同的优先购买权人以相同价格出价的，拍卖财产由出价在先的优先购买权人竞得。

第二十二条 网络司法拍卖成交的，由网络司法拍卖平台以买受人的真实身份自动生成确认书并公示。

拍卖财产所有权自拍卖成交裁定送达买受人时转移。

第二十三条 拍卖成交后，买受人交纳的保证金可以充抵价款；其他竞买人交纳的保证金应当在竞价程序结束后二十四小时内退还或者解冻。拍卖未成交的，竞买人交纳的保证金应当在竞价程序结束后二十四小时内退还或者解冻。

第二十四条 拍卖成交后买受人悔拍的，交纳的保证金不予退还，依次用于支付拍卖产生的费用损失、弥补重新拍卖价款低于原拍卖价款的差价、冲抵本案被执行人的债务以及与拍卖财产相关的被执行人的债务。

悔拍后重新拍卖的，原买受人不得参加竞买。

第二十五条 拍卖成交后，买受人应当在拍卖公告确定的期限内将剩余价款交付人民法院指定账户。拍卖成交后二十四小时内，网络服务提供者应当将冻结的买受人交纳的保证金划入人民法院指定账户。

第二十六条[②] 网络司法拍卖竞价期间无人出价的，本次拍卖流拍。流拍后应当在三十日内在同一网络司法拍卖平台再次拍卖，拍卖动产的应当在拍卖七日前公告；拍卖不动产或者其他财产权的应当在拍卖十五日前公告。再次拍卖的起拍价降价幅度不得超过前次起拍价的百分之二十。

再次拍卖流拍的，可以依法在同一网络司法拍卖平台变卖。

---

① 优先购买权人参与竞买的规则。

② 流拍的处理规则。

第二十七条 起拍价及其降价幅度、竞价增价幅度、保证金数额和优先购买权人竞买资格及其顺序等事项，应当由人民法院依法组成合议庭评议确定。

第二十八条 网络司法拍卖竞价程序中，有依法应当暂缓、中止执行等情形的，人民法院应当决定暂缓或者裁定中止拍卖；人民法院可以自行或者通知网络服务提供者停止拍卖。

网络服务提供者发现系统故障、安全隐患等紧急情况的，可以先行暂缓拍卖，并立即报告人民法院。

暂缓或者中止拍卖的，应当及时在网络司法拍卖平台公告原因或者理由。

暂缓拍卖期限届满或者中止拍卖的事由消失后，需要继续拍卖的，应当在五日内恢复拍卖。

第二十九条 网络服务提供者对拍卖形成的电子数据，应当完整保存不少于十年，但法律、行政法规另有规定的除外。

第三十条① 因网络司法拍卖本身形成的税费，应当依照相关法律、行政法规的规定，由相应主体承担；没有规定或者规定不明的，人民法院可以根据法律原则和案件实际情况确定税费承担的相关主体、数额。

第三十一条② 当事人、利害关系人提出异议请求撤销网络司法拍卖，符合下列情形之一的，人民法院应当支持：

（一）由于拍卖财产的文字说明、视频或者照片展示以及瑕疵说明严重失实，致使买受人产生重大误解，购买目的无法实现的，但拍卖时的技术水平不能发现或者已经就相关瑕疵以及责任承担予以公示说明的除外；

（二）由于系统故障、病毒入侵、黑客攻击、数据错误等原因致使拍卖结果错误，严重损害当事人或者其他竞买人利益的；

（三）竞买人之间，竞买人与网络司法拍卖服务提供者之间恶意串通，损害当事人或者其他竞买人利益的；

（四）买受人不具备法律、行政法规和司法解释规定的竞买资格的；

---

① 税费的承担规则。

② 可以撤销的情形。

（五）违法限制竞买人参加竞买或者对享有同等权利的竞买人规定不同竞买条件的；

（六）其他严重违反网络司法拍卖程序且损害当事人或者竞买人利益的情形。

第三十二条[①] 网络司法拍卖被人民法院撤销，当事人、利害关系人、案外人认为人民法院的拍卖行为违法致使其合法权益遭受损害的，可以依法申请国家赔偿；认为其他主体的行为违法致使其合法权益遭受损害的，可以另行提起诉讼。

第三十三条 当事人、利害关系人、案外人认为网络司法拍卖服务提供者的行为违法致使其合法权益遭受损害的，可以另行提起诉讼；理由成立的，人民法院应当支持，但具有法定免责事由的除外。

第三十四条 实施网络司法拍卖的，下列机构和人员不得竞买并不得委托他人代为竞买与其行为相关的拍卖财产：

（一）负责执行的人民法院；

（二）网络服务提供者；

（三）承担拍卖辅助工作的社会机构或者组织；

（四）第（一）至（三）项规定主体的工作人员及其近亲属。

第三十五条 网络服务提供者有下列情形之一的，应当将其从名单库中除名：

（一）存在违反本规定第八条第二款规定操控拍卖程序、修改拍卖信息等行为的；

（二）存在恶意串通、弄虚作假、泄漏保密信息等行为的；

（三）因违反法律、行政法规和司法解释等规定受到处罚，不适于继续从事网络司法拍卖的；

（四）存在违反本规定第三十四条规定行为的；

（五）其他应当除名的情形。

---

① 拍卖被撤销的法律后果。

网络服务提供者有前款规定情形之一，人民法院可以依照《中华人民共和国民事诉讼法》的相关规定予以处理。

第三十六条 当事人、利害关系人认为网络司法拍卖行为违法侵害其合法权益的，可以提出执行异议。异议、复议期间，人民法院可以决定暂缓或者裁定中止拍卖。

案外人对网络司法拍卖的标的提出异议的，人民法院应当依据《中华人民共和国民事诉讼法》第二百二十七条及相关司法解释的规定处理，并决定暂缓或者裁定中止拍卖。

第三十七条 人民法院通过互联网平台以变卖方式处置财产的，参照本规定执行。

执行程序中委托拍卖机构通过互联网平台实施网络拍卖的，参照本规定执行。

本规定对网络司法拍卖行为没有规定的，适用其他有关司法拍卖的规定。

第三十八条 本规定自 2017 年 1 月 1 日起施行。施行前最高人民法院公布的司法解释和规范性文件与本规定不一致的，以本规定为准。

最高人民法院
印发《关于严格规范终结本次执行程序的规定（试行）》的通知

各省、自治区、直辖市高级人民法院，解放军军事法院，新疆维吾尔自治区高级人民法院生产建设兵团分院：

现将《最高人民法院关于严格规范终结本次执行程序的规定（试行）》予以印发，请认真贯彻执行。

最高人民法院

2016 年 10 月 29 日

最高人民法院
关于严格规范终结本次执行程序的规定（试行）

（法〔2016〕373 号）

为严格规范终结本次执行程序，维护当事人的合法权益，根据《中华人民共和国民事诉讼法》及有关司法解释的规定，结合人民法院执行工作实际，制定本规定。

第一条 人民法院终结本次执行程序，应当同时符合下列条件：

（一）已向被执行人发出执行通知、责令被执行人报告财产；

（二）已向被执行人发出限制消费令，并将符合条件的被执行人纳入失信被执行人名单；

（三）已穷尽财产调查措施，未发现被执行人有可供执行的财产或者发现的财产不能处置；

（四）自执行案件立案之日起已超过三个月；

（五）被执行人下落不明的，已依法予以查找；被执行人或者其他人妨害执行的，已依法采取罚款、拘留等强制措施，构成犯罪的，已依法启动刑事责任追究程序。

第二条 本规定第一条第一项中的“责令被执行人报告财产”，是指应当完成下列事项：

（一）向被执行人发出报告财产令；

（二）对被执行人报告的财产情况予以核查；

（三）对逾期报告、拒绝报告或者虚假报告的被执行人或者相关人员，依法采取罚款、拘留等强制措施，构成犯罪的，依法启动刑事责任追究程序。

人民法院应当将财产报告、核实及处罚的情况记录入卷。

第三条 本规定第一条第三项中的“已穷尽财产调查措施”，是指应当完成下列调查事项：

（一）对申请执行人或者其他人提供的财产线索进行核查；

（二）通过网络执行查控系统对被执行人的存款、车辆及其他交通运输工具、不动产、有价证券等财产情况进行查询；

（三）无法通过网络执行查控系统查询本款第二项规定的财产情况的，在被执行人住所地或者可能隐匿、转移财产所在地进行必要调查；

（四）被执行人隐匿财产、会计账簿等资料且拒不交出的，依法采取搜查措施；

（五）经申请执行人申请，根据案件实际情况，依法采取审计调查、公告悬赏等调查措施；

（六）法律、司法解释规定的其他财产调查措施。

人民法院应当将财产调查情况记录入卷。

第四条 本规定第一条第三项中的“发现的财产不能处置”，包括下列情形：

（一）被执行人的财产经法定程序拍卖、变卖未成交，申请执行人不接受抵债或者依法不能交付其抵债，又不能对该财产采取强制管理等其他执行措施的；

（二）人民法院在登记机关查封的被执行人车辆、船舶等财产，未能实际扣押的。

第五条[1] 终结本次执行程序前，人民法院应当将案件执行情况、采取的财产调查措施、被执行人的财产情况、终结本次执行程序的依据及法律后果等信息告知申请执行人，并听取其对终结本次执行程序的意见。

人民法院应当将申请执行人的意见记录入卷。

第六条 终结本次执行程序应当制作裁定书，载明下列内容：

（一）申请执行的债权情况；

（二）执行经过及采取的执行措施、强制措施；

（三）查明的被执行人财产情况；

（四）实现的债权情况；

（五）申请执行人享有要求被执行人继续履行债务及依法向人民法院申请恢复执行的权利，被执行人负有继续向申请执行人履行债务的义务。

终结本次执行程序裁定书送达申请执行人后，执行案件可以作结案处理。人民法院进行相关统计时，应当对以终结本次执行程序方式结案的案件与其他方式结案的案件予以区分。

终结本次执行程序裁定书应当依法在互联网上公开。

第七条 当事人、利害关系人认为终结本次执行程序违反法律规定的，可以提出执行异议。人民法院应当依照民事诉讼法第二百二十五条的规定进行审查。

第八条 终结本次执行程序后，被执行人应当继续履行生效法律文书确定的义务。被执行人自动履行完毕的，当事人应当及时告知执行法院。

第九条 终结本次执行程序后，申请执行人发现被执行人有可供执行财产的，可以向执行法院申请恢复执行。申请恢复执行不受申请执行时效期间的限制。执行法院核查属实的，应当恢复执行。

终结本次执行程序后的五年内，执行法院应当每六个月通过网络执行查

① “终本”前，执行法院的义务。

控系统查询一次被执行人的财产，并将查询结果告知申请执行人。符合恢复执行条件的，执行法院应当及时恢复执行。

第十条 终结本次执行程序后，发现被执行人有可供执行财产，不立即采取执行措施可能导致财产被转移、隐匿、出卖或者毁损的，执行法院可以依申请执行人申请或依职权立即采取查封、扣押、冻结等控制性措施。

第十一条 案件符合终结本次执行程序条件，又符合移送破产审查相关规定的，执行法院应当在作出终结本次执行程序裁定的同时，将执行案件相关材料移送被执行人住所地人民法院进行破产审查。

第十二条 终结本次执行程序裁定书送达申请执行人以后，执行法院应当在七日内将相关案件信息录入最高人民法院建立的终结本次执行程序案件信息库，并通过该信息库统一向社会公布。

第十三条 终结本次执行程序案件信息库记载的信息应当包括下列内容：

（一）作为被执行人的法人或者其他组织的名称、住所地、组织机构代码及其法定代表人或者负责人的姓名，作为被执行人的自然人的姓名、性别、年龄、身份证件号码和住址；

（二）生效法律文书的制作单位和文号，执行案号、立案时间、执行法院；

（三）生效法律文书确定的义务和被执行人的履行情况；

（四）人民法院认为应当记载的其他事项。

第十四条 当事人、利害关系人认为公布的终结本次执行程序案件信息错误的，可以向执行法院申请更正。执行法院审查属实的，应当在三日内予以更正。

第十五条 终结本次执行程序后，人民法院已对被执行人依法采取的执行措施和强制措施继续有效。

第十六条 终结本次执行程序后，申请执行人申请延长查封、扣押、冻结期限的，人民法院应当依法办理续行查封、扣押、冻结手续。

终结本次执行程序后，当事人、利害关系人申请变更、追加执行当事人，符合法定情形的，人民法院应予支持。变更、追加被执行人后，申请执行人申请恢复执行的，人民法院应予支持。

第十七条　终结本次执行程序后，被执行人或者其他人妨害执行的，人民法院可以依法予以罚款、拘留；构成犯罪的，依法追究刑事责任。

第十八条　有下列情形之一的，人民法院应当在三日内将案件信息从终结本次执行程序案件信息库中屏蔽：

（一）生效法律文书确定的义务执行完毕的；

（二）依法裁定终结执行的；

（三）依法应予屏蔽的其他情形。

第十九条　本规定自 2016 年 12 月 1 日起施行。

最高人民法院
关于民事执行中变更、追加当事人若干问题的规定

（2016 年 8 月 29 日最高人民法院审判委员会第 1691 次会议通过，自 2016 年 12 月 1 日起施行　法释〔2016〕21 号）

为正确处理民事执行中变更、追加当事人问题，维护当事人、利害关系人的合法权益，根据《中华人民共和国民事诉讼法》等法律规定，结合执行实践，制定本规定。

第一条　执行过程中，申请执行人或其继承人、权利承受人可以向人民法院申请变更、追加当事人。申请符合法定条件的，人民法院应予支持。

第二条　作为申请执行人的公民死亡或被宣告死亡，该公民的遗嘱执行人、受遗赠人、继承人或其他因该公民死亡或被宣告死亡依法承受生效法律文书确定权利的主体，申请变更、追加其为申请执行人的，人民法院应予支持。

作为申请执行人的公民被宣告失踪，该公民的财产代管人申请变更、追加其为申请执行人的，人民法院应予支持。

第三条　作为申请执行人的公民离婚时，生效法律文书确定的权利全部或部分分割给其配偶，该配偶申请变更、追加其为申请执行人的，人民法院应予支持。

第四条　作为申请执行人的法人或其他组织终止，因该法人或其他组织终止依法承受生效法律文书确定权利的主体，申请变更、追加其为申请执行人的，人民法院应予支持。

第五条　作为申请执行人的法人或其他组织因合并而终止，合并后存续或新设的法人、其他组织申请变更其为申请执行人的，人民法院应予支持。

第六条　作为申请执行人的法人或其他组织分立，依分立协议约定承受生效法律文书确定权利的新设法人或其他组织，申请变更、追加其为申请执

行人的，人民法院应予支持。

第七条 作为申请执行人的法人或其他组织清算或破产时，生效法律文书确定的权利依法分配给第三人，该第三人申请变更、追加其为申请执行人的，人民法院应予支持。

第八条 作为申请执行人的机关法人被撤销，继续履行其职能的主体申请变更、追加其为申请执行人的，人民法院应予支持，但生效法律文书确定的权利依法应由其他主体承受的除外；没有继续履行其职能的主体，且生效法律文书确定权利的承受主体不明确，作出撤销决定的主体申请变更、追加其为申请执行人的，人民法院应予支持。

第九条 申请执行人将生效法律文书确定的债权依法转让给第三人，且书面认可第三人取得该债权，该第三人申请变更、追加其为申请执行人的，人民法院应予支持。

第十条 作为被执行人的公民死亡或被宣告死亡，申请执行人申请变更、追加该公民的遗嘱执行人、继承人、受遗赠人或其他因该公民死亡或被宣告死亡取得遗产的主体为被执行人，在遗产范围内承担责任的，人民法院应予支持。继承人放弃继承或受遗赠人放弃受遗赠，又无遗嘱执行人的，人民法院可以直接执行遗产。

作为被执行人的公民被宣告失踪，申请执行人申请变更该公民的财产代管人为被执行人，在代管的财产范围内承担责任的，人民法院应予支持。

第十一条 作为被执行人的法人或其他组织因合并而终止，申请执行人申请变更合并后存续或新设的法人、其他组织为被执行人的，人民法院应予支持。

第十二条 作为被执行人的法人或其他组织分立，申请执行人申请变更、追加分立后新设的法人或其他组织为被执行人，对生效法律文书确定的债务承担连带责任的，人民法院应予支持。但被执行人在分立前与申请执行人就债务清偿达成的书面协议另有约定的除外。

第十三条 作为被执行人的个人独资企业，不能清偿生效法律文书确定的债务，申请执行人申请变更、追加其投资人为被执行人的，人民法院应予支持。个人独资企业投资人作为被执行人的，人民法院可以直接执行该个人独资企业的财产。

个体工商户的字号为被执行人的，人民法院可以直接执行该字号经营者的财产。

第十四条 作为被执行人的合伙企业，不能清偿生效法律文书确定的债务，申请执行人申请变更、追加普通合伙人为被执行人的，人民法院应予支持。

作为被执行人的有限合伙企业，财产不足以清偿生效法律文书确定的债务，申请执行人申请变更、追加未按期足额缴纳出资的有限合伙人为被执行人，在未足额缴纳出资的范围内承担责任的，人民法院应予支持。

第十五条 作为被执行人的法人分支机构，不能清偿生效法律文书确定的债务，申请执行人申请变更、追加该法人为被执行人的，人民法院应予支持。法人直接管理的责任财产仍不能清偿债务的，人民法院可以直接执行该法人其他分支机构的财产。

作为被执行人的法人，直接管理的责任财产不能清偿生效法律文书确定债务的，人民法院可以直接执行该法人分支机构的财产。

第十六条 个人独资企业、合伙企业、法人分支机构以外的其他组织作为被执行人，不能清偿生效法律文书确定的债务，申请执行人申请变更、追加依法对该其他组织的债务承担责任的主体为被执行人的，人民法院应予支持。

第十七条 作为被执行人的企业法人，财产不足以清偿生效法律文书确定的债务，申请执行人申请变更、追加未缴纳或未足额缴纳出资的股东、出资人或依公司法规定对该出资承担连带责任的发起人为被执行人，在尚未缴纳出资的范围内依法承担责任的，人民法院应予支持。

第十八条 作为被执行人的企业法人，财产不足以清偿生效法律文书确定的债务，申请执行人申请变更、追加抽逃出资的股东、出资人为被执行人，在抽逃出资的范围内承担责任的，人民法院应予支持。

第十九条 作为被执行人的公司，财产不足以清偿生效法律文书确定的债务，其股东未依法履行出资义务即转让股权，申请执行人申请变更、追加该原股东或依公司法规定对该出资承担连带责任的发起人为被执行人，在未依法出资的范围内承担责任的，人民法院应予支持。

第二十条 作为被执行人的一人有限责任公司，财产不足以清偿生效法律文书确定的债务，股东不能证明公司财产独立于自己的财产，申请执行人申请变更、追加该股东为被执行人，对公司债务承担连带责任的，人民法院应予支持。

第二十一条 作为被执行人的公司，未经清算即办理注销登记，导致公司无法进行清算，申请执行人申请变更、追加有限责任公司的股东、股份有限公司的董事和控股股东为被执行人，对公司债务承担连带清偿责任的，人民法院应予支持。

第二十二条 作为被执行人的法人或其他组织，被注销或出现被吊销营业执照、被撤销、被责令关闭、歇业等解散事由后，其股东、出资人或主管部门无偿接受其财产，致使该被执行人无遗留财产或遗留财产不足以清偿债务，申请执行人申请变更、追加该股东、出资人或主管部门为被执行人，在接受的财产范围内承担责任的，人民法院应予支持。

第二十三条 作为被执行人的法人或其他组织，未经依法清算即办理注销登记，在登记机关办理注销登记时，第三人书面承诺对被执行人的债务承担清偿责任，申请执行人申请变更、追加该第三人为被执行人，在承诺范围内承担清偿责任的，人民法院应予支持。

第二十四条 执行过程中，第三人向执行法院书面承诺自愿代被执行人履行生效法律文书确定的债务，申请执行人申请变更、追加该第三人为被执行人，在承诺范围内承担责任的，人民法院应予支持。

第二十五条 作为被执行人的法人或其他组织，财产依行政命令被无偿调拨、划转给第三人，致使该被执行人财产不足以清偿生效法律文书确定的债务，申请执行人申请变更、追加该第三人为被执行人，在接受的财产范围内承担责任的，人民法院应予支持。

第二十六条 被申请人在应承担责任范围内已承担相应责任的，人民法院不得责令其重复承担责任。

第二十七条 执行当事人的姓名或名称发生变更的，人民法院可以直接将姓名或名称变更后的主体作为执行当事人，并在法律文书中注明变更前的姓名或名称。

第二十八条 申请人申请变更、追加执行当事人，应当向执行法院提交书面申请及相关证据材料。

除事实清楚、权利义务关系明确、争议不大的案件外，执行法院应当组成合议庭审查并公开听证。经审查，理由成立的，裁定变更、追加；理由不成立的，裁定驳回。

执行法院应当自收到书面申请之日起六十日内作出裁定。有特殊情况需要延长的，由本院院长批准。

第二十九条 执行法院审查变更、追加被执行人申请期间，申请人申请对被申请人的财产采取查封、扣押、冻结措施的，执行法院应当参照民事诉讼法第一百条[①]的规定办理。

申请执行人在申请变更、追加第三人前，向执行法院申请查封、扣押、冻结该第三人财产的，执行法院应当参照民事诉讼法第一百零一条[②]的规定办理。

第三十条 被申请人、申请人或其他执行当事人对执行法院作出的变更、追加裁定或驳回申请裁定不服的，可以自裁定书送达之日起十日内向上一级人民法院申请复议，但依据本规定第三十二条的规定应当提起诉讼的除外。

第三十一条 上一级人民法院对复议申请应当组成合议庭审查，并自收

---

① 第一百条 人民法院对于可能因当事人一方的行为或者其他原因，使判决难以执行或者造成当事人其他损害的案件，根据对方当事人的申请，可以裁定对其财产进行保全、责令其作出一定行为或者禁止其作出一定行为；当事人没有提出申请的，人民法院在必要时也可以裁定采取保全措施。

人民法院采取保全措施，可以责令申请人提供担保，申请人不提供担保的，裁定驳回申请。

人民法院接受申请后，对情况紧急的，必须在四十八小时内作出裁定；裁定采取保全措施的，应当立即开始执行。

② 第一百零一条 利害关系人因情况紧急，不立即申请保全将会使其合法权益受到难以弥补的损害的，可以在提起诉讼或者申请仲裁前向被保全财产所在地、被申请人住所地或者对案件有管辖权的人民法院申请采取保全措施。申请人应当提供担保，不提供担保的，裁定驳回申请。

人民法院接受申请后，必须在四十八小时内作出裁定；裁定采取保全措施的，应当立即开始执行。

申请人在人民法院采取保全措施后三十日内不依法提起诉讼或者申请仲裁的，人民法院应当解除保全。

到申请之日起六十日内作出复议裁定。有特殊情况需要延长的，由本院院长批准。

被裁定变更、追加的被申请人申请复议的，复议期间，人民法院不得对其争议范围内的财产进行处分。申请人请求人民法院继续执行并提供相应担保的，人民法院可以准许。

第三十二条 被申请人或申请人对执行法院依据本规定第十四条第二款、第十七条至第二十一条规定作出的变更、追加裁定或驳回申请裁定不服的，可以自裁定书送达之日起十五日内，向执行法院提起执行异议之诉。

被申请人提起执行异议之诉的，以申请人为被告。申请人提起执行异议之诉的，以被申请人为被告。

第三十三条 被申请人提起的执行异议之诉，人民法院经审理，按照下列情形分别处理：

（一）理由成立的，判决不得变更、追加被申请人为被执行人或者判决变更责任范围；

（二）理由不成立的，判决驳回诉讼请求。

诉讼期间，人民法院不得对被申请人争议范围内的财产进行处分。申请人请求人民法院继续执行并提供相应担保的，人民法院可以准许。

第三十四条 申请人提起的执行异议之诉，人民法院经审理，按照下列情形分别处理：

（一）理由成立的，判决变更、追加被申请人为被执行人并承担相应责任或者判决变更责任范围；

（二）理由不成立的，判决驳回诉讼请求。

第三十五条 本规定自 2016 年 12 月 1 日起施行。

本规定施行后，本院以前公布的司法解释与本规定不一致的，以本规定为准。

最高人民法院　最高人民检察院
印发《关于民事执行活动法律监督若干问题的规定》的通知

各省、自治区、直辖市高级人民法院、人民检察院，军事法院、军事检察院，新疆维吾尔自治区高级人民法院生产建设兵团分院、新疆生产建设兵团人民检察院：

为促进人民法院依法执行，规范人民检察院民事执行法律监督活动，根据《中华人民共和国民事诉讼法》和其他有关法律规定，最高人民法院、最高人民检察院联合制定了《关于民事执行活动法律监督若干问题的规定》。现予印发，请认真贯彻执行。对执行中遇到的问题，请分别及时报告最高人民法院执行局和最高人民检察院民事行政检察厅。

最高人民法院　最高人民检察院

2016年11月2日

最高人民法院　最高人民检察院
关于民事执行活动法律监督若干问题的规定

（法发〔2016〕30号）

为促进人民法院依法执行，规范人民检察院民事执行法律监督活动，根据《中华人民共和国民事诉讼法》和其他有关法律规定，结合人民法院民事执行和人民检察院民事执行法律监督工作实际，制定本规定。

第一条　人民检察院依法对民事执行活动实行法律监督。人民法院依法接受人民检察院的法律监督。

第二条　人民检察院办理民事执行监督案件，应当以事实为依据，以法律为准绳，坚持公开、公平、公正和诚实信用原则，尊重和保障当事人的诉讼权利，监督和支持人民法院依法行使执行权。

第三条 人民检察院对人民法院执行生效民事判决、裁定、调解书、支付令、仲裁裁决以及公证债权文书等法律文书的活动实施法律监督。

第四条 对民事执行活动的监督案件，由执行法院所在地同级人民检察院管辖。

上级人民检察院认为确有必要的，可以办理下级人民检察院管辖的民事执行监督案件。下级人民检察院对有管辖权的民事执行监督案件，认为需要上级人民检察院办理的，可以报请上级人民检察院办理。

第五条 当事人、利害关系人、案外人认为人民法院的民事执行活动存在违法情形向人民检察院申请监督，应当提交监督申请书、身份证明、相关法律文书及证据材料。提交证据材料的，应当附证据清单。

申请监督材料不齐备的，人民检察院应当要求申请人限期补齐，并明确告知应补齐的全部材料。申请人逾期未补齐的，视为撤回监督申请。

第六条 当事人、利害关系人、案外人认为民事执行活动存在违法情形，向人民检察院申请监督，法律规定可以提出异议、复议或者提起诉讼，当事人、利害关系人、案外人没有提出异议、申请复议或者提起诉讼的，人民检察院不予受理，但有正当理由的除外。

当事人、利害关系人、案外人已经向人民法院提出执行异议或者申请复议，人民法院审查异议、复议期间，当事人、利害关系人、案外人又向人民检察院申请监督的，人民检察院不予受理，但申请对人民法院的异议、复议程序进行监督的除外。

第七条 具有下列情形之一的民事执行案件，人民检察院应当依职权进行监督：

（一）损害国家利益或者社会公共利益的；

（二）执行人员在执行该案时有贪污受贿、徇私舞弊、枉法执行等违法行为、司法机关已经立案的；

（三）造成重大社会影响的；

（四）需要跟进监督的。

第八条 人民检察院因办理监督案件的需要，依照有关规定可以调阅人民法院的执行卷宗，人民法院应当予以配合。

通过拷贝电子卷、查阅、复制、摘录等方式能够满足办案需要的，不调阅卷宗。

人民检察院调阅人民法院卷宗，由人民法院办公室（厅）负责办理，并在五日内提供，因特殊情况不能按时提供的，应当向人民检察院说明理由，并在情况消除后及时提供。

人民法院正在办理或者已结案尚未归档的案件，人民检察院办理民事执行监督案件时可以直接到办理部门查阅、复制、拷贝、摘录案件材料，不调阅卷宗。

第九条 人民检察院因履行法律监督职责的需要，可以向当事人或者案外人调查核实有关情况。

第十条 人民检察院认为人民法院在民事执行活动中可能存在怠于履行职责情形的，可以向人民法院书面了解相关情况，人民法院应当说明案件的执行情况及理由，并在十五日内书面回复人民检察院。

第十一条 人民检察院向人民法院提出民事执行监督检察建议，应当经检察长批准或者检察委员会决定，制作检察建议书，在决定之日起十五日内将检察建议书连同案件卷宗移送同级人民法院。

检察建议书应当载明检察机关查明的事实、监督理由、依据以及建议内容等。

第十二条 人民检察院提出的民事执行监督检察建议，统一由同级人民法院立案受理。

第十三条 人民法院收到人民检察院的检察建议书后，应当在三个月内将审查处理情况以回复意见函的形式回复人民检察院，并附裁定、决定等相关法律文书。有特殊情况需要延长的，经本院院长批准，可以延长一个月。

回复意见函应当载明人民法院查明的事实、回复意见和理由并加盖院章。不采纳检察建议的，应当说明理由。

第十四条 人民法院收到检察建议后逾期未回复或者处理结果不当的，

提出检察建议的人民检察院可以依职权提请上一级人民检察院向其同级人民法院提出检察建议。上一级人民检察院认为应当跟进监督的，应当向其同级人民法院提出检察建议。人民法院应当在三个月内提出审查处理意见并以回复意见函的形式回复人民检察院，认为人民检察院的意见正确的，应当监督下级人民法院及时纠正。

第十五条 当事人在人民检察院审查案件过程中达成和解协议且不违反法律规定的，人民检察院应当告知其将和解协议送交人民法院，由人民法院依照民事诉讼法第二百三十条的规定进行处理。

第十六条 当事人、利害关系人、案外人申请监督的案件，人民检察院认为人民法院民事执行活动不存在违法情形的，应当作出不支持监督申请的决定，在决定之日起十五日内制作不支持监督申请决定书，发送申请人，并做好释法说理工作。

人民检察院办理依职权监督的案件，认为人民法院民事执行活动不存在违法情形的，应当作出终结审查决定。

第十七条 人民法院认为检察监督行为违反法律规定的，可以向人民检察院提出书面建议。人民检察院应当在收到书面建议后三个月内作出处理并将处理情况书面回复人民法院；人民法院对于人民检察院的回复有异议的，可以通过上一级人民法院向上一级人民检察院提出。上一级人民检察院认为人民法院建议正确的，应当要求下级人民检察院及时纠正。

第十八条 有关国家机关不依法履行生效法律文书确定的执行义务或者协助执行义务的，人民检察院可以向相关国家机关提出检察建议。

第十九条 人民检察院民事检察部门在办案中发现被执行人涉嫌构成拒不执行判决、裁定罪且公安机关不予立案侦查的，应当移送侦查监督部门处理。

第二十条 人民法院、人民检察院应当建立完善沟通联系机制，密切配合，互相支持，促进民事执行法律监督工作依法有序稳妥开展。

第二十一条 人民检察院对人民法院行政执行活动实施法律监督，行政诉讼法及有关司法解释没有规定的，参照本规定执行。

第二十二条 本规定自 2017 年 1 月 1 日起施行。

最高人民法院
关于执行案件移送破产审查若干问题的指导意见

（法发〔2017〕2号）

推进执行案件移送破产审查工作，有利于健全市场主体救治和退出机制，有利于完善司法工作机制，有利于化解执行积案，是人民法院贯彻中央供给侧结构性改革部署的重要举措，是当前和今后一段时期人民法院服务经济社会发展大局的重要任务。为促进和规范执行案件移送破产审查工作，保障执行程序与破产程序的有序衔接，根据《中华人民共和国企业破产法》《中华人民共和国民事诉讼法》《最高人民法院关于适用〈中华人民共和国民事诉讼法〉的解释》等规定，现对执行案件移送破产审查的若干问题提出以下意见。

一、执行案件移送破产审查的工作原则、条件与管辖

1. 执行案件移送破产审查工作，涉及执行程序与破产程序之间的转换衔接，不同法院之间，同一法院内部执行部门、立案部门、破产审判部门之间，应坚持依法有序、协调配合、高效便捷的工作原则，防止推诿扯皮，影响司法效率，损害当事人合法权益。

2. 执行案件移送破产审查，应同时符合下列条件：

（1）被执行人为企业法人；

（2）被执行人或者有关被执行人的任何一个执行案件的申请执行人书面同意将执行案件移送破产审查；

（3）被执行人不能清偿到期债务，并且资产不足以清偿全部债务或者明显缺乏清偿能力。

3. 执行案件移送破产审查，由被执行人住所地人民法院管辖。在级别管

辖上，为适应破产审判专业化建设的要求，合理分配审判任务，实行以中级人民法院管辖为原则、基层人民法院管辖为例外的管辖制度。中级人民法院经高级人民法院批准，也可以将案件交由具备审理条件的基层人民法院审理。

二、执行法院的征询、决定程序

4. 执行法院在执行程序中应加强对执行案件移送破产审查有关事宜的告知和征询工作。执行法院采取财产调查措施后，发现作为被执行人的企业法人符合破产法第二条规定的，应当及时询问申请执行人、被执行人是否同意将案件移送破产审查。申请执行人、被执行人均不同意移送且无人申请破产的，执行法院应当按照《最高人民法院关于适用〈中华人民共和国民事诉讼法〉的解释》第五百一十六条[①]的规定处理，企业法人的其他已经取得执行依据的债权人申请参与分配的，人民法院不予支持。

5. 执行部门应严格遵守执行案件移送破产审查的内部决定程序。承办人认为执行案件符合移送破产审查条件的，应提出审查意见，经合议庭评议同意后，由执行法院院长签署移送决定。

6. 为减少异地法院之间移送的随意性，基层人民法院拟将执行案件移送异地中级人民法院进行破产审查的，在作出移送决定前，应先报请其所在地中级人民法院执行部门审核同意。

7. 执行法院作出移送决定后，应当于五日内送达申请执行人和被执行人。申请执行人或被执行人对决定有异议的，可以在受移送法院破产审查期间提出，由受移送法院一并处理。

8. 执行法院作出移送决定后，应当书面通知所有已知执行法院，执行法院均应中止对被执行人的执行程序。但是，对被执行人的季节性商品、鲜活、

① 当事人不同意移送破产或者被执行人住所地人民法院不受理破产案件的，执行法院就执行变价所得财产，在扣除执行费用及清偿优先受偿的债权后，对于普通债权，按照财产保全和执行中查封、扣押、冻结财产的先后顺序清偿。

易腐烂变质以及其他不宜长期保存的物品，执行法院应当及时变价处置，处置的价款不作分配。受移送法院裁定受理破产案件的，执行法院应当在收到裁定书之日起七日内，将该价款移交受理破产案件的法院。

案件符合终结本次执行程序条件的，执行法院可以同时裁定终结本次执行程序。

9. 确保对被执行人财产的查封、扣押、冻结措施的连续性，执行法院决定移送后、受移送法院裁定受理破产案件之前，对被执行人的查封、扣押、冻结措施不解除。查封、扣押、冻结期限在破产审查期间届满的，申请执行人可以向执行法院申请延长期限，由执行法院负责办理。

三、移送材料及受移送法院的接收义务

10. 执行法院作出移送决定后，应当向受移送法院移送下列材料：

（1）执行案件移送破产审查决定书；

（2）申请执行人或被执行人同意移送的书面材料；

（3）执行法院采取财产调查措施查明的被执行人的财产状况，已查封、扣押、冻结财产清单及相关材料；

（4）执行法院已分配财产清单及相关材料；

（5）被执行人债务清单；

（6）其他应当移送的材料。

11. 移送的材料不完备或内容错误，影响受移送法院认定破产原因是否具备的，受移送法院可以要求执行法院补齐、补正，执行法院应于十日内补齐、补正。该期间不计入受移送法院破产审查的期间。

受移送法院需要查阅执行程序中的其他案件材料，或者依法委托执行法院办理财产处置等事项的，执行法院应予协助配合。

12. 执行法院移送破产审查的材料，由受移送法院立案部门负责接收。受移送法院不得以材料不完备等为由拒绝接收。立案部门经审核认为移送材料完备的，应以“破申”作为案件类型代字编制案号登记立案，并及时将案件

移送破产审判部门进行破产审查。破产审判部门在审查过程中发现本院对案件不具有管辖权的，应当按照《中华人民共和国民事诉讼法》第三十六条[①]的规定处理。

四、受移送法院破产审查与受理

13. 受移送法院的破产审判部门应当自收到移送的材料之日起三十日内作出是否受理的裁定。受移送法院作出裁定后，应当在五日内送达申请执行人、被执行人，并送交执行法院。

14. 申请执行人申请或同意移送破产审查的，裁定书中以该申请执行人为申请人，被执行人为被申请人；被执行人申请或同意移送破产审查的，裁定书中以该被执行人为申请人；申请执行人、被执行人均同意移送破产审查的，双方均为申请人。

15. 受移送法院裁定受理破产案件的，在此前的执行程序中产生的评估费、公告费、保管费等执行费用，可以参照破产费用的规定，从债务人财产中随时清偿。

16. 执行法院收到受移送法院受理裁定后，应当于七日内将已经扣划到账的银行存款、实际扣押的动产、有价证券等被执行人财产移交给受理破产案件的法院或管理人。

17. 执行法院收到受移送法院受理裁定时，已通过拍卖程序处置且成交裁定已送达买受人的拍卖财产，通过以物抵债偿还债务且抵债裁定已送达债权人的抵债财产，已完成转账、汇款、现金交付的执行款，因财产所有权已经发生变动，不属于被执行人的财产，不再移交。

---

① 人民法院发现受理的案件不属于本院管辖的，应当移送有管辖权的人民法院，受移送的人民法院应当受理。受移送的人民法院认为受移送的案件依照规定不属于本院管辖的，应当报请上级人民法院指定管辖，不得再自行移送。

五、受移送法院不予受理或驳回申请的处理

18. 受移送法院做出不予受理或驳回申请裁定的，应当在裁定生效后七日内将接收的材料、被执行人的财产退回执行法院，执行法院应当恢复对被执行人的执行。

19. 受移送法院作出不予受理或驳回申请的裁定后，人民法院不得重复启动执行案件移送破产审查程序。申请执行人或被执行人以有新证据足以证明被执行人已经具备了破产原因为由，再次要求将执行案件移送破产审查的，人民法院不予支持。但是，申请执行人或被执行人可以直接向具有管辖权的法院提出破产申请。

20. 受移送法院裁定宣告被执行人破产或裁定终止和解程序、重整程序的，应当自裁定作出之日起五日内送交执行法院，执行法院应当裁定终结对被执行人的执行。

六、执行案件移送破产审查的监督

21. 受移送法院拒绝接收移送的材料，或者收到移送的材料后不按规定的期限作出是否受理裁定的，执行法院可函请受移送法院的上一级法院进行监督。上一级法院收到函件后应当指令受移送法院在十日内接收材料或作出是否受理的裁定。

受移送法院收到上级法院的通知后，十日内仍不接收材料或不作出是否受理裁定的，上一级法院可以径行对移送破产审查的案件行使管辖权。上一级法院裁定受理破产案件的，可以指令受移送法院审理。

最高人民法院
关于民事执行中财产调查若干问题的规定

（2017 年 1 月 25 日由最高人民法院审判委员会第 1708 次会议通过，自 2017 年 5 月 1 日起施行　法释〔2017〕8 号）

为规范民事执行财产调查，维护当事人及利害关系人的合法权益，根据《中华人民共和国民事诉讼法》等法律的规定，结合执行实践，制定本规定。

第一条　执行过程中，申请执行人应当提供被执行人的财产线索；被执行人应当如实报告财产；人民法院应当通过网络执行查控系统进行调查，根据案件需要应当通过其他方式进行调查的，同时采取其他调查方式。

第二条　申请执行人提供被执行人财产线索，应当填写财产调查表。财产线索明确、具体的，人民法院应当在七日内调查核实；情况紧急的，应当在三日内调查核实。财产线索确实的，人民法院应当及时采取相应的执行措施。

申请执行人确因客观原因无法自行查明财产的，可以申请人民法院调查。

第三条　人民法院依申请执行人的申请或依职权责令被执行人报告财产情况的，应当向其发出报告财产令。金钱债权执行中，报告财产令应当与执行通知同时发出。

人民法院根据案件需要再次责令被执行人报告财产情况的，应当重新向其发出报告财产令。

第四条　报告财产令应当载明下列事项：

（一）提交财产报告的期限；

（二）报告财产的范围、期间；

（三）补充报告财产的条件及期间；

（四）违反报告财产义务应承担的法律责任；

（五）人民法院认为有必要载明的其他事项。

报告财产令应附财产调查表，被执行人必须按照要求逐项填写。

第五条 被执行人应当在报告财产令载明的期限内向人民法院书面报告下列财产情况：

（一）收入、银行存款、现金、理财产品、有价证券；

（二）土地使用权、房屋等不动产；

（三）交通运输工具、机器设备、产品、原材料等动产；

（四）债权、股权、投资权益、基金份额、信托受益权、知识产权等财产性权利；

（五）其他应当报告的财产。

被执行人的财产已出租、已设立担保物权等权利负担，或者存在共有、权属争议等情形的，应当一并报告；被执行人的动产由第三人占有，被执行人的不动产、特定动产、其他财产权等登记在第三人名下的，也应当一并报告。

被执行人在报告财产令载明的期限内提交书面报告确有困难的，可以向人民法院书面申请延长期限；申请有正当理由的，人民法院可以适当延长。

第六条 被执行人自收到执行通知之日前一年至提交书面财产报告之日，其财产情况发生下列变动的，应当将变动情况一并报告：

（一）转让、出租财产的；

（二）在财产上设立担保物权等权利负担的；

（三）放弃债权或延长债权清偿期的；

（四）支出大额资金的；

（五）其他影响生效法律文书确定债权实现的财产变动。

第七条 被执行人报告财产后，其财产情况发生变动，影响申请执行人债权实现的，应当自财产变动之日起十日内向人民法院补充报告。

第八条 对被执行人报告的财产情况，人民法院应当及时调查核实，必要时可以组织当事人进行听证。

申请执行人申请查询被执行人报告的财产情况的，人民法院应当准许。申请执行人及其代理人对查询过程中知悉的信息应当保密。

第九条 被执行人拒绝报告、虚假报告或者无正当理由逾期报告财产情况的，人民法院可以根据情节轻重对被执行人或者其法定代理人予以罚款、拘留；构成犯罪的，依法追究刑事责任。

人民法院对有前款规定行为之一的单位，可以对其主要负责人或者直接责任人员予以罚款、拘留；构成犯罪的，依法追究刑事责任。

第十条 被执行人拒绝报告、虚假报告或者无正当理由逾期报告财产情况的，人民法院应当依照相关规定将其纳入失信被执行人名单。

第十一条 有下列情形之一的，财产报告程序终结：

（一）被执行人履行完毕生效法律文书确定义务的；

（二）人民法院裁定终结执行的；

（三）人民法院裁定不予执行的；

（四）人民法院认为财产报告程序应当终结的其他情形。

发出报告财产令后，人民法院裁定终结本次执行程序的，被执行人仍应依照本规定第七条的规定履行补充报告义务。

第十二条 被执行人未按执行通知履行生效法律文书确定的义务，人民法院有权通过网络执行查控系统、现场调查等方式向被执行人、有关单位或个人调查被执行人的身份信息和财产信息，有关单位和个人应当依法协助办理。

人民法院对调查所需资料可以复制、打印、抄录、拍照或以其他方式进行提取、留存。

申请执行人申请查询人民法院调查的财产信息的，人民法院可以根据案件需要决定是否准许。申请执行人及其代理人对查询过程中知悉的信息应当保密。

第十三条 人民法院通过网络执行查控系统进行调查，与现场调查具有同等法律效力。

人民法院调查过程中作出的电子法律文书与纸质法律文书具有同等法律效力；协助执行单位反馈的电子查询结果与纸质反馈结果具有同等法律效力。

第十四条 被执行人隐匿财产、会计账簿等资料拒不交出的，人民法院可以依法采取搜查措施。

人民法院依法搜查时，对被执行人可能隐匿财产或者资料的处所、箱柜等，经责令被执行人开启而拒不配合的，可以强制开启。

第十五条 为查明被执行人的财产情况和履行义务的能力，可以传唤被执行人或被执行人的法定代表人、负责人、实际控制人、直接责任人员到人民法院接受调查询问。

对必须接受调查询问的被执行人、被执行人的法定代表人、负责人或者实际控制人，经依法传唤无正当理由拒不到场的，人民法院可以拘传其到场；上述人员下落不明的，人民法院可以依照相关规定通知有关单位协助查找。

第十六条 人民法院对已经办理查封登记手续的被执行人机动车、船舶、航空器等特定动产未能实际扣押的，可以依照相关规定通知有关单位协助查找。

第十七条 作为被执行人的法人或其他组织不履行生效法律文书确定的义务，申请执行人认为其有拒绝报告、虚假报告财产情况，隐匿、转移财产等逃避债务情形或者其股东、出资人有出资不实、抽逃出资等情形的，可以书面申请人民法院委托审计机构对该被执行人进行审计。人民法院应当自收到书面申请之日起十日内决定是否准许。

第十八条 人民法院决定审计的，应当随机确定具备资格的审计机构，并责令被执行人提交会计凭证、会计账簿、财务会计报告等与审计事项有关的资料。

被执行人隐匿审计资料的，人民法院可以依法采取搜查措施。

第十九条 被执行人拒不提供、转移、隐匿、伪造、篡改、毁弃审计资料，阻挠审计人员查看业务现场或者有其他妨碍审计调查行为的，人民法院可以根据情节轻重对被执行人或其主要负责人、直接责任人员予以罚款、拘留；构成犯罪的，依法追究刑事责任。

第二十条 审计费用由提出审计申请的申请执行人预交。被执行人存在拒绝报告或虚假报告财产情况，隐匿、转移财产或者其他逃避债务情形的，审计费用由被执行人承担；未发现被执行人存在上述情形的，审计费用由申请执行人承担。

第二十一条 被执行人不履行生效法律文书确定的义务，申请执行人可以向人民法院书面申请发布悬赏公告查找可供执行的财产。申请书应当载明下列事项：

（一）悬赏金的数额或计算方法；

（二）有关人员提供人民法院尚未掌握的财产线索，使该申请执行人的债权得以全部或部分实现时，自愿支付悬赏金的承诺；

（三）悬赏公告的发布方式；

（四）其他需要载明的事项。

人民法院应当自收到书面申请之日起十日内决定是否准许。

第二十二条 人民法院决定悬赏查找财产的，应当制作悬赏公告。悬赏公告应当载明悬赏金的数额或计算方法、领取条件等内容。

悬赏公告应当在全国法院执行悬赏公告平台、法院微博或微信等媒体平台发布，也可以在执行法院公告栏或被执行人住所地、经常居住地等处张贴。申请执行人申请在其他媒体平台发布，并自愿承担发布费用的，人民法院应当准许。

第二十三条 悬赏公告发布后，有关人员向人民法院提供财产线索的，人民法院应当对有关人员的身份信息和财产线索进行登记；两人以上提供相同财产线索的，应当按照提供线索的先后顺序登记。

人民法院对有关人员的身份信息和财产线索应当保密，但为发放悬赏金需要告知申请执行人的除外。

第二十四条 有关人员提供人民法院尚未掌握的财产线索，使申请发布悬赏公告的申请执行人的债权得以全部或部分实现的，人民法院应当按照悬赏公告发放悬赏金。

悬赏金从前款规定的申请执行人应得的执行款中予以扣减。特定物交付执行或者存在其他无法扣减情形的，悬赏金由该申请执行人另行支付。

有关人员为申请执行人的代理人、有义务向人民法院提供财产线索的人员或者存在其他不应发放悬赏金情形的，不予发放。

第二十五条 执行人员不得调查与执行案件无关的信息，对调查过程中知悉的国家秘密、商业秘密和个人隐私应当保密。

第二十六条 本规定自 2017 年 5 月 1 日起施行。

本规定施行后，本院以前公布的司法解释与本规定不一致的，以本规定为准。

最高人民法院
关于公布失信被执行人名单信息的若干规定

（2013 年 7 月 1 日最高人民法院审判委员会第 1582 次会议通过，根据 2017 年 1 月 16 日最高人民法院审判委员会第 1707 次会议通过的《最高人民法院关于修改〈最高人民法院关于公布失信被执行人名单信息的若干规定〉的决定》修正　法释〔2017〕7 号）

为促使被执行人自觉履行生效法律文书确定的义务，推进社会信用体系建设，根据《中华人民共和国民事诉讼法》的规定，结合人民法院工作实际，制定本规定。

第一条　被执行人未履行生效法律文书确定的义务，并具有下列情形之一的，人民法院应当将其纳入失信被执行人名单，依法对其进行信用惩戒：

（一）有履行能力而拒不履行生效法律文书确定义务的；

（二）以伪造证据、暴力、威胁等方法妨碍、抗拒执行的；

（三）以虚假诉讼、虚假仲裁或者以隐匿、转移财产等方法规避执行的；

（四）违反财产报告制度的；

（五）违反限制消费令的；

（六）无正当理由拒不履行执行和解协议的。

第二条　被执行人具有本规定第一条第二项至第六项规定情形的，纳入失信被执行人名单的期限为二年。被执行人以暴力、威胁方法妨碍、抗拒执行情节严重或具有多项失信行为的，可以延长一至三年。

失信被执行人积极履行生效法律文书确定义务或主动纠正失信行为的，人民法院可以决定提前删除失信信息。

第三条[①]　具有下列情形之一的，人民法院不得依据本规定第一条第一项

① 不得纳入失信被执行人名单的情形。

的规定将被执行人纳入失信被执行人名单：

（一）提供了充分有效担保的；

（二）已被采取查封、扣押、冻结等措施的财产足以清偿生效法律文书确定债务的；

（三）被执行人履行顺序在后，对其依法不应强制执行的；

（四）其他不属于有履行能力而拒不履行生效法律文书确定义务的情形。

第四条[①] 被执行人为未成年人的，人民法院不得将其纳入失信被执行人名单。

第五条 人民法院向被执行人发出的执行通知中，应当载明有关纳入失信被执行人名单的风险提示等内容。

申请执行人认为被执行人具有本规定第一条规定情形之一的，可以向人民法院申请将其纳入失信被执行人名单。人民法院应当自收到申请之日起十五日内审查并作出决定。人民法院认为被执行人具有本规定第一条规定情形之一的，也可以依职权决定将其纳入失信被执行人名单。

人民法院决定将被执行人纳入失信被执行人名单的，应当制作决定书，决定书应当写明纳入失信被执行人名单的理由，有纳入期限的，应当写明纳入期限。决定书由院长签发，自作出之日起生效。决定书应当按照民事诉讼法规定的法律文书送达方式送达当事人。

第六条 记载和公布的失信被执行人名单信息应当包括：

（一）作为被执行人的法人或者其他组织的名称、统一社会信用代码（或组织机构代码）、法定代表人或者负责人姓名；

（二）作为被执行人的自然人的姓名、性别、年龄、身份证号码；

（三）生效法律文书确定的义务和被执行人的履行情况；

（四）被执行人失信行为的具体情形；

（五）执行依据的制作单位和文号、执行案号、立案时间、执行法院；

（六）人民法院认为应当记载和公布的不涉及国家秘密、商业秘密、个人

---

① 不得纳入失信被执行人名单的情形。

隐私的其他事项。

第七条 各级人民法院应当将失信被执行人名单信息录入最高人民法院失信被执行人名单库，并通过该名单库统一向社会公布。

各级人民法院可以根据各地实际情况，将失信被执行人名单通过报纸、广播、电视、网络、法院公告栏等其他方式予以公布，并可以采取新闻发布会或者其他方式对本院及辖区法院实施失信被执行人名单制度的情况定期向社会公布。

第八条 人民法院应当将失信被执行人名单信息，向政府相关部门、金融监管机构、金融机构、承担行政职能的事业单位及行业协会等通报，供相关单位依照法律、法规和有关规定，在政府采购、招标投标、行政审批、政府扶持、融资信贷、市场准入、资质认定等方面，对失信被执行人予以信用惩戒。

人民法院应当将失信被执行人名单信息向征信机构通报，并由征信机构在其征信系统中记录。

国家工作人员、人大代表、政协委员等被纳入失信被执行人名单的，人民法院应当将失信情况通报其所在单位和相关部门。

国家机关、事业单位、国有企业等被纳入失信被执行人名单的，人民法院应当将失信情况通报其上级单位、主管部门或者履行出资人职责的机构。

第九条 不应纳入失信被执行人名单的公民、法人或其他组织被纳入失信被执行人名单的，人民法院应当在三个工作日内撤销失信信息。

记载和公布的失信信息不准确的，人民法院应当在三个工作日内更正失信信息。

第十条 具有下列情形之一的，人民法院应当在三个工作日内删除失信信息：

（一）被执行人已履行生效法律文书确定的义务或人民法院已执行完毕的；

（二）当事人达成执行和解协议且已履行完毕的；

（三）申请执行人书面申请删除失信信息，人民法院审查同意的；

（四）终结本次执行程序后，通过网络执行查控系统查询被执行人财产两次以上，未发现有可供执行财产，且申请执行人或者其他人未提供有效财产线索的；

（五）因审判监督或破产程序，人民法院依法裁定对失信被执行人中止执行的；

（六）人民法院依法裁定不予执行的；

（七）人民法院依法裁定终结执行的。

有纳入期限的，不适用前款规定。纳入期限届满后三个工作日内，人民法院应当删除失信信息。

依照本条第一款规定删除失信信息后，被执行人具有本规定第一条规定情形之一的，人民法院可以重新将其纳入失信被执行人名单。

依照本条第一款第三项规定删除失信信息后六个月内，申请执行人申请将该被执行人纳入失信被执行人名单的，人民法院不予支持。

第十一条 被纳入失信被执行人名单的公民、法人或其他组织认为有下列情形之一的，可以向执行法院申请纠正：

（一）不应将其纳入失信被执行人名单的；

（二）记载和公布的失信信息不准确的；

（三）失信信息应予删除的。

第十二条 公民、法人或其他组织对被纳入失信被执行人名单申请纠正的，执行法院应当自收到书面纠正申请之日起十五日内审查，理由成立的，应当在三个工作日内纠正；理由不成立的，决定驳回。公民、法人或其他组织对驳回决定不服的，可以自决定书送达之日起十日内向上一级人民法院申请复议。上一级人民法院应当自收到复议申请之日起十五日内作出决定。

复议期间，不停止原决定的执行。

第十三条 人民法院工作人员违反本规定公布、撤销、更正、删除失信信息的，参照有关规定追究责任。

四

疑难专题篇

民事执行中变更、追加执行当事人的规则应用

北京德和衡（哈尔滨）律师事务所　牟驰

最高人民法院于 2016 年 11 月 7 日公布，自 2016 年 12 月 1 日开始执行的《关于民事执行中变更、追加当事人若干问题的规定》（以下简称《变更、追加执行当事人规定》），对于民事执行程序中案件当事人的变更、追加作出了系统、明确的规范，确立了执行程序当事人变更、追加的法定原则。这部司法解释的颁布、实施，必将对民事执行案件的办理产生积极的影响。为了在律师实务中运用好这部司法解释，本人从律师作为执行案件代理人的角度对这部司法解释进行解读，希望能够对同行们的工作有所帮助。

一、可以变更、追加申请执行人的情形

1. 作为申请执行人的公民死亡或被宣告死亡的，可以变更、追加该公民的遗嘱执行人、受遗赠人、继承人或其他因该公民死亡或被宣告死亡依法承受生效法律文书确定权利的主体为申请执行人【第二条第一款】。

2. 作为申请执行人的公民被宣告失踪的，可以变更、追加该公民的财产代管人为申请执行人【第二条第二款】。

3. 作为申请执行人的公民离婚时，生效法律文书确定的权利全部或部分分割给其配偶的，该配偶可以变更、追加为申请执行人【第三条】。

4. 作为申请执行人的法人或其他组织终止的，可以变更、追加因该法人或其他组织终止依法承受生效法律文书确定的权利的主体为申请执行人【第四条】。

5. 作为申请执行人的法人或其他组织因合并而终止的，可以变更合并后存续或新设的法人、其他组织为申请执行人【第五条】。

6. 作为申请执行人的法人或其他组织分立的，可以变更、追加依分立协议约定承受生效法律文书确定权利的新设法人或其他组织为申请执行人【第六条】。

7. 作为申请执行人的法人或其他组织清算或破产时，可以变更、追加生效法律文书确定的依法分配权利的第三人为申请执行人【第七条】。

8. 作为申请执行人的机关法人被撤销，可以变更、追加继续履行其职能的主体为申请执行人，但生效法律文书确定的权利依法应由其他主体承受的除外；没有继续履行其职能的主体，且生效法律文书确定权利的承受主体不明确的，变更、追加作出撤销决定的主体可为申请执行人【第八条】。

9. 申请执行人将生效法律文书确定的债权依法转让给第三人，且书面认可第三人取得该债权的，可以变更、追加该第三人为申请执行人【第九条】。

二、可以变更、追加被执行人的情形

1. 作为被执行人的公民死亡或被宣告死亡，可以变更、追加该公民的遗嘱执行人、继承人、受遗赠人或其他因该公民死亡或被宣告死亡取得遗产的主体为被执行人，在遗产范围内承担责任【第十条第一款】。

2. 作为被执行人的法人或其他组织分立的，可以变更、追加分立后新设的法人或其他组织为被执行人，对生效法律文书确定的债务承担连带责任；但被执行人在分立前与申请执行人就债务清偿达成的书面协议另有约定的除外【第十二条】。

3. 作为被执行人的个人独资企业不能清偿生效法律文书确定的债务的，可以变更、追加其投资人为被执行人【第十三条第一款】。

4. 作为被执行人的合伙企业不能清偿生效法律文书确定的债务的，可以变更、追加普通合伙人为被执行人【第十四条第一款】。

5. 作为被执行人的有限合伙企业，财产不足以清偿生效法律文书确定的债务的，可以变更、追加未按期足额缴纳出资的有限合伙人为被执行人，在未足额缴纳出资的范围内承担责任【第十四条第二款】。

6. 作为被执行人的个人独资企业、合伙企业、法人分支机构以外的其他组织，不能清偿生效法律文书确定的债务的，可以变更、追加依法对该其他组织的债务承担责任的主体为被执行人【第十六条】。

7. 作为被执行人的企业法人，财产不足以清偿生效法律文书确定的债务的，可以变更、追加未缴纳或未足额缴纳出资的股东、出资人或依公司法规定对该出资承担连带责任的发起人为被执行人，在尚未缴纳出资的范围内依法承担责任【第十七条】。

8. 作为被执行人的企业法人，财产不足以清偿生效法律文书确定的债务的，可以变更、追加抽逃出资的股东、出资人为被执行人，在抽逃出资的范围内承担责任【第十八条】。

9. 作为被执行人的公司，财产不足以清偿生效法律文书确定的债务的，可以变更、追加未依法履行出资义务即转让股权的股东或依公司法规定对该出资承担连带责任的发起人为被执行人，在未依法出资的范围内承担责任【第十九条】。

10. 作为被执行人的一人有限责任公司，财产不足以清偿生效法律文书确定的债务的，可以变更、追加不能证明公司财产独立于自己的财产的股东为被执行人，对公司债务承担连带责任【第二十条】。

11. 作为被执行人的公司，未经清算即办理注销登记，导致公司无法进行清算的，可以变更、追加有限责任公司的股东、股份有限公司的董事和控股股东为被执行人，对公司债务承担连带清偿责任【第二十一条】。

12. 作为被执行人的法人或其他组织，被注销或出现被吊销营业执照、被撤销、被责令关闭、歇业等解散事由后，其股东、出资人或主管部门无偿接受其财产，致使该被执行人无遗留财产或遗留财产不足以清偿债务的，可以变更、追加该股东、出资人或主管部门为被执行人，在接受的财产范围内承担责任【第二十二条】。

13. 作为被执行人的法人或其他组织，未经依法清算即办理注销登记的，可以变更、追加在登记机关办理注销登记时，书面承诺对被执行人的债务承担清偿责任的第三人为被执行人，在承诺范围内承担清偿责任【第二十三条】。

14. 执行过程中，可以变更、追加向执行法院书面承诺自愿代被执行人履行生效法律文书确定的债务的第三人为被执行人，在承诺范围内承担责任【第二十四条】。

15. 作为被执行人的法人或其他组织，因财产依行政命令被无偿调拨、划转给第三人，致使该被执行人财产不足以清偿生效法律文书确定的债务的，可以变更、追加该第三人为被执行人，在接受的财产范围内承担责任【第二十五条】。

三、仅可以变更被执行人的情形

1. 作为被执行人的公民被宣告失踪的，申请执行人可以申请变更该公民的财产代管人为被执行人，在代管的财产范围内承担责任【第十条第二款】。

2. 作为被执行人的法人或其他组织因合并而终止的，可以变更合并后存续或新设的法人、其他组织为被执行人【第十一条】。

四、无须变更、追加被执行人即可直接执行相关主体的财产的情形

1. 作为被执行人的公民死亡或被宣告死亡，继承人放弃继承或受遗赠人放弃受遗赠，又无遗嘱执行人的，可以直接执行遗产【第十条第一款】。

2. 个人独资企业投资人作为被执行人的，可以直接执行该个人独资企业的财产【第十三条第一款】。

3. 个体工商户的字号为被执行人的，可以直接执行该字号经营者的财产【第十三条第二款】。

4. 法人直接管理的责任财产仍不能清偿债务的，可以直接执行该法人其他分支机构的财产【第十五条第一款】。

5. 作为被执行人的法人，直接管理的责任财产不能清偿生效法律文书确定债务的，可以直接执行该法人分支机构的财产【第十五条第二款】。

五、变更、追加被执行人过程中可以采取相应保全措施

申请执行人在执行法院审查其提出的变更、追加被执行人的申请期间或者在申请变更、追加第三人前，可以参照《中华人民共和国民事诉讼法》第一百条和第一百零一条的规定，向执行法院申请采取相应的保全措施【第二十九条】。

六、变更、追加被执行人过程中相关主体的救济措施

被变更、追加为被执行人的下列主体，对变更、追加裁定不服的，可以提起执行异议之诉【第三十二条】：

（一）未按期足额缴纳出资的有限合伙企业的有限合伙人【第十四条第二款】；

（二）未缴纳或未足额缴纳出资的企业法人的股东、出资人或依公司法规定对该出资承担连带责任的发起人【第十七条】；

（三）抽逃出资的企业法人的股东、出资人【第十八条】；

（四）未依法履行出资义务即转让股权的股东或依公司法规定对该出资承担连带责任的发起人【第十九条】；

（五）不能证明公司财产独立于自己财产的一人有限责任公司的股东【第二十条】；

（六）未经清算即办理注销登记，导致公司无法进行清算的有限责任公司的股东、股份有限公司的董事和控股股东【第二十一条】。

申请执行人对驳回变更、追加上述主体为被执行人的申请的裁定不服的，可以提起执行异议之诉【第三十二条】。

除上述情形之外，其他被申请人、申请人或其他执行当事人对执行法院作出的变更、追加裁定或驳回申请裁定不服的，可以自裁定书送达之日起十日内向执行法院的上一级人民法院申请复议【第三十条】。

人民法院不得查封、扣押、冻结的财产相关规定汇总

一、汇总表

不得查封、扣押、冻结的财产	法律依据
工会经费	法复〔1997〕6号
金融机构交存在人民银行的存款准备金和备付金、营业场所	法释〔1998〕15号
中国人民银行及其分支机构的办公楼、运钞车、营业场所	法〔1999〕28号
国有企业下岗职工基本生活保障资金	法〔1999〕228号
社会保险基金	法〔2000〕19号
中国农业发展银行提供的粮棉油收购资金及由该项资金形成的库存的粮棉油	法〔2000〕164号
法定情形以外的信托资产	信托法
法定情形以外的旅行社质量保证金	法〔2001〕1号
军队、武警、政法机关移交、撤销企业和与党政机关脱钩企业开办单位的国库款、军费、财政经费账户、办公用房、车辆	法释〔2001〕8号
期货公司在期货交易所或者客户在期货公司保证金账户中的资金；专用结算账户中未被期货合约占用的用于担保期货合约履行的最低限额的结算准备金	法释〔2003〕10号
被执行人及其所扶养家属生活所必需的衣服、家具、炊具、餐具及其他家庭生活必需的物品；被执行人及其所扶养家属所必需的生活费用；被执行人及其所扶养家属完成义务教育所必需的物品；未公开的发明或者未发表的著作；被执行人及其所扶养家属用于身体缺陷所必需的辅助工具、医疗物品；被执行人所得的勋章及其他荣誉表彰的物品；根据《中华人民共和国缔结条约程序法》的规定，以中华人民共和国、中华人民共和国政府或者中华人民共和国政府部门名义同外国、国际组织缔结的条约、协定和其他具有条约、协定性质的文件中规定免于查封、扣押、冻结的财产；法律或者司法解释规定的其他不得查封、扣押、冻结的财产	法释〔2004〕15号

续表

企业党组织的党费	法〔2005〕209号
期货交易所向会员收取的保证金	《期货交易所管理办法》
证券登记结算机构依法按照业务规则收取并存放于专门清算交收账户内的证券、资金，以及依法按照业务规则要求证券公司等结算参与人、投资者或者发行人提供的回购质押券、价差担保物、行权担保物、履约担保物等担保物	法发〔2008〕4号
药品批准文号	〔2010〕执他字第2号
客户在期货公司保证金账户中的资金；客户向期货公司提交的用于充抵保证金的有价证券。实行会员分级结算制度的期货交易所的非结算会员在结算会员保证金账户中的资金；非结算会员向结算会员提交的用于充抵保证金的有价证券	法释〔2011〕1号
户名为被执行人的银行贷款账户	〔2014〕执他字第8号
基金销售结算资金、基金份额（法定情形除外）	《证券投资基金法》

二、相关法律规范条文

1.《最高人民法院关于产业工会、基层工会是否具备社团法人资格和工会经费集中户可否冻结划拨问题的批复》（法复〔1997〕6号）第三条

根据工会法的规定，工会经费包括工会会员缴纳的会费，建立工会组织的企业事业单位、机关按每月全部职工工资总额的百分之二的比例向工会拨交的经费，以及工会所属的企业、事业单位上缴的收入和人民政府的补助等。工会经费要按比例逐月向地方各级总工会和全国总工会拨交。工会的经费一经拨交，所有权随之转移。在银行独立开列的“工会经费集中户”，与企业经营资金无关，专门用于工会经费的集中与分配，不能在此账户开支费用或挪用、转移资金。因此，人民法院在审理案件中，不应将工会经费视为所在企业的财产，在企业欠债的情况下，不应冻结、划拨工会经费及“工会经费集中户”的款项。

2.《最高人民法院关于人民法院执行工作若干问题的规定（试行）》（法释〔1998〕15号）第34条

被执行人为金融机构的，对其交存在人民银行的存款准备金和备付金不得冻结和扣划，但对其在本机构、其他金融机构的存款，及其在人民银行的其他存款可以冻结、划拨，并可对被执行人的其他财产采取执行措施，但不得查封其营业场所。

3.《最高人民法院关于不得对中国人民银行及其分支机构的办公楼、运钞车、营业场所等进行查封的通知》（法〔1999〕28号）

对确应由中国人民银行及其分支机构承担民事责任的案件，人民法院亦不宜采取查封其办公楼、运钞车、营业场所的措施。

4.《最高人民法院关于严禁冻结或划拨国有企业下岗职工基本生活保障资金的通知》（法〔1999〕228号）

国有企业下岗职工基本生活保障资金是采取企业、社会、财政各承担三分之一的办法筹集的，由企业再就业服务中心设立专户管理，专项用于保障下岗职工基本生活，具有专项资金的性质，不得挪作他用，不能与企业的其他财产等同对待。各地人民法院在审理和执行经济纠纷案件时，不得将该项存于企业再就业服务中心的专项资金作为企业财产处置，不得冻结或划拨该项资金用以抵偿企业债务。

5.《最高人民法院关于在审理和执行民事、经济纠纷案件时不得查封、冻结和扣划社会保险基金的通知》（法〔2000〕19号）

各地人民法院在审理和执行民事、经济纠纷案件时，不得查封、冻结或扣划社会保险基金；不得用社会保险基金偿还社会保险机构及其原下属企业的债务。

6.《最高人民法院关于对粮棉油政策性收购资金形成的粮棉油不宜采取财产保全措施和执行措施的通知》(法〔2000〕164号)

对中国农业发展银行提供的粮棉油收购资金及由该项资金形成的库存的粮棉油不宜采取财产保全措施和执行措施。

7.《中华人民共和国信托法》(2001年4月28日)第十七条第一款

除因下列情形之一外，对信托财产不得强制执行:(一)设立信托前债权人已对该信托财产享有优先受偿的权利，并依法行使该权利的;(二)受托人处理信托事务所产生债务，债权人要求清偿该债务的;(三)信托财产本身应担负的税款;(四)法律规定的其他情形。

8.《最高人民法院关于执行旅行社质量保证金问题的通知》(法〔2001〕1号)

人民法院在执行涉及旅行社的案件时，遇有下列情形而旅行社不承担或无力承担赔偿责任的，可以执行旅行社质量保证金:(1)旅行社因自身过错未达到合同约定的服务质量标准而造成旅游者的经济权益损失;(2)旅行社的服务未达到国家或行业规定的标准而造成旅游者的经济权益损失;(3)旅行社破产后造成旅游者预交旅行费损失;(4)人民法院判决、裁定及其他生效法律文书认定的旅行社损害旅游者合法权益的情形。除上述情形之外，不得执行旅行社质量保证金。同时，执行涉及旅行社的经济赔偿案件时，不得从旅游行政管理部门行政经费账户上划转行政经费资金。

9.《最高人民法院关于审理军队、武警部队、政法机关移交、撤销企业和与党政机关脱钩企业相关纠纷案件若干问题的规定》(法释〔2001〕8号)第十五条

人民法院在审理有关移交、撤销、脱钩的企业的案件时，认定开办单位应

当承担民事责任的，不得对开办单位的国库款、军费、财政经费账户、办公用房、车辆等其他办公必需品采取查封、扣押、冻结、拍卖等保全和执行措施。

10.《最高人民法院关于审理期货纠纷案件若干问题的规定》（法释〔2003〕10号）

第五十九条 期货交易所、期货公司为债务人的，人民法院不得冻结、划拨期货公司在期货交易所或者客户在期货公司保证金账户中的资金。

有证据证明该保证金账户中有超出期货公司、客户权益资金的部分，期货交易所、期货公司在人民法院指定的合理期限内不能提出相反证据的，人民法院可以依法冻结、划拨该账户中属于期货交易所、期货公司的自有资金。

第六十条 期货公司为债务人的，人民法院不得冻结、划拨专用结算账户中未被期货合约占用的用于担保期货合约履行的最低限额的结算准备金；期货公司已经结清所有持仓并清偿客户资金的，人民法院可以对结算准备金依法予以冻结、划拨。

期货公司有其他财产的，人民法院应当依法先行冻结、查封、执行期货公司的其他财产。

11.《最高人民法院关于人民法院民事执行中查封、扣押、冻结财产的规定》（法释〔2004〕15号）

第五条 人民法院对被执行人下列的财产不得查封、扣押、冻结：

（一）被执行人及其所扶养家属生活所必需的衣服、家具、炊具、餐具及其他家庭生活必需的物品；

（二）被执行人及其所扶养家属所必需的生活费用。当地有最低生活保障标准的，必需的生活费用依照该标准确定；

（三）被执行人及其所扶养家属完成义务教育所必需的物品；

（四）未公开的发明或者未发表的著作；

（五）被执行人及其所扶养家属用于身体缺陷所必需的辅助工具、医疗物品；

（六）被执行人所得的勋章及其他荣誉表彰的物品；

（七）根据《中华人民共和国缔结条约程序法》，以中华人民共和国、中华人民共和国政府或者中华人民共和国政府部门名义同外国、国际组织缔结的条约、协定和其他具有条约、协定性质的文件中规定免于查封、扣押、冻结的财产；

（八）法律或者司法解释规定的其他不得查封、扣押、冻结的财产。

第六条 对被执行人及其所扶养家属生活所必需的居住房屋，人民法院可以查封，但不得拍卖、变卖或者抵债。

12.《最高人民法院关于强制执行中不应将企业党组织的党费作为企业财产予以冻结或划拨的通知》（法〔2005〕209号）

企业党组织的党费是企业每个党员按月工资比例向党组织交纳的用于党组织活动的经费。党费由党委组织部门代党委统一管理，单立账户，专款专用，不属于企业的责任财产。因此，在企业作为被执行人时，人民法院不得冻结或划拨该企业党组织的党费，不得用党费偿还该企业的债务。执行中，如果申请执行人提供证据证明企业的资金存入党费账户，并申请人民法院对该项资金予以执行的，人民法院可以对该项资金先行冻结；被执行人提供充分证据证明该项资金属于党费的，人民法院应当解除冻结。

13.《期货交易所管理办法》第六十八条第一款

期货交易所向会员收取的保证金，只能用于担保期货合约的履行，不得查封、冻结、扣划或者强制执行。

14.《最高人民法院、最高人民检察院、公安部、中国证券监督管理委员会关于查询、冻结、扣划证券和证券交易结算资金问题通知》（法发〔2008〕4号）

第五条、第六条规定的证券登记结算机构依法按照业务规则收取并存放于专门清算交收账户内的证券、资金（条文略），以及第七条“证券登记结算机构依法按照业务规则要求证券公司等结算参与人、投资者或者发行人提供的回购质押券、价差担保物、行权担保物、履约担保物等担保物，在交收完成之前，不得冻结、扣划。

15.《最高人民法院关于人民法院在执行中能否查封药品批准文号的答复》(〔2010〕执他字第2号)

药品批准文号系国家药品监督管理部门准许企业生产的合法标志，该批准文号受行政许可法的调整，本身不具有财产价值。因此，人民法院在执行中对药品批准文号不应进行查封。

16.《最高人民法院关于审理期货纠纷案件若干问题的规定(二)》(法释〔2011〕1号)

第四条 期货公司为债务人，债权人请求冻结、划拨以下账户中资金或者有价证券的，人民法院不予支持：

(一)客户在期货公司保证金账户中的资金；

(二)客户向期货公司提交的用于充抵保证金的有价证券。

第五条 实行会员分级结算制度的期货交易所的结算会员为债务人，债权人请求冻结、划拨结算会员以下资金或者有价证券的，人民法院不予支持：

(一)非结算会员在结算会员保证金账户中的资金；

(二)非结算会员向结算会员提交的用于充抵保证金的有价证券。

17.《最高人民法院〈关于银行贷款账户能否冻结的请示报告〉的批复》(〔2014〕执他字第8号)

在执行以银行为协助执行人的案件时，不能冻结户名为被执行人的银行贷款账户。

18.《中华人民共和国证券投资基金法》(2015年4月24日公布)第一百条第一款

基金销售结算资金、基金份额独立于基金销售机构、基金销售支付机构或者基金份额登记机构的自有财产。基金销售机构、基金销售支付机构或者基金份额登记机构破产或者清算时，基金销售结算资金、基金份额不属于其破产财产或者清算财产。非因投资人本身的债务或者法律规定的其他情形，不得查封、冻结、扣划或者强制执行基金销售结算资金、基金份额。

五

权威案例篇

最高人民法院典型执行案件裁判规则

一、规则摘要

1. 调解书确定的给付义务及违反该义务导致的违约责任，取决于未来发生的违约事实，不宜在执行程序中直接认定。

2. 通过签订以物抵债或还款协议达成私下执行和解的，一方不履行或不完全履行时，对方可申请执行原生效法律文书。

3. 被执行人将其对他人享有的到期债权转让给申请人的，性质上属于代物清偿，执行案件可以执行完毕作结案处理。

4. 执行依据内容不明确的，执行机构在执行程序中可结合其文义，自行审查确定或者提请生效法律文书作出机构进行解释。

5. 执行依据有歧义时，执行机构应对符合解释原则且不超越主客观效力范围的依据内容，通过解释明确具体其含义。

6. 对被执行人所持上市公司限售流通股执行，可采取先强制扣划至申请执行人名下，待解禁后强制平仓的方式进行。

7. 被执行人在执行程序中行使抵销权，执行法院应对被执行人受让债权合法性和受让时间、被通知时间等进行审查。

8. 被执行不动产整体拍卖流拍后，在未经被执行人同意、未重新评估的情况下，裁定以部分楼层抵债的，应予撤销。

9. 最高人民法院有权处理当事人就不予执行仲裁裁决案件提起的执行监督申请，并应按当时的法律规定审查案件。

10. 对仲裁条款的解释，应综合考虑主合同、子合同等相关文件予以解释。当存在两种可能解释时，文义解释应优先。

11. 担保人享有主债务人的抗辩权，该抗辩权不仅包括实体法上的抗辩，原则上亦包括程序法上如申请不予执行抗辩。

12. 以设立中公司的名义参与司法拍卖的，不宜仅以设立中的公司不具有民事主体资格为由而否定该司法拍卖的效力。

13. 据以生效的法律文书被撤销或被变更，对已被执行的财产，法院可依新的生效法律文书，恢复原被执行人的占有。

14. 诉讼当事人虽然并非权利的实际享有人，但并不能否定其作为执行依据确定的权利人的地位，其当然享有申请执行的主体资格。

15. 执行法院不得查封被执行人控股公司的财产，但可以查封其股权或投资权益。

16. 复议权和执行阶段的异议权属于不同的程序权利。第三人对保全裁定没有提出复议的，不代表对债务人对其债权真实性的认可。在执行阶段，执行法院应仍向第三人发出履行到期债务的通知，并告知其提出异议的权利。第三人提出异议的，执行法院不得对第三人强制执行，也不得进行审查。申请执行人认为债务人对第三人享有到期债权，应当通过诉讼程序解决。

17. 变更申请执行人与中止执行均为执行实施行为，应当由执行法院作出裁定，当事人、利害关系人认为该行为违反法律规定，可以根据《中华人民共和国民事诉讼法》第二百二十五条向执行法院提出异议。执行法院不能以异议裁定代替执行实施裁定，否则将造成对当事人程序权利的剥夺。

18. 当事人向我国法院申请执行发生法律效力的涉外仲裁裁决，发现被申请执行人或者其财产在我国领域内的，我国法院即对该案具有执行管辖权。当事人申请法院强制执行的时效期间，应当自发现被申请执行人或者其财产在我国领域内之日起算。

19. 被执行人在收到执行法院执行通知之前，收到另案执行法院要求其向申请执行人的债权人直接清偿已经法院生效法律文书确认的债务的通知并清偿债务的，执行法院不能将该部分已清偿债务纳入执行范围。

20. 拍卖行与买受人有关联关系，拍卖行为存在以下情形，损害与标的物相关权利人合法权益的，人民法院可以视为拍卖行与买受人恶意串通，依法裁定该拍卖无效：（1）拍卖过程中没有其他无关联关系的竞买人参与竞买，或者虽有其他竞买人参与竞买，但未进行充分竞价的；（2）拍卖标的物的评估价明显低于实际价格，仍以该评估价成交的。

21. 生效法律文书确定的权利人在进入执行程序前合法转让债权的，债权受让人即权利承受人可以作为申请执行人直接申请执行，无需执行法院作出变更申请执行人的裁定。

22. 人民法院审理执行异议案件，因原执行行为所依据的当事人执行和解协议侵犯案外人合法权益，对原执行行为裁定予以撤销，并将被执行财产回复至执行之前状态的，该撤销裁定及执行回转行为不属于《中华人民共和国国家赔偿法》第三十八条规定的执行错误。

23. 生效判决已经明确判定的权利人，虽然没有参加诉讼，但其缺席诉讼的行为并不表示其当然放弃了执行阶段的权利，更不意味着其放弃了行使履行请求权的权利。因此，可以作为申请执行人申请执行。

24. 执行程序中，申请执行人在履行《民事调解书》的过程中与被执行人就是否构成违约以及违约责任应如何承担产生争议的，应当另行通过诉讼解决。

25. 申请执行人在拍卖标的物两次拍卖流拍后，未及时提出以物抵债，也可以在第三次拍卖停止后提出申请。

26. 申请执行人在审判程序中对被执行人申请撤诉，仍然可以在执行程序中再申请追加其为被执行人。

27. 人民法院不能直接以执行异议裁定对当事人变更申请执行人的申请予以审查处理。

二、规则详解

1. 调解书确定的给付义务及违反该义务导致的违约责任，取决于未来发生的违约事实，不宜在执行程序中直接认定。

关键词： 执行　执行依据　调解书　给付内容　违约责任

案情简介： 2010 年，调解书确定李某每月定量向建材公司供砖，并约定了不足量的补偿金、违约金计算条款。因李某未依调解书履行，建材公司申请强制执行，执行法院裁定扣划李某相应违约金 430 万余元。李某提出执行异议。

裁判要点：

一、生效调解书不仅系对当事人在自愿、合法基础上达成的权利义务协议内容的确定，且系具有强制执行效力的法律文书。依《最高人民法院关于人民法院执行工作若干问题的规定（试行）》第 18 条的规定，申请执行的法律文书应当有给付内容，且执行标的和被执行人明确。故对于可采取强制执行措施的生效法律文书所确定内容须具有给付性。本案中，就调解书确定的双方互负给付义务而言，调解书具有给付内容，属于具有执行内容的案件。就违约责任约定，因调解书未明确一方当事人因违约所应承担的责任，需对该调解书所约定的违约责任的确定性予以判断，不属本应在该案诉讼中应解决而未解决的问题，不可通过审判监督程序予以解决，且本案当事人李某已向法院申请再审，因不符合法定条件而被驳回。

二、本案调解书所确定的基于双方违约责任而导致的给付义务，取决于未来发生的事实，即当事人双方在履行生效调解书过程中是否违约以及违约程度等，属于与案件审结后新发生事实相结合而形成的新的实体权利义务争议，并非简单的事实判断，在执行程序中直接予以认定，缺乏程序正当性和必要的程序保障。为能更加有效保障各方当事人合法权益，应允许当事人通过另行提起诉讼方式予以解决，故裁定撤销执行裁定。

实务要点：调解书确定的给付义务及违反该义务导致的违约责任约定，取决于未来发生的是否违约及违约程度等事实，不宜在执行程序中直接加以认定，当事人应另诉解决。

案例索引：最高人民法院（2014）执监字第 80 号“某建材公司与李某执行纠纷案”，见《伊宁市华强新型建材有限责任公司不服新疆维吾尔自治区高级人民法院执行裁定案》（审判长何东宁，代理审判员薛贵忠、向国慧），载《最高人民法院公报 · 裁判文书选登》（201512/230：26）；另见《执行依据确定的因将来违约产生的给付义务应允许当事人另诉——伊宁市华强新型建材有限责任公司执行申诉案评析》（何东宁、徐霖，最高法院执行局），载《执行工作指导·案例分析》（201601/57：24）。

2. 通过签订以物抵债或还款协议达成私下执行和解的，一方不履行或不完全履行时，对方可申请执行原生效法律文书。

关键词：执行　执行和解　以物抵债

案情简介：2008年，法院调解书确认开发公司连带清偿王某借款1900万余元。2009年3月，王某与开发公司签订以房抵债协议，约定开发公司将名下商品房以每平方米2100元的价格出售给王某指定的客户，购房款用于偿还前述调解书项下债务，双方据此办理商品房预售备案手续。同年10月，王某与开发公司签订还款协议，约定开发公司分期支付王某1900万余元，王某收取1600万元后，解除了相应的商品房预售合同备案。2010年，因开发公司未支付余款300万余元及利息，依王某申请，执行法院裁定查封开发公司房产及存款。开发公司以达成执行和解为由提出执行异议。

裁判要点：

一、案涉还款协议签订于申请执行人申请强制执行前，不能导致生效法律文书失去强制执行效力。《最高人民法院关于适用〈中华人民共和国民事诉讼法〉若干问题的意见》第266条规定，“和解协议已经履行完毕的，人民法院不予恢复执行”。《最高人民法院关于人民法院执行工作若干问题的规定（试行）》第87条规定，“当事人之间达成的和解协议合法有效并已履行完毕的，人民法院作执行结案处理”。据此，被执行人开发公司提出已通过以房抵债全部履行了生效调解书所确定的义务，主张申请执行债权已消灭的，执行法院应对和解协议是否已履行完毕问题进行审查。在我国尚不存在债务人异议之诉程序情况下，执行法院适用《中华人民共和国民事诉讼法》第二百零二条规定进行审查并无不当。

二、当事人通过以物抵债形式履行生效法律文书确定债务的，仅达成抵债协议尚不足以消灭原债权债务关系，只有抵债物交付受领后才能消灭原有债权债务关系。本案中，开发公司主张的所谓以房抵债，是与王某指定的客户签订了商品房购买合同并备案登记于客户名下，其因此负担了向指定客户交付商品房、转移商品房所有权的合同义务。如开发公司完成了商品房购房合同约定的义务，将商品房交付给购房者占有并将商品房所有权移转给购房者，则其所负担的生效调解书确定的给付义务即消灭。但在该义务完成之前，原债权债务关系一直存在。其后，双方又以还款协议对先前约定进行了变更，同样必须履行完毕新债务后才能导致原有债务溯及既往地消灭，而双方当事人均认可还款协议并未全部履行，故开发公司关于已通过商品房以物抵债形式全部履行完生效民事调解书所确定义务的主张无事实依据。

三、根据《民事诉讼法适用意见》第二百六十六条规定，“一方当事人不履行或者不完全履行在执行中双方自愿达成的和解协议，对方当事人申请执行原生效法律文书的，人民法院应当恢复执行，但和解协议已履行的部分应当扣除”。执行法院据此确定本案执行标的数额时，将双方当事人无争议的已履行部分在执行程序中直接扣减，并无不当。而对于双方当事人有争议的 200 万元让利和 20 万元保证金部分以及协议履行过程中发生的其他实体争议，鉴于法律法规并未否定执行和解协议纠纷的可诉性，当事人可通过其他途径解决。尤其是开发公司主张本案和解协议具有双务合同性质，债权人王某等人不履行和解协议造成其损失，不属于执行程序审查范围，应通过另诉解决，裁定驳回开发公司执行异议。

实务要点：当事人通过签订以物抵债或还款协议行使履行生效法律文书确定债务的，一方当事人不履行或不完全履行在执行中双方自愿达成的和解协议，对方当事人申请执行原生效法律文书的，法院应恢复执行，但和解协议已履行部分应当扣除。

案例索引：最高人民法院（2015）执监字第 38 号“某开发公司与王某等执行纠纷案”，见《执行和解协议是否履行完毕的审查问题——宁化县永龙房地产开发有限公司、王某某执行申诉案评析》（潘勇锋，最高院执行局；审判长赵晋山，代理审判员潘勇锋、葛洪涛），载《执行工作指导 · 案例分析》（201504/56：93）。

3. 被执行人将其对他人享有的到期债权转让给申请人的，性质上属于代物清偿，执行案件可以执行完毕作结案处理。

关键词：执行　代物清偿　和解协议　债权转让

案情简介：2014 年，法院调解书确认机械公司应支付橡胶公司货款 150 万元。其后，橡胶公司、机械公司与运输公司签订三方协议，约定机械公司将其对运输公司享有的 150 万元到期债权转让给橡胶公司，调解书确认的机械公司对橡胶公司的债务转移给运输公司，运输公司对机械公司的 150 万元应付债务抵销。橡胶公司随后向执行法院提交该三方协议。

裁判要点：

一、案涉三方协议不属于和解协议。因和解协议在未得到履行时不能消灭债权债务关系，只有在被执行人履行完毕后债权债务关系才消灭，当被执行人未按和解协议履行时，申请人可申请对原生效法律文书的执行。且如果和解协议涉及第三人承担义务，性质应认定为第三人提供担保，第三人不履行义务时，法院将按担保关系进行处理。本案三方协议签订后，原生效法律文书确定的债权债务关系已消灭，如运输公司不履行义务，橡胶公司不能申请恢复对原生效法律文书的执行，法院亦不能直接执行次债务人，因次债务人并非提供担保，本案判决对次债务人无拘束力。故本案系以转让债权方式进行代物清偿。

二、因本案经申请人同意，被执行人机械公司已将其对运输公司的到期债权转让给申请人，故裁定执行终结。

实务要点：被执行人将其对他人享有的到期债权转让给申请人的，性质上不属于和解协议而应认定为代物清偿，执行案件可以执行完毕作结案处理。

案例索引：重庆大渡口区法院“重庆市九龙橡胶制品制造有限公司与四川自贡红光输送机械制造有限公司、自贡华迪起重运输机械有限公司重庆分公司执行纠纷案”，见《被执行人以转让债权方式清偿债务属代物清偿》（全斗成，重庆大渡口区法院），载《执行工作指导 · 理论与实务问题研究》（201504/56：184）。

4. 执行依据内容不明确的，执行机构在执行程序中可结合其文义，自行审查确定或提请生效法律文书作出机构进行解释。

关键词：执行　执行依据　给付内容

案情简介：2011年，法院调解书确认王某与金某股权转让合同、选矿合作合同等解除，“选矿厂及矿石归王某”。执行法院据此查封了金某与案外人韩某合伙经营的选矿厂及采挖出的矿石，金某以执行标的应系其与王某筹建中的选矿厂及采挖出的矿石为由提出执行异议。执行法院驳回其异议后，金某提出复议。

裁判要点：

一、诉争协议约定“选矿厂及矿石归王某”，选矿厂及矿石所有权并不因该约定而直接移转，王某此时享有的只是债权而非物权，故当事人真实意思可明确为将采挖出的矿石交付王某，将选矿厂交付王某实际占有控制并办理相应权属变更登记。此种情况下如要求王某须另行提起交付选矿厂及矿石的给付之诉，取得生效法律文书后才能申请强制执行则徒增当事人讼累。法院执行程序中将生效调解书诉争内容确认为金某向王某移交选矿厂及采挖出的矿石，从而使其具有执行力，既不违反当事人真实意思表示，亦有利于减轻当事人讼累，并无不妥。

二、生效调解书未明确该选矿厂及矿石特定信息，双方当事人对执行依据指向的特定物亦存在严重分歧，显属执行依据给付内容不明确。已经受理的执行案件，发现执行依据内容不明确的，执行机构在执行程序中可结合执行依据文义，审查确定其具体给付内容。执行程序中无法确定给付内容的，则应提请生效法律文书作出机构结合案件审理期间查明情况，对不明确执行内容予以补正或进行解释说明，故裁定发回原执行法院重新审查处理。

实务要点：执行依据内容不明确的，执行机构在执行程序中可结合执行依据文义，审查确定其具体给付内容。执行程序中无法确定给付内容的，则应提请生效法律文书作出机构结合案件审理期间查明情况，对不明确执行内容予以补正或进行解释说明。

案例索引：最高人民法院（2015）执行申字第52号“王某与金某借款合同纠纷执行案”，见《执行程序中如何处理执行依据不明确问题》（潘勇锋，最高院执行局；审判长赵晋山，代理审判员潘勇锋、葛洪涛），载《执行工作指导·案例分析》（201601/57：38）。

5. 执行依据有歧义时，执行机构应对符合解释原则且不超越主客观效力范围的依据内容，通过解释明确具体其含义。

关键词：执行　执行依据　解释原则　解释方法

案情简介：2015年，就锰业公司越界开采矿业公司锰矿资源侵权纠纷一案，生效判决判令锰业公司向矿业公司“返还已开采的锰矿资源18793吨”。执行程序中，矿业公司提出要求返还含矿量在16%以上锰矿，后放弃矿产含量及品位要求。

裁判要点：

一、《最高人民法院关于人民法院执行工作若干问题的规定（试行）》第18条规定，申请执行人应当是生效法律文书确定的权利人或其继承人、权利承受人，同时还规定申请执行的法律文书应当具有给付内容，且执行标的和被执行人必须明确。故执行内容的确定性是法律文书是否具有可执行性的主要评判标准。

二、执行内容以执行依据载明的文义内容为准，应当明确具体，不得超越法律文书的主客观效力范围。在执行过程中，如因执行依据主文表述方式发生歧义，应根据歧义类别与性质区别对待。执行机构应坚持谨慎解释、文义解释、整体解释原则，通过查阅卷宗、征询意见、组织听证、现场勘察等方法，对符合解释原则且不超越执行依据主客观效力范围的，应积极谨慎地对执行依据进行解释，明确具体执行内容，依法妥善处理分歧，积极推进执行，有效解决纠纷。对执行依据具有根本性缺陷，无法通过执行解释明确执行内容，或虽明确内容但已违背执行解释原则，超越执行依据主客观效力范围的，应裁定不予执行，当事人可通过其他程序救济。

三、本案执行依据“返还已开采的锰矿资源 18793 吨”，应理解为“返还已开采的同地带、同类型的锰矿石”，在申请人接受，并对返还矿产资源含量及品位不再提出要求的情况下，应认定执行内容明确，具有可执行性。

实务要点：执行依据内容有歧义的，执行机构应坚持谨慎解释、文义解释、整体解释原则，通过查阅卷宗、征询意见、组织听证、现场勘察等方法，对符合解释原则且不超越执行依据主客观效力范围的，应积极谨慎地对执行依据进行解释，明确具体执行内容。

案例索引：重庆四中院“秀山天源矿业公司与秀山九鑫锰业有限公司侵权纠纷执行案”，见《执行程序中对执行依据进行解释的原则与方法》（张太亮、冉仁民，重庆四中院执行局），载《执行工作指导 · 理论与实务问题研究》（201601/57：116）。

6. 对被执行人所持上市公司限售流通股执行，可采取先强制扣划至申请执行人名下，待解禁后强制平仓的方式进行。

关键词：执行　股权　限售流通股

案情简介：2008 年，生效判决判令药业公司偿还银行本金 2500 万元及相应利息，投资公司承担连带责任。执行程序中，投资公司以其所持实业公司限售流通股向银行提供质押担保，并约定银行有权在实业公司恢复上市之日起一年后行使质押权。2013 年 2 月 8 日，实业公司恢复上市交易，依银行申请恢复执行，法院先裁定将限售股强制扣划至申请执行人名下，待限售股办理完毕解禁手续转为流通股后，再指令券商在指定期限内于二级交易市场以批量抛售的方式强制平仓。

裁判要点：

一、案涉限售流通股系投资公司向银行提供的质押担保物。依《物权法》第二百二十六条第一款规定，以基金份额、证券登记结算机构登记的股权出质的，质权自证券登记结算机构办理出质登记时设立。投资公司将其所持限售流通股在中国证券登记结算有限责任公司深圳分公司办理质押登记，银行对该笔股份依法享有质权。依各方当事人所签协议约定，对投资公司提供质押担保的限售流通股票，银行有权在实业公司恢复上市之日起一年后行使质押权。实业公司股票于2013年2月8日起恢复上市交易，因包括投资公司在内的全体被执行人均未履行生效判决所确定的法律义务，银行向法院申请恢复执行，请求以司法处置方式行使对包括投资公司提供质押担保的案涉限售流通股在内的股份质权，符合法律规定。

二、投资公司所持限售流通股，亦系法院执行过程中，由投资公司书面承诺提供的执行担保财产。依《中华人民共和国民事诉讼法》第二百三十一条、第二百四十二条的规定，在执行中，被执行人向人民法院提供担保，并经申请执行人同意的，人民法院可以决定暂缓执行及暂缓执行的期限。被执行人逾期仍不履行的，人民法院有权执行被执行人的担保财产或者担保人的财产；被执行人未按执行通知履行法律文书确定的义务，人民法院有权向有关单位查询被执行人的存款、债权、股票、基金份额等财产情况。人民法院有权根据不同情形扣押、冻结、划拨、变价被执行人的财产。对投资公司提供执行担保的限售流通股，法院强制扣划给银行，该执行行为目的并非以股抵债，而是要将该笔符合解除禁售条件的股票，依证交所解禁程序要求转变成流通股，方能进入证券交易二级市场进行强制平仓。该种财产处置变现方式，不违反《中华人民共和国民事诉讼法》第二百四十二条第一款规范意旨。

实务要点：被执行人持有上市公司限售流通股的执行，可采取先将限售股强制扣划至申请执行人名下，待限售股办理完毕解禁手续转为流通股后，再指令券商在指定期限内于二级交易市场批量抛售、强制平仓的方式进行。

案例索引：广东深圳中院“上海浦东发展银行股份有限公司深圳分行与深圳市益生堂药业有限公司、上海港银投资管理有限公司、创益生物科技有限公司、中投信用担保有限公司、深圳市意汇通投资发展有限公司等执行异议案”，见《符合解除限售条件的上市公司限售流通股的执行问题——上海港银投资管理有限公司执行异议案评析》（欧宏伟，广东深圳中院执行局），载《执行工作指导·理论与实务问题研究》（201601/57：124）。

7. 被执行人在执行程序中行使抵销权，执行法院应对被执行人受让债权合法性和受让时间、被通知时间等进行审查。

关键词：执行　抵销权　抵销权成立时间

案情简介：2012 年，生效判决判令开发公司偿还物资公司 1200 万余元及相应资金占用费。执行程序中，物资公司、投资公司以达成债权转让协议为由，向执行法院申请变更投资公司为本案申请执行人。同日，开发公司以取得实业公司对物资公司债权为由，向执行法院申请债务抵销。

裁判要点：

一、《中华人民共和国合同法》第九十九条规定，“当事人互负到期债务，该债务的标的物种类、品质相同的，任何一方可以将自己的债务与对方的债务抵销，但依照法律规定或者按照合同性质不得抵销的除外。当事人主张抵销的，应当通知对方。通知自到达对方时生效”。故，抵销权是《中华人民共和国合同法》规定的当事人的实体权利，被执行人在执行程序中可以行使。执行法院应依《中华人民共和国合同法》相关规定，对抵销权行使条件是否具备等进行合法性审查。对于被执行人受让债权后主张抵销的，执行法院还应审查被执行人受让债权的合法性，防止损害对方当事人、第三人合法权益或社会公共利益。当事人对于审查结果不服的，可依《中华人民共和国民事诉讼法》第二百二十五条规定进行救济。

二、本案中，抵销权成立于申请执行人的债权转让通知到达被执行人之前还是之后，是本案的一个关键因素。如成立于通知到达前，则可抵销；如成立于通知到达后，则不能抵销。如债权人未将债权让与对被执行人进行通知，而是向执行法院提出变更申请执行人的请求，则应将被执行人得知申请执行人发生变更的时间，视为接到债权让与通知的时间。

实务要点：被执行人在执行程序中行使法定抵销权，执行法院应依《中华人民共和国合同法》相关规定，对被执行人受让债权的合法性、抵销权成立时间、申请执行人的债权转让通知到达被执行人时间进行审查。

案例索引：最高人民法院（2014）执他字第 25 号“青岛市城阳物资贸易

中心与山东华港房地产开发有限公司借贷纠纷执行案”，见《执行程序中当事人能否行使抵销权》（葛洪涛，最高院执行局），载《执行工作指导 · 案例分析》（201403/51：42）。

8. 被执行不动产整体拍卖流拍后，在未经被执行人同意、未重新评估的情况下，裁定以部分楼层抵债的，应予撤销。

关键词：执行　以物抵债　整体拍卖　流拍

案情简介：2006年，生效判决判令实业公司偿还银行1400万余元及利息。执行中，法院查封了实业公司名下用于抵押的商厦，委托评估结果显示商厦总价值1.5亿余元。法院裁定整体拍卖商厦，因无人竞拍而三次流拍。2008年，法院依银行申请，将其中的2层、3层按第三次拍卖保留价裁定抵偿给银行。实业公司提出异议，被驳回后申请复议。评估机构向法院作出的说明显示：商厦2层、3层的评估价，系按整个商厦地下一层至5层的评估价平均值确定。

裁判要点：

一、案涉以物抵债裁定是在评估报告有效期满近一年时作出，此时评估报告及相应的拍卖保留价已不能准确反映抵债标的物价值，故仍以第三次拍卖保留价抵债不当。抵债裁定与第三次拍卖时间相隔一年多，不符合《最高人民法院关于人民法院民事执行中拍卖、变卖财产的规定》中关于经申请执行人同意而以物抵债规定的精神：在商厦整体评估价远超执行标的额，且可分段评估、分层处置情况下，不应整体拍卖。

二、鉴于被执行人当时对整体评估和拍卖无异议，故整体拍卖并无不当。但整体拍卖流拍后应以大厦整体抵债，才符合经申请执行人同意以物抵债规定的精神。以其中部分楼层抵债，已与原拍卖标的物不同，如被执行人不同意，则应单独评估作价。执行法院将商厦中2层至3层以整体楼层平均价进行抵债，确属有失公平。故裁定撤销以物抵债的裁定。

三、如仍处分商厦2层至3层，应重新评估后依法定程序进行。

实务要点：被执行不动产整体拍卖流拍后，在未经被执行人同意、未经重新评估的情况下，法院依债权人申请，径行以其中部分楼层抵债，确属有失公平的，该以物抵债裁定应予撤销。

案例索引：最高人民法院（2010）执复字第12号“甘肃三洲实业集团有限公司与中国银行股份有限公司甘肃省分行执行复议案”，见《整体拍卖后，能否将部分不动产以物抵债》（刘慧卓，最高院执行局；审判长黄金龙，审判员闫燕，代理审判员司艳丽），载《执行工作指导·案例分析》（201403/51：52）。

9. 最高人民法院有权处理当事人就不予执行仲裁裁决案件提起的执行监督申请，并应按当时的法律规定审查案件。

关键词：执行　执行监督　不予执行仲裁裁决　法律适用

案情简介：2012年7月，仲裁委员会就科技公司与电子公司、外贸公司之间的合同、担保纠纷作出裁决。执行过程中，被执行人外贸公司申请不予执行。中院审查后，以仲裁裁决认定事实主要证据不足、适用法律确有错误为由裁定不予执行。科技公司向高院申请复议，高院审查后裁定撤销原裁定，驳回外贸公司不予执行仲裁裁决的申请。外贸公司不服，向最高人民法院申诉。

裁判要点：

一、2012年修订后的《中华人民共和国民事诉讼法》修改了法院在不予执行仲裁裁决案件中的审查范围，将2007年修订的《中华人民共和国民事诉讼法》第二百一十三条规定的“认定事实的主要证据不足的”与“适用法律确有错误的”两种情形排除。但本案中执行法院不予执行仲裁裁决的裁定作出时间系在2012年修订的《中华人民共和国民事诉讼法》生效之前，故不受《中华人民共和国民事诉讼法》修改的限制。执行监督阶段应坚持按当时法律审查案件的原则，适用2007年修订的《中华人民共和国民事诉讼法》。

二、《最高人民法院关于当事人因对不予执行仲裁裁决的裁定不服而申请再审人民法院不予受理的批复》是指法院不予受理当事人“再审申请”，并不涉及执行监督问题。根据《最高人民法院关于人民法院执行工作若干问题的规定（试行）》第一百二十九、一百三十条规定，最高人民法院有权依法监督全国法院的执行工作，发现执行程序中的错误，有权予以纠正。故最高人民法院有权处理当事人就不予执行仲裁裁决案件提起的执行监督申请。

实务要点：最高人民法院有权处理当事人就不予执行仲裁裁决案件提起的执行监督申请。执行监督阶段应坚持按照当时法律审查案件的原则。

案例索引：最高人民法院（2013）执监字第204号“中国对外建设有限公司与中国航空技术国际控股有限公司、深圳市格林地电子有限公司执行申诉案”，见《中国对外建设有限公司申请不予执行仲裁裁决案评析》（葛洪涛，最高院执行局；审判长赵晋山，代理审判员潘勇锋、葛洪涛），载《执行工作指导·案例分析》（201404/52：73）。

10. 对仲裁条款的解释，应综合考虑主合同、子合同等相关文件。当存在两种可能解释时予以解释，文义解释应优先。

关键词：合同解释　仲裁　管辖　文义解释　框架合同

案情简介：2000年，电子公司与科技公司签订委托代理的框架合同，约定科技公司代理电子公司进料加工，外贸公司提供担保，“本担保书的执行和执行过程中所引起的有关争议，提交仲裁委仲裁”。此前，科技公司、电子公司、外贸公司签订的担保书未约定管辖条款。2001年，电子公司与科技公司签订数个信用证相关联的进料加工出口协议，约定发生争议时，“向合同签订地法院起诉”。同日签订的补充协议，约定争议解决“提交科技公司所在地法院裁定”。

法院认为：

一、对合同条款，首先应作文义解释。依框架合同约定，该合同产生的争议不在仲裁约定范围之内，仲裁的适用范围仅限于因担保书履行而产生的纠纷。

二、在框架合同履行过程中，科技公司与电子公司又签订了与涉案信用证有关的协议、补充协议，均约定争议由法院解决，此与框架合同关于纠纷解决方式的约定相矛盾，且协议、补充协议签订于框架协议之后，故无法得出双方就框架合同所有纠纷，包括主合同纠纷、担保纠纷通过仲裁解决已达成一致的结论。

三、本案中，判断管辖的基础是框架合同、担保书、协议、补充协议等几个相关文件，在框架合同对纠纷解决方式约定不明而协议及补充协议又都是约定通过诉讼解决的情况下，对于科技公司与电子公司之间涉及信用证的委托代理纠纷，应解释为不属于仲裁协议约定的范围。

实务要点：对仲裁条款适用主合同还是担保合同的约定不明，应综合考虑主合同、子合同等相关文件予以解释。当存在两种可能解释时，符合文义解释方法的结论应优先考虑。

案例索引：最高人民法院（2013）执监字第204号“中国对外建设有限公司与中国航空技术国际控股有限公司、深圳市格林地电子有限公司执行申诉案”，见《中国对外建设有限公司申请不予执行仲裁裁决案评析》（葛洪涛，最高院执行局；审判长赵晋山，代理审判员潘勇锋、葛洪涛），载《执行工作指导·案例分析》（201404/52：73）。

11. 担保人享有主债务人的抗辩权，该抗辩权不仅包括实体法上的抗辩，原则上亦包括程序法上如申请不予执行抗辩。

关键词：保证　仲裁　申请不予执行　程序抗辩

案情简介：2012年7月，仲裁委员会就科技公司与电子公司、外贸公司之间的委托代理合同、担保纠纷作出裁决。仲裁期间，主债务人电子公司书面提出过仲裁管辖权异议。执行过程中，被执行人亦担保人外贸公司以委托合同并未约定仲裁管辖、仲裁庭超裁为由，申请不予执行。科技公司提出外贸公司并未在框架合同、协议及补充协议等文件中签字，无权就其中约定的管辖条款提出管辖异议。

裁判要点：

一、《最高人民法院关于适用〈中华人民共和国仲裁法〉若干问题的解释》第二十七条第一款规定，当事人在仲裁程序中未对仲裁协议的效力提出异议，在仲裁裁决作出后以仲裁协议无效为由主张撤销仲裁裁决或提出不予执行仲裁裁决抗辩的，人民法院不予支持。本案中，主债务人电子公司曾在仲裁程序中书面提出过仲裁管辖权异议，而外贸公司作为担保人，享有主债务人的抗辩权。故外贸公司不受前述司法解释规定的限制。同理，外贸公司虽未在框架合同、协议及补充协议等文件中签字，基于担保人享有的主债务人的抗辩权，其同样可根据上述文件中的纠纷解决方式条款提出不予执行申请。

二、本案中的仲裁条款，仅能明确涵盖担保合同纠纷，仲裁庭对于委托代理合同纠纷的审理超出了管辖范围。依当时适用的2007年修改的《民事诉讼法》规定，法院应裁定不予执行。故本案中对于仲裁庭关于委托代理纠纷的裁决部分应不予执行。又因担保合同系委托代理合同的从合同，担保合同纠纷的解决需以委托代理合同纠纷的解决为前提，故在关于委托代理合同的纠纷解决前，当事人关于担保合同纠纷的仲裁协议无法实施。亦即本案仲裁裁决的超裁部分无法与担保合同纠纷的裁决部分分割，整个仲裁裁决都应不予执行。

实务要点：担保人享有主债务人的抗辩权，该抗辩权不仅包括实体法上的抗辩权，原则上亦包括程序法上的如申请不予执行的抗辩权。

案例索引：最高人民法院（2013）执监字第204号“中国对外建设有限公司与中国航空技术国际控股有限公司、深圳市格林地电子有限公司执行申诉案”，见《中国对外建设有限公司申请不予执行仲裁裁决案评析》（葛洪涛，最高院执行局；审判长赵晋山，代理审判员潘勇锋、葛洪涛），载《执行工作指导·案例分析》（201404/52：73）。

12. 以设立中公司的名义参与司法拍卖的，不宜仅以设立中的公司不具有民事主体资格为由而否定该司法拍卖的效力。

关键词：执行方法　执行拍卖　设立中公司

案情简介：2013年，执行法院裁定拍卖被执行人名下土地使用权及地面附属物。嗣后，被执行人提出设立中的销售公司参与竞买并成为买受人，拍卖行为应无效。

法院认为：

一、设立中的公司应具有一定的法律人格，可将其视为准民商事法律主体，享有有限的法律人格，可从事在法律上和经济上以公司设立和开业准备为目的所必需的行为。《最高人民法院关于适用〈中华人民共和国公司法〉若干问题的规定（三）》第三条明确规定：发起人以设立中公司名义对外签订合同，公司成立后合同相对人请求公司承担合同责任的，法院应予支持。故发起人为设立公司而采取的行为，法律后果归属于设立中公司。公司成立时，此法律后果再由设立中公司转归成立后的公司；公司不能设立时，发起人对设立中公司的债务负连带责任，但在责任顺序上，设立中公司负第一顺序的责任。

二、本案中，袁某作为销售公司设立发起人，以公司名义参与司法拍卖，属于为设立中公司直接注入资产行为。设立中公司属于纯受益方，由设立后公司享有权利，承担义务，其中不存在偷逃税费等规避法律强制性规定的问题。拍卖前，拍卖公司已向执行法院做了书面报告，虽拍卖时尚未收到执行法院允许，但亦说明其中不存在拍卖公司的串通等违规行为。为设立公司需要，以设立中公司名义参与司法拍卖的，不宜仅以设立中公司不具有民事主体资格为由否定司法拍卖的效力。故本案执行拍卖行为应为有效。

实务要点：设立中公司虽不具有法人资格，但可从事设立公司所必需的民事行为。发起人为设立中公司购买财产，并以设立中公司名义参与司法拍卖的，不应仅以竞买人是设立中公司为由否定司法拍卖的效力。

案例索引：最高人民法院（2014）执他字第 4 号“淮北市新桥汽车贸易有限公司执行异议案”，见《设立中的公司是否具备司法拍卖竞买人资格之探讨》（谷峻杰，最高院综管室），载《执行工作指导·案例分析》（201404/52：89）。

13. 据以生效的法律文书被撤销或被变更，对已被执行的财产，法院可依新的生效法律文书，恢复原被执行人的占有。

关键词：执行　执行回转　占有　折价抵偿

案情简介：2003 年，银行通过与祁某签订《资产抵债处置合同》，将房地产作价 82 万元抵偿给祁某并交付使用，随后祁某办理房产证，但土地手续未能过户。2006 年，银行起诉。2007 年，二审判决确认合同无效，祁某返还案涉房地产。2008 年，该房产被强制执行给银行，随即被拆除。2009 年，提审判决认定合同有效。争议焦点之一：自始未取得土地使用权证、房产证亦被撤销的祁某，在房地产灭失的情况下，能否申请执行回转？

裁判要点：

一、再审判决认定祁某与银行之间的合同有效，而依合同约定，将涉案房地产交付祁某占有是银行的义务之一，故依《最高人民法院关于人民法院执行工作若干问题的规定（试行）》第一百零九条的规定，法院应裁定执行回转。

二、执行回转实质是将原执行结果恢复至执行前的状态，故执行回转内容应根据原执行内容进行判断。就本案而言，祁某丧失涉案房产所有权并非法院执行所造成，而是在进入强制执行程序前，由于相关行政机关的行政行为所致，故执行回转非恢复祁某对涉案房产的所有权。同样，因祁某一直未取得涉案土地使用权，亦不存在恢复其土地使用权的问题。但祁某基于与银行之间的合同关系合法占有涉案房地产，而法院执行程序中剥夺了其占有，故执行回转的内容应是恢复其对涉案房地产的占有。

三、依《最高人民法院关于人民法院执行工作若干问题的规定（试行）》第一百一十条的规定，当特定物无法执行回转时，适用“折价抵偿”程序的前提，是执行回转的申请人已取得特定物的所有权或相关财产权利，且该物或财产权利的价值在执行程序中能够确定。如需回转内容不能以货币折算对价，则只能寻求其他程序解决。本案中，由于法院执行前，相关行政机关已撤销了祁某对涉案房产的所有权登记，亦由于其一直未取得涉案土地使用权，从而使其对涉案房地产的占有处于对物支配的事实状态，而占有的事实状态无法折算为具体的财产对价，故不能适用折价抵偿程序。本案如无法恢复占有，应终结执行回转程序。同时，此案中申请执行人的合法权益应得到保护和救济，可另行提起民事诉讼或行政诉讼要求赔偿。

实务要点： 据以生效的法律文书被撤销或被变更，对已被执行的财产包括对物的占有可执行回转。执行回转标的物系特定物且已灭失的，应按原来执行该特定物时的市场价值折价抵偿。对占有的事实状态无法折算为具体的财产对价的，权利人可另行提起民事诉讼或行政诉讼要求赔偿。

案例索引： 最高人民法院（2013）执监字第37号“祁某与某银行房地产转让合同纠纷案”，见《浅析占有的执行回转问题——祁某某与中国农业银行张掖分行房地产转让合同纠纷案分析》（段继锋、强峰，甘肃高院执行局），载《执行工作指导·案例分析》（201404/52：97）。

14. 诉讼当事人虽然并非权利的实际享有人，但并不能否定其作为执行依据确定的权利人的地位，其当然享有申请执行的主体资格。

关键词：申请执行　执行依据第三人

案情简介：香港捷时洋行（以下简称捷时洋行）、新加坡陆丰控股私人有限公司（以下简称陆丰公司）诉新成公司、四川通瑞实业有限公司（以下简称通瑞公司）股权转让纠纷一案，四川高院2011年1月13日作出（2010）川民初字第5号民事调解书确定：成都新成国际经济发展有限公司将其在成都新成食品工业有限公司持有的占总股本15%的股权过户给香港捷时洋行指定的成都杰成投资管理有限公司，并在本调解书生效之日起一个月内完成变更登记手续。因新成公司未履行义务，四川高院于2013年8月13日作出（2013）川执字第7号执行裁定，裁定将新成公司在成都新成食品工业有限公司（以下简称新成食品公司）持有的占总股本15%的股权过户给成都杰成投资管理有限公司（以下简称杰成公司）。

新成公司认为本案执行依据的民事调解书写明新成公司应将相关财产过户给捷时洋行指定的杰成公司，此处指明的权利人并非捷时洋行，而是杰成公司，有权申请执行的应当是杰成公司，而非捷时洋行与陆丰公司。

裁判要点：依照《最高人民法院关于人民法院执行工作若干问题的规定（试行）》第18条的规定，申请执行人可以是生效法律文书确定的权利人或其继承人、权利承受人。本案中，作为执行依据的民事调解书是围绕原告捷时洋行、陆丰公司与被告通瑞公司，第三人新成公司之间的权利义务作出的。捷时洋行、陆丰公司是该调解书确定的权利人，该调解书第五条约定新成公司将股权转让给捷时洋行指定的杰成公司，杰成公司虽是股权的实际受让人，但并未否定捷时洋行、陆丰公司作为该调解书确定的权利人的地位。因此，捷时洋行、陆丰公司当然具备申请执行的主体资格，有权就该调解书第五条的约定向人民法院申请执行，要求新成公司按照约定将股权转让给杰成公司。

案例索引：（2015）执复字第1号，新加坡陆丰控股私人有限公司、香港捷时洋行等与成都新成国际经济发展有限公司、四川通瑞实业有限公司股权转让纠纷、申请承认与执行法院判决、仲裁裁决案件执行裁定书。

15. 执行法院不得查封被执行人控股公司的财产，但可以查封其股权或投资权益。

关键词：被执行人　控股公司

案情简介：中国华融资产管理公司天津办事处（以下简称华融天津办）与天津立达集团有限公司（以下简称立达集团）、天津立达商业发展有限责任公司（以下简称立达商业公司）、海南立达工贸进出口公司借款合同纠纷一案（以下简称海南立达工贸），天津高院于2003年10月20日作出（2003）津高民二初字第35号民事判决，主要内容为：一、立达商业公司给付华融天津办部分美元借款折合人民币3820000元；二、立达商业公司给付华融天津办借款本金10180000元，立达集团承担连带还款责任；三、海南立达工贸给付华融天津办借款本金人民币16000000元，立达集团承担连带还款责任。

2004年2月2日，天津高院以（2004）津高执字第9号立案执行，并于2004年5月12日作出（2004）津高执字第9号民事裁定，查封海南立达工贸控股的海南立达医药保健品联合有限公司（以下简称立达医药）名下位于海口市南航路金龙新村4C-201、202号房产，冻结海南立达工贸在立达医药持有的50%股权及投资权益。2009年3月18日，天津高院作出（2004）津高执字第9-1号执行裁定，变更立达公司为本案申请执行人。

立达医药于2012年6月22日向天津高院提出异议，主要理由为：该公司作为独立法人，不是民事判决确定的义务人，不是本案被执行人，天津高院查封该公司名下位于海口市南航路金龙新村4C-201、202号房产，违反法律规定，请求撤销该院（2004）津高执字第9号查封裁定。

裁判要点：本案中，虽然被执行人海南立达工贸是立达医药的控股股东，但立达医药并不是本案的被执行人，具有独立的法人地位。本案生效判决确定的债务人系海南立达工贸，不应由其控股的立达医药承担清偿责任。因此，执行法院可以冻结海南立达工贸在立达医药的股权或投资权益，但无权直接查封案外人立达医药名下的房产。

案例索引：（2015）执复字第 13 号，天津立达房地产有限公司与天津立达商业发展有限责任公司、海南立达工贸进出口公司借款合同纠纷、申请承认与执行法院判决、仲裁裁决案件执行裁定书。

16. 债务人对第三人享有到期债权的，法院对该到期债权可以采取保全措施。但第三人对保全裁定的复议权和执行阶段的异议权属于不同的程序权利。第三人对保全裁定没有提出复议的，不代表债务人对其债权真实性的认可。在执行阶段，执行法院应仍向第三人发出履行到期债务的通知，并告知其提出异议的权利。第三人提出异议的，执行法院不得对第三人强制执行，也不得进行审查。申请执行人认为债务人对第三人享有到期债权，应当通过诉讼程序解决。

关键词：第三人　到期债权

案情简介：河北高院在审理中国银行股份有限公司保定分行（以下简称中行保定分行）与保定天威集团有限公司（以下简称天威集团）、保定天威薄膜光伏有限公司（以下简称光伏公司）借款合同纠纷一案中，于 2014 年 1 月 13 日作出（2014）冀民二初字第 2 号民事裁定，查封或冻结光伏公司、天威集团及保定天威变电气股份有限公司名下 2.5 亿元人民币的银行存款或同等价值的财产。其后又于 2014 年 2 月 19 日作出（2014）冀民二初字第 2–4 号协助执行通知书，要求同为公司协助下列事项：冻结被申请人天威集团依据与同为公司在 2013 年签订的《股权转让协议》《债权转让协议》所涉及转让总价款 147239.42 万元交易中，被申请人天威集团享有权利的两亿元现金。冻结期限六个月（自 2014 年 2 月 19 日起至 2014 年 8 月 18 日止）。在上述期限内，未经该院准许，不得将上述款项支付给天威集团或其他单位和个人，否则将依法追究该公司法律责任。上述裁定及协助执行通知书于 2014 年 2 月 20 日送达同为公司。同为公司未提出复议。

2014 年 9 月 10 日，河北高院作出（2014）冀民二初字第 2 号民事判决，判决光伏公司于判决生效后十日内偿还中行保定分行借款本金 24150 万元及利息 414.46807 万元。天威集团对上述借款本金及利息承担连带清偿责任。判决生效后，中行保定分行向该院申请强制执行。

2014 年 11 月 26 日，河北高院向同为公司送达（2014）冀执字第 12–3 号协助执行通知书，提取被执行人天威集团的到期债权 20000 万元，并于五日内划入该院指定账户，逾期不履行将按照相关法律规定进行处罚。因同为公司未按照该协助执行通知书履行义务，河北高院于 2014 年 12 月 15 日作出（2014）冀执字第 12–3 号执行裁定，冻结同为公司银行存款 20000 万元或查封等额价值的其他财产。

同为公司不服河北高院上述执行裁定，提出执行异议理由如下：一、河北高院未按法律规定向同为公司送达《履行到期债务通知书》，而是送达的《协助执行通知书》，故无法提出异议。二、其公司与天威集团签订《债权转让协议书》后，其公司出现资金缺口，即终止与天威集团的两项债权转让。现其公司与天威集团无债权债务关系。请求河北高院撤销（2014）冀执字第 12–3 号执行裁定。

裁判要点：诉讼中人民法院可以作出裁定和协助执行通知书对被执行人在第三人处的到期债权采取保全措施，冻结到期债权的实质是冻结抽象的债权债务关系，而不是直接冻结第三人所拥有或支配的财产，该冻结对第三人没有实质财产的损害。对第三人到期债权的保全裁定只是要求第三人对债务人在第三人处的到期债权不得清偿，如果第三人未向被告清偿即履行了保全裁定确定的义务，第三人此时的法律地位是协助执行人，只要其未支付财产，即视为履行了义务，就不应承担责任。这种协助执行义务，实际上是一种消极的不作为义务，因在此阶段第三人的财产并不会被真实处分，故第三人可能不会提出复议，但其不提出复议并不表明其认可到期债权的真实存在，更不表明其在案件转入执行阶段后，会认可执行法院对到期债权的执行，更不意味着执行法院可以剥夺其在执行阶段的法定程序权利。

《最高人民法院关于人民法院执行工作若干问题的规定（试行）》第六十一条规定是强制执行规定，且无除外情形，执行法院应当遵守上述法律规定开展执行活动，采取执行措施。从第三人的角度看，在执行程序中提出执行异议是法定权利也是可期待权利。执行法院不能因第三人在诉讼阶段对保全到期债权未提起复议，就推断被执行人对第三人享有的到期债权真实成立。河北高院向同为公司发出的是协助执行通知书而不是履行到期债务通知书，在协助执行通知书内亦未赋予该公司在法定期限内提出异议的权利，实际上就是变相剥夺了第三人的异议权利。

人民法院在执行第三人到期债权的过程中，对于未经实体审判并经生效法律文书确认的债权，执行机构不应当对被执行人与第三人之间是否存在债权债务关系进行实体判断，如果第三人提出异议，即不得对第三人强制执行。河北高院在执行程序中剥夺第三人的异议权利，直接裁定由第三人向申请执行人履行，实际上就是以执行程序代替审判程序，在执行阶段对债权是否真实存在、债权是否到期以及债权数额多少进行了实体审查，剥夺了当事人合法的诉讼权利。申请执行人若认为被执行人对同为公司享有到期债权，或者被执行人存在规避执行行为，完全可以通过诉讼程序保障自己的合法权益。

案例索引：（2015）执复字第 15 号。

17. 变更申请执行人与中止执行均为执行实施行为，应当由执行法院作出裁定，当事人、利害关系人认为该行为违反法律规定，可以根据《中华人民共和国民事诉讼法》第二百二十五条向执行法院提出异议。执行法院不能以异议裁定代替执行实施裁定，否则将造成对当事人程序权利的剥夺。

关键词：变更申请执行人　中止执行　执行异议

案情简介：陕西高院作出（2015）陕执异字第 00001-1 号执行裁定，变更（2008）陕执二提字第 68 号和（2008）陕执二提字第 69 号两案的申请执行人为陕西春绿生态农业有限公司。并告知当事人如不服该裁定，可在裁定送达之日起十日内向最高法院申请复议。

裁判要点：根据强制执行的理论，在执行过程中，变更申请执行人是一种执行行为，执行法院应当作出裁定，当事人、利害关系人认为执行行为违反法律规定的，可以根据《中华人民共和国民事诉讼法》第二百二十五条的规定，向执行法院提出执行异议，若当事人或利害关系人对执行法院的异议裁定不服的，可向上一级人民法院申请复议。本案中，陕西高院本应对是否变更申请执行人进行裁定，当事人对此裁定不服，可以提起异议程序，但该院以异议裁定代替了执行实施裁定，在法律、司法解释及规范性文件没有明确规定的情况下，直接以执行异议裁定对当事人变更申请执行人的申请予以审查处理，并在裁定中赋予当事人向上一级人民法院复议的权利，于法无据，应予纠正。

案例索引：（2015）执复字第18号

18. 当事人向我国法院申请执行发生法律效力的涉外仲裁裁决，发现被申请执行人或者其财产在我国领域内的，我国法院即对该案具有执行管辖权。当事人申请法院强制执行的时效期间，应当自发现被申请执行人或者其财产在我国领域内之日起算。

关键词：民事诉讼　执行复议　涉外仲裁裁决　执行管辖　申请执行期间起算。

案情简介：上海金纬机械制造有限公司（以下简称金纬公司）与瑞士瑞泰克公司（RETECH Aktiengesellschaft，以下简称瑞泰克公司）买卖合同纠纷一案，由中国国际经济贸易仲裁委员会于2006年9月18日作出仲裁裁决。2007年8月27日，金纬公司向瑞士联邦兰茨堡（Lenzburg）法院（以下简称兰茨堡法院）申请承认和执行该仲裁裁决，并提交了由中国中央翻译社翻译、经上海市外事办公室及瑞士驻上海总领事认证的仲裁裁决书翻译件。同年10月25日，兰茨堡法院以金纬公司所提交的仲裁裁决书翻译件不能满足《承认及执行外国仲裁裁决公约》（以下简称《纽约公约》）第四条第二点关于“译文由公设或宣誓之翻译员或外交或领事人员认证”的规定为由，驳回金纬公司申请。其后，金纬公司又先后两次向兰茨堡法院递交了分别由瑞士当地翻译机构翻译的仲裁裁决书译件和由上海上外翻译公司翻译、上海市外事办公室、瑞士驻上海总领事认证的仲裁裁决书翻译件以申请执行，仍被该法院分别于2009年3月17日和2010年8月31日，以仲裁裁决书翻译文件没有严格意义上符合《纽约公约》第四条第二点的规定为由，驳回申请。

2008年7月30日，金纬公司发现瑞泰克公司有一批机器设备正在上海市浦东新区展览，遂于当日向上海市第一中级人民法院（以下简称上海一中院）

申请执行。上海一中院于同日立案执行并查封、扣押了瑞泰克公司参展机器设备。瑞泰克公司遂以金纬公司申请执行已超过《中华人民共和国民事诉讼法》(以下简称《民事诉讼法》)规定的期限为由提出异议，要求上海一中院不受理该案，并解除查封，停止执行。

裁判要点：本案争议焦点是我国法院对该案是否具有管辖权以及申请执行期间应当从何时开始起算。

一、关于我国法院的执行管辖权问题。根据《民事诉讼法》的规定，我国涉外仲裁机构作出的仲裁裁决，如果被执行人或者其财产不在中华人民共和国领域内的，应当由当事人直接向有管辖权的外国法院申请承认和执行。鉴于本案所涉仲裁裁决生效时，被执行人瑞泰克公司及其财产均不在我国领域内，因此，人民法院在该仲裁裁决生效当时，对裁决的执行没有管辖权。2008年7月30日，金纬公司发现被执行人瑞泰克公司有财产正在上海市参展。此时，被申请执行人瑞泰克公司有财产在中华人民共和国领域内的事实，使我国法院产生了对本案的执行管辖权。申请执行人依据《民事诉讼法》"一方当事人不履行仲裁裁决的，对方当事人可以向被申请人住所地或者财产所在地的中级人民法院申请执行"的规定，基于被执行人不履行仲裁裁决义务的事实，行使民事强制执行请求权，向上海一中院申请执行。这符合我国《民事诉讼法》有关人民法院管辖涉外仲裁裁决执行案件所应当具备的要求，上海一中院对该执行申请有管辖权。

考虑到《纽约公约》规定的原则是，只要仲裁裁决符合公约规定的基本条件，就允许在任何缔约国得到承认和执行。《纽约公约》的目的在于便利仲裁裁决在各缔约国得到顺利执行，因此并不禁止当事人向多个公约成员国申请相关仲裁裁决的承认与执行。被执行人一方可以通过举证已经履行了仲裁裁决义务进行抗辩，向执行地法院提交已经清偿债务数额的证据，这样即可防止被执行人被强制重复履行或者超标履行的问题。因此，人民法院对该案行使执行管辖权，符合《纽约公约》规定的精神，也不会造成被执行人重复履行生效仲裁裁决义务的问题。

二、关于本案申请执行期间起算问题。依照《民事诉讼法》(2007年修正)

第二百一十五条的规定，“申请执行的期间为二年”。“前款规定的期间，从法律文书规定履行期间的最后一日起计算；法律文书规定分期履行的，从规定的每次履行期间的最后一日起计算；法律文书未规定履行期间的，从法律文书生效之日起计算”。鉴于我国法律有关申请执行期间起算，是针对生效法律文书作出时，被执行人或者其财产在我国领域内的一般情况作出的规定；而本案的具体情况是，仲裁裁决生效当时，我国法院对该案并没有执行管辖权，当事人依法向外国法院申请承认和执行该裁决而未能得到执行，不存在怠于行使申请执行权的问题；被执行人一直拒绝履行裁决所确定的法律义务；申请执行人在发现被执行人有财产在我国领域内之后，即向人民法院申请执行。考虑到这类情况下，外国被执行人或者其财产何时会再次进入我国领域内，具有较大的不确定性，因此，应当合理确定申请执行期间起算点，才能公平保护申请执行人的合法权益。

鉴于债权人取得有给付内容的生效法律文书后，如债务人未履行生效文书所确定的义务，债权人即可申请法院行使强制执行权，实现其实体法上的请求权，此项权利即为民事强制执行请求权。民事强制执行请求权的存在依赖于实体权利，取得依赖于执行根据，行使依赖于执行管辖权。执行管辖权是民事强制执行请求权的基础和前提。在司法实践中，人民法院的执行管辖权与当事人的民事强制执行请求权不能是抽象或不确定的，而应是具体且可操作的。义务人瑞泰克公司未履行裁决所确定的义务时，权利人金纬公司即拥有了民事强制执行请求权，但是，根据《民事诉讼法》的规定，对于涉外仲裁机构作出的仲裁申请执行，如果被执行人或者其财产不在中华人民共和国领域内，应当由当事人直接向有管辖权的外国法院申请承认和执行。此时，因被执行人或者其财产不在我国领域内，我国法院对该案没有执行管辖权，申请执行人金纬公司并非其主观上不愿或怠于行使权利，而是由于客观上纠纷本身没有产生人民法院执行管辖连接点，导致其无法向人民法院申请执行。人民法院在受理强制执行申请后，应当审查申请是否在法律规定的时效期间内提出。具有执行管辖权是人民法院审查申请执行人相关申请的必要前提，因此应当自执行管辖确定之日，即发现被执行人可供执行财产之日，开始计算申请执行人的申请执行期限。

案例索引：指导案例37号。

19. 被执行人在收到执行法院执行通知之前，收到另案执行法院要求其向申请执行人的债权人直接清偿已经由法院生效法律文书确认的债务的通知并清偿债务的，执行法院不能将该部分已清偿债务纳入执行范围。

关键词：民事诉讼　执行复议　到期债权　协助履行

案情简介：中投信用担保有限公司（以下简称中投公司）与海通证券股份有限公司（以下简称海通证券）、海通证券股份有限公司福州广达路证券营业部（以下简称海通证券营业部）证券权益纠纷一案，福建省高级人民法院（以下简称福建高院）于2009年6月11日作出（2009）闽民初字第3号民事调解书，已经发生法律效力。中投公司于2009年6月25日向福建高院申请执行。福建高院于同年7月3日立案执行，并于当月15日向被执行人海通证券营业部、海通证券发出（2009）闽执行字第99号执行通知书，责令其履行法律文书确定的义务。

被执行人海通证券及海通证券营业部不服福建高院（2009）闽执行字第99号执行通知书，向该院提出书面异议。异议称：被执行人已于2009年6月12日根据北京市东城区人民法院（以下简称北京东城法院）的履行到期债务通知书，向中投公司的执行债权人潘某履行其对中投公司所负的到期债务11222761.55元，该款汇入了北京东城法院账户；上海市第二中级人民法院（以下简称上海二中院）为执行上海中维资产管理有限公司与中投公司纠纷案，向其发出协助执行通知书，并于2009年6月22日扣划了海通证券的银行存款8777238.45元。以上共计向中投公司的债权人支付了2000万元，故其与中投公司之间已经不存在未履行（2009）闽民初字第3号民事调解书确定的付款义务的事实，福建高院向其发出的执行通知书应当撤销。为此，福建高院作出（2009）闽执异字第1号裁定书，认定被执行人异议成立，撤销（2009）闽执行字第99号执行通知书。申请执行人中投公司不服，向最高人民法院提出了复议申请。申请执行人的主要理由是：北京东城法院的履行到期债务通知书和上海二中院的协助执行通知书，均违反了最高人民法院给江苏省高级人民法院的（2000）执监字第304号关于法院判决的债权不适用《关于适用〈中华人民共和国民事诉讼法〉若干问题的意见》第300条规定（以下简称意见第300条）的复函精神，福建高院的裁定错误。

裁判要点：最高人民法院（2000）执监字第304号复函是针对个案的答复，不具有普遍效力。随着《中华人民共和国民事诉讼法》关于执行管辖权的调整，该函中基于执行只能由一审法院管辖，认为经法院判决确定的到期债权不适用意见第300条的观点已不再具有合理性。对此问题正确的解释应当是：对经法院判决（或调解书，以下通称判决）确定的债权，也可以由非判决法院按照意见第300条规定的程序执行。因该到期债权已经法院判决确定，故第三人（被执行人的债务人）不能提出债权不存在的异议（否认生效判决的定论）。本案中，北京东城法院和上海二中院正是按照上述精神对福建高院（2009）闽民初字第3号民事调解书确定的债权进行执行的。被执行人海通证券无权对生效调解书确定的债权提出异议，不能对抗上海二中院强制扣划行为，其自动按照北京东城法院的通知要求履行，也是合法的。

被执行人海通证券营业部、海通证券收到有关法院通知的时间及其协助有关法院执行，是在福建高院向其发出执行通知之前。在其协助有关法院执行后，其因（2009）闽民初字第3号民事调解书而对于申请执行人中投公司负有的2000万元债务已经消灭，被执行人有权请求福建高院不得再依据该调解书强制执行。

综上，福建高院（2009）闽执异字第1号裁定书认定事实清楚，适用法律正确。故驳回中投公司的复议请求，维持福建高院（2009）闽执异字第1号裁定。

案例索引：指导案例36号。

20. 拍卖行与买受人有关联关系，拍卖行为存在以下情形，损害与标的物相关权利人合法权益的，人民法院可以视为拍卖行与买受人恶意串通，依法裁定该拍卖无效：（1）拍卖过程中没有其他无关联关系的竞买人参与竞买，或者虽有其他竞买人参与竞买，但未进行充分竞价的；（2）拍卖标的物的评估价明显低于实际价格，仍以该评估价成交的。

关键词：民事诉讼　执行复议　委托拍卖　恶意串通　拍卖无效

案情简介：广州白云荔发实业公司（以下简称荔发公司）与广州广丰房产建设有限公司（以下简称广丰公司）、广州银丰房地产有限公司（以下简称银丰公司）、广州金汇房产建设有限公司（以下简称金汇公司）非法借贷纠纷一案，广东省高级人民法院（以下简称广东高院）于1997年5月20日作出（1996）粤法经一初字第4号民事判决，判令广丰公司、银丰公司共同清偿荔发公司借款160647776.07元及利息，金汇公司承担连带赔偿责任。

广东高院在执行前述判决过程中，于1998年2月11日裁定查封了广丰公司名下的广丰大厦未售出部分，面积为18851.86m^2。次日，委托广东景茂拍卖行有限公司（以下简称景茂拍卖行）进行拍卖。同年6月，该院委托的广东粤财房地产评估所出具评估报告，结论为：广丰大厦该部分物业在1998年6月12日的拍卖价格为102493594元。后该案因故暂停处置。

2001年年初，广东高院重新启动处置程序，于同年4月4日委托景茂拍卖行对广丰大厦整栋进行拍卖。同年11月初，广东高院在报纸上刊登拟拍卖整栋广丰大厦的公告，要求涉及广丰大厦的所有权利人或购房业主，于2001年11月30日前向景茂拍卖行申报权利和登记，待广东高院处理。根据公告要求，向景茂拍卖行申报的权利有申请交付广丰大厦预售房屋、回迁房屋和申请返还购房款、工程款、银行借款等，金额高达15亿多元，其中，购房人缴纳的购房款逾2亿元。

2003年8月26日，广东高院委托广东财兴资产评估有限公司（即原广东粤财房地产评估所）对广丰大厦整栋进行评估。同年9月10日，该所出具评估报告，结论为：整栋广丰大厦（用地面积3009m^2，建筑面积34840m^2）市值为3445万元，建议拍卖保留价为市值的70%即2412万元。同年10月17日，景茂拍卖行以2412万元将广丰大厦整栋拍卖给广东龙正投资发展有限公司（以下简称龙正公司）。广东高院于同年10月28日作出（1997）粤高法执字第7号民事裁定，确认将广丰大厦整栋以2412万元转给龙正公司所有。2004年1月5日，该院向广州市国土房管部门发出协助执行通知书，要求将广丰大厦整栋产权过户给买受人龙正公司，并声明原广丰大厦的所有权利人，包括购房人、受让人、抵押权人、被拆迁人或拆迁户等的权益，由该院依法处理。

龙正公司取得广丰大厦后，在原主体框架结构基础上继续投入资金进行续建，续建完成后更名为“时代国际大厦”。

2011年6月2日，广东高院根据有关部门的意见对该案复查后，作出（1997）粤高法执字第7–1号执行裁定，认定景茂拍卖行和买受人龙正公司的股东系亲属，存在关联关系。广丰大厦两次评估价格差额巨大，第一次评估了广丰大厦约一半面积的房产，第二次评估了该大厦整栋房产，但第二次评估价格仅为第一次评估价格的35%，即使考虑市场变化因素，其价格变化也明显不正常。根据景茂拍卖行报告，拍卖时有三个竞买人参加竞买，另外两个竞买人均未举牌竞价，龙正公司因而一次举牌即以起拍价2412万元竞买成功。但经该院协调，有关司法机关无法找到该二人，后书面通知景茂拍卖行提供该二人的竞买资料，景茂拍卖行未能按要求提供；景茂拍卖行也未按照《拍卖监督管理暂行办法》第四条“拍卖企业举办拍卖活动，应当于拍卖日前7天内到拍卖活动所在地工商行政管理局备案，……拍卖企业应当在拍卖活动结束后7天内，将竞买人名单、身份证明复印件送拍卖活动所在地工商行政管理局备案”的规定，向工商管理部门备案。现有证据不能证实另外两个竞买人参加了竞买。综上，可以认定拍卖人景茂拍卖行和竞买人龙正公司在拍卖广丰大厦中存在恶意串通行为，导致广丰大厦拍卖不能公平竞价、损害了购房人和其他债权人的利益。根据《中华人民共和国民法通则》（以下简称《民法通则》）第五十八条、《中华人民共和国拍卖法》（以下简称《拍卖法》）第六十五条的规定，裁定拍卖无效，撤销该院2003年10月28日作出的（1997）粤高法执字第7号民事裁定。对此，买受人龙正公司和景茂拍卖行分别向广东高院提出异议。

龙正公司和景茂拍卖行异议被驳回后，又向最高人民法院申请复议。主要复议理由为：对广丰大厦前后两次评估的价值相差巨大的原因存在合理性，评估结果与拍卖行和买受人无关；拍卖保留价也是根据当时实际情况决定的，拍卖成交价是当时市场客观因素造成的；景茂拍卖行不能提供另外两名竞买人的资料，不违反《拍卖法》第五十四条第二款关于“其他有关资料的保管期限，自委托拍卖合同终止之日起计算，不得少于五年”的规定；拍卖广丰大厦的拍卖过程公开、合法，拍卖前曾四次在报纸上刊出拍卖公告，法律没有禁止拍卖行股东亲属的公司参与竞买。故不存在拍卖行与买受人恶意串通、损害购房人和其他债权人利益的事实。广东高院推定竞买人与拍卖行存在恶意串通行为是错误的。

裁判要点：受人民法院委托进行的拍卖属于司法强制拍卖，其与公民、法人和其他组织自行委托拍卖机构进行的拍卖不同，人民法院有权对拍卖程序及拍卖结果的合法性进行审查。因此，即使拍卖已经成交，人民法院发现其所委托的拍卖行为违法，仍可以根据《民法通则》第五十八条、《拍卖法》第六十五条等法律规定，因在拍卖过程中恶意串通，导致拍卖不能公平竞价、损害他人合法权益的行为，裁定该拍卖无效。

买受人在拍卖过程中与拍卖机构是否存在恶意串通，应从拍卖过程、拍卖结果等方面综合考察。如果买受人与拍卖机构存在关联关系，拍卖过程没有进行充分竞价，而买受人和拍卖机构明知标的物评估价和成交价明显过低，仍以该低价成交，损害标的物相关权利人合法权益的，可以认定双方存在恶意串通。

本案中，在景茂拍卖行与买受人之间因股东的亲属关系而存在关联关系的情况下，除非能够证明拍卖过程中有其他无关联关系的竞买人参与竞买，且进行了充分的竞价，否则可以推定景茂拍卖行与买受人之间存在恶意串通。该竞价充分的举证责任应由景茂拍卖行和与其有关联关系的买受人承担。2003 年拍卖结束后，景茂拍卖行给广东高院的拍卖报告中指出，还有另外两个自然人参加竞买，现场没有举牌竞价，拍卖中仅一次叫价即以保留价成交，并无竞价。而买受人龙正公司和景茂拍卖行不能提供其他两个竞买人的情况。经审核，其复议中提供的向工商管理部门备案的材料中，并无另外两个竞买人参加竞买的资料。拍卖资料经过了保存期，不是其不能提供竞买人情况的理由。据此，不能认定有其他竞买人参加了竞买，可以认定景茂拍卖行与买受人龙正公司之间存在恶意串通行为。

鉴于本案拍卖系直接以评估机构确定的市场价的 70% 之保留价成交的，故评估价是否合理对于拍卖结果是否公正合理有直接关系。之前对一半房产的评估价已达一亿多元，但是本次对全部房产的评估价格却只有原来一半房产评估价格的35%。拍卖行明知价格过低，却通过亲属来购买房产，未经多轮竞价，严重侵犯了他人的利益。拍卖整个楼的价格与评估部分房产时的价格相差悬殊，拍卖行和买受人的解释不能让人信服，可以认定两者间存在恶意串通。同时，与广丰大厦相关的权利有申请交付广丰大厦预售房屋、回迁房屋和申请返还购房款、工程款、银行借款等，总额达15亿多元，仅购房人登记所交购房款即超过2亿元。而本案拍卖价款仅为2412万元，对于没有优先受偿权的本案申请执行人毫无利益可言，明显属于无益拍卖。鉴于景茂拍卖行负责接受与广丰大厦相关权利的申报工作，且买受人与其存在关联关系，可认定景茂拍卖行与买受人对上述问题也应属明知。因此，由于此案拍卖导致与广丰大厦相关的权利人的权益受到侵害，具有关联关系的景茂拍卖行与买受人龙正公司之间构成恶意串通。

综上，广东高院认定拍卖人景茂拍卖行和买受人龙正公司在拍卖广丰大厦中存在恶意串通行为，导致广丰大厦拍卖不能公平竞价、损害了购房人和其他债权人的利益，是正确的。故（1997）粤高法执字第7-1号及（2011）粤高法执异字第1号执行裁定并无不当，景茂拍卖行与龙正公司申请复议的理由不能成立。

案例索引：指导案例35号。

21. 生效法律文书确定的权利人在进入执行程序前合法转让债权的，债权受让人即权利承受人可以作为申请执行人直接申请执行，无需执行法院作出变更申请执行人的裁定。

关键词：民事诉讼　执行复议　权利承受人　申请执行

案情简介：原告投资2234中国第一号基金公司（Investments 2234 China Fund Ⅰ B.V.，以下简称2234公司）与被告厦门海洋实业（集团）股份有限公司（以下简称海洋股份公司）、厦门海洋实业总公司（以下简称海洋实业公司）借款合同纠纷一案，2012年1月11日由最高人民法院作出终审判决，判令：海洋实业公司应于判决生效之日起偿还2234公司借款本金2274

万元及相应利息；2234公司对蜂巢山路3号的土地使用权享有抵押权。在该判决作出之前的2011年6月8日，2234公司将其对于海洋股份公司和海洋实业公司的2274万元本金债权转让给李某玲、李某裕，并签订《债权转让协议》。2012年4月19日，李某玲、李某裕依据上述判决和《债权转让协议》向福建省高级人民法院（以下简称福建高院）申请执行。4月24日，福建高院向海洋股份公司、海洋实业公司发出（2012）闽执行字第8号执行通知。海洋股份公司不服该执行通知，以执行通知中直接变更执行主体缺乏法律依据，申请执行人李某裕系公务员，其受让不良债权行为无效，由此债权转让合同无效为主要理由，向福建高院提出执行异议。福建高院在异议审查中查明：李某裕系国家公务员，其本人称，在债权转让中，未实际出资，并已于2011年9月退出受让的债权份额。

福建高院认为：一、关于债权转让合同效力问题。根据《最高人民法院关于审理涉及金融不良债权转让案件工作座谈会纪要》（以下简称《纪要》）第六条关于金融资产管理公司转让不良债权存在“受让人为国家公务员、金融监管机构工作人员”的情形无效和《中华人民共和国公务员法》第五十三条第十四项明确禁止国家公务员从事或者参与营利性活动等相关规定，作为债权受让人之一的李某裕为国家公务员，其本人购买债权受身份适格的限制。李某裕称已退出所受让债权的份额，该院受理的执行案件未做审查仍将李某裕列为申请执行人显属不当。二、关于执行通知中直接变更申请执行主体的问题。最高人民法院（2009）执他字第1号《关于判决确定的金融不良债权多次转让人民法院能否裁定变更申请执行主体请示的答复》（以下简称1号答复）认为：“《最高人民法院关于人民法院执行工作若干问题的规定（试行）》（以下简称《执行规定》），已经对申请执行人的资格予以明确。其中第18条第1款规定：‘人民法院受理执行案件应当符合下列条件：……（2）申请执行人是生效法律文书确定的权利人或其继承人、权利承受人。’该条中的‘权利承受人’，包含通过债权转让的方式承受债权的人。依法从金融资产管理公司受让债权的受让人将债权再行转让给其他普通受让人的，执行法院可以依据上述规定，依债权转让协议以及受让人或者转让人的申请，裁定变更申请执行主体。”据此，该院在执行通知中直接将本案受让人作为申请执行主体，未作出裁定变更，程序不当，遂于2012年8月6日作出（2012）闽执异字第1号执行裁定，撤销（2012）闽执行字第8号执行通知。

李某玲不服，向最高人民法院申请复议，其主要理由如下：一、李某裕的公务员身份不影响其作为债权受让主体的适格性。二、申请执行前，两申请人已同2234公司完成债权转让，并通知了债务人（即被执行人），是合法的债权人；根据《执行规定》有关规定，申请人只要提交生效法律文书、承受权利的证明等，即具备申请执行人资格，这一资格在立案阶段已予审查，并向申请人送达了案件受理通知书；1号答复适用于执行程序中依受让人申请变更的情形，而本案申请人并非在执行过程中申请变更执行主体，因此不需要裁定变更申请执行主体。

裁判要点：本案申请复议中争议焦点问题是，生效法律文书确定的权利人在进入执行程序前合法转让债权的，债权受让人即权利承受人可否作为申请执行人直接申请执行，是否需要裁定变更申请执行主体，以及执行中如何处理债权转让合同效力争议问题。

一、关于是否需要裁定变更申请执行主体的问题。变更申请执行主体是在根据原申请执行人的申请已经开始了的执行程序中，变更新的权利人为申请执行人。根据《执行规定》第18、20条的规定，权利承受人有权以自己的名义申请执行，只要向人民法院提交承受权利的证明文件，证明自己是生效法律文书确定的权利承受人的，即符合受理执行案件的条件。这种情况不属于严格意义上的变更申请执行主体，但二者的法律基础相同，故也可以理解为广义上的申请执行主体变更，即通过立案阶段解决主体变更问题。1号答复的意见是，《执行规定》第18条可以作为变更申请执行主体的法律依据，并且认为债权受让人可以视为该条规定中的权利承受人。本案中，生效判决确定的原权利人2234公司在执行开始之前已经转让债权，并未作为申请执行人参加执行程序，而是权利受让人李某玲、李某裕依据《执行规定》第18条的规定直接申请执行。因其申请法院已经立案受理，受理的方式不是通过裁定而是发出受理通知，债权受让人已经成为申请执行人，故并不需要执行法院再作出变更主体的裁定，然后发出执行通知，而应当直接发出执行通知。实践中，有的法院在这种情况下先以原权利人作为申请执行人，待执行开始后再作出变更主体裁定，因其只是增加了工作量，而并无实质性影响，故并不被认为程序上存在问题。但不能由此反过来认为没有作出变更主体裁定是程序错误。

二、关于债权转让合同效力争议问题，原则上应当通过另行提起诉讼解决，执行程序不是审查判断和解决该问题的适当程序。被执行人主张转让合同无效所援引的《纪要》第五条也规定：在受让人向债务人主张债权的诉讼中，债务人提出不良债权转让合同无效抗辩的，人民法院应告知其向同一人民法院另行提起不良债权转让合同无效的诉讼；债务人不另行起诉的，人民法院对其抗辩不予支持。关于李某裕的申请执行人资格问题。因本案在异议审查中查明，李某裕明确表示其已经退出债权受让，不再参与本案执行，故后续执行中应不再将李某裕列为申请执行人。但如果没有其他因素，该事实不影响另一债权受让人李某玲的受让和申请执行资格。李某玲要求继续执行的，福建高院应以李某玲为申请执行人继续执行。

案例索引：指导案例 34 号。

22. 人民法院审理执行异议案件，因原执行行为所依据的当事人执行和解协议侵犯案外人合法权益，对原执行行为裁定予以撤销，并将被执行财产回复至执行之前状态的，该撤销裁定及执行回转行为不属于《中华人民共和国国家赔偿法》第三十八条规定的执行错误。

关键词：国家赔偿　司法赔偿　错误执行　执行回转

案情简介：赔偿请求人国泰君安证券股份有限公司海口滨海大道（天福酒店）证券营业部（以下简称国泰海口营业部）申请称：海南省高级人民法院（以下简称海南高院）在未依法对原生效判决以及该院（1999）琼高法执字第9-10、9-11、9-12、9-13号裁定（以下分别简称9-10、9-11、9-12、9-13号裁定）进行再审的情况下，作出（1999）琼高法执字第9-16号裁定（以下简称9-16号裁定），并据此执行回转，撤销原9-11、9-12、9-13号裁定，造成国泰海口营业部已合法取得的房产丧失，应予确认违法，并予以国家赔偿。

海南高院答辩称：该院 9-16 号裁定仅是纠正此前执行裁定的错误，并未改变原执行依据，无须经过审判监督程序。该院 9-16 号裁定及其执行回转行为，系在审查案外人执行异议成立的基础上，使争议房产回复至执行案件开始时的产权状态，该行为与国泰海口营业部经判决确定的债权，及其尚不明确的损失主张之间没有因果关系。国泰海口营业部赔偿请求不能成立，应予驳回。

法院经审理查明：1998 年 9 月 21 日，海南高院就国泰海口营业部诉海南国际租赁有限公司（以下简称海南租赁公司）证券回购纠纷一案作出（1998）琼经初字第 8 号民事判决，判决海南租赁公司向国泰海口营业部支付证券回购款本金 3620 万元和该款截止到 1997 年 11 月 30 日的利息 16362296 元；海南租赁公司向国泰海口营业部支付证券回购款本金 3620 万元的利息，计息方法为：从 1997 年 12 月 1 日起至付清之日止按年息 18% 计付。

1998 年 12 月，国泰海口营业部申请海南高院执行该判决。海南高院受理后，向海南租赁公司发出执行通知书并查明该公司无财产可供执行。海南租赁公司提出其对第三人海南中标物业发展有限公司（以下简称中标公司）享有到期债权。中标公司对此亦予以认可，并表示愿意以景瑞大厦部分房产直接抵偿给国泰海口营业部，以偿还其欠海南租赁公司的部分债务。海南高院遂于 2000 年 6 月 13 日作出 9-10 号裁定，查封景瑞大厦的部分房产，并于当日予以公告。同年 6 月 29 日，国泰海口营业部、海南租赁公司和中标公司共同签订《执行和解书》，约定海南租赁公司、中标公司以中标公司所有的景瑞大厦部分房产抵偿国泰海口营业部的债务。据此，海南高院于 6 月 30 日作出 9-11 号裁定，对和解协议予以认可。

在办理过户手续过程中，案外人海南发展银行清算组（以下简称海发行清算组）和海南创仁房地产有限公司（以下简称创仁公司）以海南高院 9-11 号裁定抵债的房产属其所有，该裁定损害其合法权益为由提出执行异议。海南高院审查后分别作出 9-12 号、9-13 号裁定，驳回异议。2002 年 3 月 14 日，国泰海口营业部依照 9-11 号裁定将上述抵债房产的产权办理变更登记至自己名下，并缴纳相关税费。海发行清算组、创仁公司申诉后，海南高院经再次审查认为：9–11 号裁定将原金通城市信用社（后并入海南发展银行）向中标公司购买并已支付大部分价款的房产当作中标公司房产抵债给国泰海口营业部，损害了海发行清算组的利益，确属不当，海发行清算组的异议理由成立，创仁公司异议主张应通过诉讼程序解决。据此海南高院于 2003 年 7 月 31 日作出 9–16 号裁定，裁定撤销 9–11 号、9–12 号、9–13 号裁定，将原裁定抵债房产回转过户至执行前状态。

2004 年 12 月 18 日，海口市中级人民法院（以下简称海口中院）对以海发行清算组为原告、中标公司为被告、创仁公司为第三人的房屋确权纠纷一案作出（2003）海中法民再字第 37 号民事判决，确认原抵债房产分属创仁公司和海发行清算组所有。该判决已发生法律效力。2005 年 6 月，国泰海口营业部向海口市地方税务局申请退税，海口市地方税务局将契税退还国泰海口营业部。2006 年 8 月 4 日，海南高院作出 9–18 号民事裁定，以海南租赁公司已被裁定破产还债，海南租赁公司清算组请求终结执行的理由成立为由，裁定终结（1998）琼经初字第 8 号民事判决的执行。

（1998）琼经初字第 8 号民事判决所涉债权，至 2004 年 7 月经协议转让给国泰君安投资管理股份有限公司（以下简称国泰投资公司）。2005 年 11 月 29 日，海南租赁公司向海口中院申请破产清算。破产案件审理中，国泰投资公司向海南租赁公司管理人申报了包含（1998）琼经初字第 8 号民事判决确定债权在内的相关债权。2009 年 3 月 31 日，海口中院作出（2005）海中法破字第 4–350 号民事裁定，裁定终结破产清算程序，国泰投资公司债权未获得清偿。

2010 年 12 月 27 日，国泰海口营业部以海南高院 9–16 号裁定及其行为违法，并应予返还 9–11 号裁定抵债房产或赔偿相关损失为由向该院申请国家赔偿。2011 年 7 月 4 日，海南高院作出（2011）琼法赔字第 1 号赔偿决定，决定对国泰海口营业部的赔偿申请不予赔偿。国泰海口营业部对该决定不服，向最高人民法院赔偿委员会申请作出赔偿决定。

裁判要点：被执行人海南租赁公司没有清偿债务能力，因其对第三人中标公司享有到期债权，中标公司对此未提出异议并认可履行债务，中标公司隐瞒其与案外人已签订售房合同并收取大部分房款的事实，与国泰海口营业部及海南租赁公司三方达成《执行和解书》。海南高院据此作出9–11号裁定。但上述执行和解协议侵犯了案外人的合法权益，国泰海口营业部据此取得的争议房产产权不应受到法律保护。海南高院9–16号裁定系在执行程序中对案外人提出的执行异议审查成立的基础上，对原9–11号裁定予以撤销，将已被执行的争议房产回复至执行前状态。该裁定及其执行回转行为不违反法律规定，且经生效的海口中院（2003）海中法民再字第37号民事判决所认定的内容予以印证，其实体处理并无不当。国泰海口营业部债权未得以实现的实质在于海南租赁公司没有清偿债务的能力，国泰海口营业部及其债权受让人虽经破产债权申报，仍无法获得清偿，该债权未能实现与海南高院9–16号裁定及其执行行为之间无法律上的因果联系。因此，海南高院9–16号裁定及其执行回转行为，不属于《中华人民共和国国家赔偿法》及相关司法解释规定的执行错误情形。

案例索引：指导案例43号。

23. 生效判决已经明确判定的权利人，虽然没有参加诉讼，但其缺席诉讼的行为并不表示其当然放弃了执行阶段的权利，更不意味着其放弃了行使履行请求权的权利。因此，可以作为申请执行人申请执行。

关键词：执行异议　执行复议　执行主体　股东　增资

案情简介：浙江高院（2009）浙商初字第1号民事判决和最高人民法院（2010）民二终字第101号民事判决就新湖集团与浙江玻璃股份有限公司（以下简称浙江玻璃）、董某华、冯某珍公司增资纠纷一案作出如下认定：青海碱业原注册资本为人民币54806万元，股东为浙江玻璃、董某华、冯某珍，各持股92.737%、6.537%和0.726%。2007年6月21日，新湖集团与浙江玻璃、董某华、冯某珍签订《关于青海碱业有限公司增资扩股协议书》（以下简称《增资协议》），约定新湖集团单方面增资青海碱业，以现金90460万元认购青海碱业增资后的35%股权，其中29510.77万元投入注册资本，溢价部分60949.23万元计入青海碱业的资本公积金。增资完成后，青海碱业注册资本将增加至84316.77万元，股东及持股比例将变更为浙江玻璃60.279%、新湖集团35%、董某华4.249%、冯某珍0.472%。该协议对出资方式及出资期限、公司治理、违约责任等内容均作了具体约定。协议签订后，新湖集团按约向青海碱业分批出资了人民币合计5亿元，按照约定比例，其中投入注册资本163115023.2元，计入资本公积金336884976.79元，尚余40460万元未投入。而后，青海碱业变更工商登记注册资本为84316.77万元（经审验，截至2008年8月28日，青海碱业变更后的累计注册资本84316.77万元，实收资本71117.5023万元），新湖集团依约持有35%股权，并办理了股东名册的变更记载和相关工商变更登记手续。因浙江玻璃等对青海碱业的控制，新湖集团未能享受到《增资协议》及公司章程规定的知情权、决策权、参与管理权、财务监督权等股东权利。新湖集团遂于2009年5月26日向浙江高院提起诉讼，请求终止继续履行出资40460万元的义务，并要求浙江玻璃向其支付违约金15000万元，董某华、冯某珍承担连带责任。审理中，浙江玻璃提起反诉，请求判令新湖集团向青海碱业出资40460万元，并向浙江玻璃支付违约金15000万元。青海碱业作为本诉和反诉案件第三人，经法院传唤，无正当理由拒不到庭参加诉讼。2010年6月4日，浙江高院作出（2009）浙商初字第1号民事判决，判令：一、新湖集团于判决生效后十日内将本案《增资协议》第1条第1.2款第7项下40460万元出资义务中的131992676.8元交付青海碱业，投入青海碱业注册资本。《增资协议》第1条第1.2款第7项下其余义务终止履行；二、浙江玻璃于判决生效后十日内向新湖集团支付违约金人民币15000万元；三、驳回新湖集团其他诉讼请求；四、驳回浙江玻璃其他反诉请求。新湖集团和浙江玻璃不服该判决，分别向最高人民法院提起上诉。2010年12月6日，最高人民法院作出（2010）民二终字第101号民事判决，维持了一审判决。

此外，新湖集团于2010年9月26日向浙江玻璃、董某华、冯某珍寄送了解除《增资协议》的通知。并于同年11月22日向浙江高院起诉，请求法院判令浙江玻璃、董某华、冯某珍返还新湖集团出资款中的资本公积金

336884976.79 元，青海碱业承担连带返还责任。浙江高院依照浙高法（2010）284 号《关于对以浙江玻璃股份有限公司、光宇集团有限公司及其关联企业为被告或者被执行人的案件实行集中审理和执行的通知》，将该案转绍兴市中级人民法院（以下简称绍兴中院）审理。绍兴中院于2011年5月12日作出（2010）浙绍商初字第 95 号民事判决。浙江玻璃不服，向浙江高院提起上诉。该院于 2011 年 12 月 16 日作出（2011）浙商终字第 36 号民事判决，认定：由于浙江玻璃的违约行为致使新湖集团不能实现《增资协议》目的，新湖集团有权解除合同，《增资协议》已实际解除。但新湖集团投入青海碱业的 336884976.79 元资本公积金已成为青海碱业的公司资产，依据《公司法》资本维持原则和《增资协议》的约定，新湖集团不得向浙江玻璃、董某华、冯某珍和青海碱业主张返还该资本公积金。遂判决：一、撤销绍兴中院作出的（2010）浙绍商初字第 95 号民事判决；二、驳回新湖集团的诉讼请求。新湖集团不服上述判决，向最高人民法院申请再审，最高人民法院作出（2013）民申字第 326 号民事裁定，认定：在《增资协议》履行过程中，因浙江玻璃的根本违约行为，新湖集团采用通知方式解除了该合同，但《增资协议》的性质决定新湖集团所诉的资本公积金 336884976.79 元不能予以返还，遂驳回了新湖集团的再审申请。

2012 年 11 月 22 日，因新湖集团未履行生效判决所确定的义务，青海碱业向新湖集团发出要求其履行生效判决的函，新湖集团于 2012 年 12 月 5 日复函青海碱业。2014 年 8 月 15 日，海西州发展投资有限责任公司向海西蒙古族藏族自治州中级人民法院（以下简称海西中院）申请对青海碱业进行破产清算，海西中院于 2014 年 8 月 29 日受理了该破产申请，并指定青海盛通律师事务所与青海大正会计师事务所担任该破产清算案件管理人。2014 年 10 月 5 日，青海碱业破产管理人书面通知新湖集团要求其补缴尚未到位的款项，并于 11 月 20 日向浙江高院邮寄递交了强制执行申请。浙江高院于 2014 年 12 月 4 日立案受理，并于 12 月 8 日、12 月 22 日向被执行人新湖集团发出执行通知书，要求其在十日内向青海碱业交付人民币 131992676.8 元及迟延履行期间债务利息 68910810.03 元。

2014 年 12 月 29 日，被执行人新湖集团向浙江高院提出执行异议，请求驳回青海碱业破产管理人对本案的执行申请，终止对新湖集团的执行程序。具体理由如下：1. 青海碱业及其破产管理人不是申请执行的适格主体。本案执行依据的是《增资协议》，青海碱业不是该协议的缔约主体，无权依据协议要求各方继续履行或追究任何一方的违约责任；青海碱业在该案一、二审判决中属于无独立请求权的第三人，根据相关法律规定，无独立请求权的第三人只有在被判决承担民事责任时才享有完整的诉讼权利，本案青海碱业不享有申请执行的权利；青海碱业未参加诉讼、未提出诉讼请求，对其相关权益进行审理并执行，违反了"不告不理"的基本原则；本案并非浙江玻璃股东代位权诉讼或者股东代表诉讼。2. 新湖集团对青海碱业缴付出资的义务已实际履行。新湖集团行使了《合同法》上的解除权，《增资协议》已实际解除；浙江玻璃应返还，且该款超过应补缴的1.3亿余元注册资本认缴额，可视为该1.3亿余元的出资义务已实际履行。3. 青海碱业申请执行已过申请执行时效。青海碱业未在判决生效后两年内向法院申请执行，且不存在因不可抗力无法申请执行等事由。

青海碱业答辩称：新湖集团所提出的异议理由均不能成立，应依法驳回其异议请求。具体答辩意见如下：

1. 关于青海碱业是否系适格的申请执行主体问题。（1）本案属于股东派生诉讼，诉讼利益归于青海碱业；（2）出资不实股东应承担的资本充实责任不仅是股东之间的约定义务，更是其法定责任。股东出资不实，实质上是一种侵害公司法人财产权的行为；（3）破产管理人是法院在受理企业破产申请后由其依法指定的全面接管破产企业，负责其破产清算分配的法定工作机构，同时依法享有破产企业的权利和承担相应义务。破产管理人有权代表债务人提起诉讼，主张出资人向债务人依法缴付未履行的出资或者返还抽逃的出资本息。故青海碱业及其破产管理人依法有权要求新湖集团履行出资义务并申请强制执行，其申请执行主体适格。2. 关于新湖集团提出的解除合同问题。（1）没有证据证明新湖集团已向相对方股东和青海碱业送达；（2）解除合同通知系在二审上诉期间所为，解除合同通知所表达的主张和诉求，已经包含于正在审理的案件当中，并被一、二审法院认定的事实及判决所吸收和取代；（3）涉及股权协议的解除不同于一般的买卖合同，不能直接以通知方式解除，应当依法办理工商变更登记后方为有效。因此解除合同的通知未得到相对方股东响应而未生效，且终审判决已确定新湖集团出资义务部分终止、部分履行，该合同解除没有实质意义。3. 关于申请执行时效问题。本案终审判决于 2010 年 12 月 6 日生效，青海碱业于 2012 年 11 月 22 日向新湖集团发出要求其履行生效判决的函，新湖集团于 2012 年 12 月 5 日出具复函。海西中院于 2014 年 8 月 29 日受理有关青海碱业的破产申请。上述事实符合相关法律对于申请执行时效中止中断的规定，没有超过申请执行时效。4. 新湖集团所提异议涉及生效判决的实体内容，属于滥用诉权的行为。

浙江高院认为，本案双方当事人的争议焦点主要在于：青海碱业及其破产管理人申请执行主体是否适格；《增资协议》是否已解除，如果解除了，新湖集团已缴纳的 336884976.79 元增资溢价款能否视为其 131992676.8 元出资义务已实际履行；青海碱业破产管理人申请执行是否已过时效。

（一）关于申请执行主体是否适格问题。首先，《中华人民共和国公司法》（以下简称《公司法》）第一百五十一条规定了股东代表诉讼的前置条件，即有资格提起代表诉讼的股东必须先书面请求监事会、不设监事会的有限责任公司的监事向人民法院提起诉讼。董事会、不设董事会的有限责任公司的执行董事、监事会、不设监事会的有限责任公司的监事收到该书面请求后拒绝起诉，或者自收到请求之日起三十日内未提起诉讼，或者情况紧急，不立即提起诉讼将会使公司利益受到难以弥补的损害的，前述股东才可以为了公司的利益以自己的名义直接向人民法院提起诉讼。《公司法》第二十八条第二款规定，已按期足额缴纳出资额的股东可直接起诉要求未按期足额缴纳出资的股东继续履行出资义务并承担违约责任，无须通过股东代表诉讼的方式行使诉权。本案执行依据已明确认定，该案既涉及股权权益纠纷，又涉及增资协议履行纠纷，系股东权益纠纷与合同违约纠纷之竞合。故申请执行人提出该案系股东代表诉讼的主张，缺乏事实和法律依据，不予支持。其次，本案执行依据判决新湖集团向青海碱业交付 131992676.8 元，支持的是浙江玻璃提出的诉讼请求。青海碱业系案件第三人，在诉讼过程中，经法院传唤无正当理由拒不到庭参加诉讼，未提出任何诉讼请求。《最高人民法院关于适用〈中华人民共和国民事诉讼法〉的解释》第四百六十三条规定“当事人申请人民法院执行的生效法律文书应当具备下列条件……”并未赋予案件第三人申请执行的权利，且青海碱业拒不到庭未参与有关诉讼，放弃了相应的诉讼权利，亦不得享有申请执行的权利。故青海碱业及其破产管理人申请执行主体不适格，异议人该异议理由成立，应予采纳。

（二）关于《增资协议》是否已解除，增资溢价款部分能否视为对131992676.8元出资义务的实际履行问题。浙江高院（2011）浙商终字第36号民事判决和最高人民法院（2013）民申字第326号民事裁定均已明确《增资协议》已解除，但新湖集团缴付的336884976.8元增资溢价款已计入青海碱业的资本公积金，属于青海碱业的公司资产，新湖集团不得主张返还。本案执行依据已明确认定，青海碱业的增资已经办理了工商登记，注册资本为84316.77万元，实收资本为71117.50232万元，尚有131992676.8元注册资本未实际缴付。新湖集团持有35%的股权已在青海碱业的股东名册及工商机关进行了登记，其认缴的29510.77万元出资额未完全缴纳，尚缺131992676.8元应予补足，判令新湖集团将131992676.8元交付青海碱业，投入青海碱业注册资本。异议人新湖集团主张增资溢价款336884976.8元可视为对131992676.8元出资义务的实际履行，与上述已生效判决相左，不予支持。

（三）关于申请执行时效问题。《中华人民共和国民事诉讼法》第二百三十九条第一款的规定：“申请执行的期间为二年。申请执行时效的中止、中断，适用法律有关诉讼时效中止、中断的规定。”《最高人民法院关于审理民事案件适用诉讼时效制度若干问题的规定》第十三条规定：“下列事项之一，人民法院应当认定与提起诉讼具有同等诉讼时效中断的效力：……（三）申请破产、申报破产债权……”《最高人民法院关于适用〈中华人民共和国民事诉讼法〉执行程序若干问题的解释》第二十八条规定：“申请执行时效因申请执行、当事人双方达成和解协议、当事人一方提出履行要求或者同意履行义务而中断。从中断时起，申请执行时效期间重新计算。”上述规定已明确，申请执行时效因当事人一方提出履行要求或者同意履行义务而中断，异议人关于申请执行中断必须以申请执行为前提的观点，和法律规定相冲突，不予采纳。本案终审判决于2010年12月6日生效，申请执行时效期间至2012年12月6日。青海碱业于2012年11月22日向新湖集团提出履行要求，新湖集团于2012年12月5日复函，故申请执行时效中断，期间重新计算。2014年8月29日，海西中院受理了对青海碱业的破产申请，青海碱业破产管理人于2014年11月20日向浙江高院邮寄递交了强制执行申请。故青海碱业破产管理人申请执行并未超过法定时效期间，异议人的异议理由缺乏事实和法律依据，不予采纳。综上，浙江高院作出（2015）浙执异字第1号执行裁定，驳回了青海碱业破产管理人的执行申请。

青海碱业破产管理人不服上述异议裁定，向最高人民法院申请复议，其主要理由与异议阶段答辩意见基本相同，另增加以下三项：一、浙江高院异议裁定认定本案不属于股东代表诉讼属于认定错误；二、青海碱业作为本案生效判决确定的第三人，属于民事诉讼中的当事人，是本案的权利主体，符合法律对申请执行人主体资格规定的条件；三、浙江高院执行部门对于已生效判决作出实体审查违反法律基本原则。综上，请求撤销（2015）浙执异字第1号执行裁定，责令浙江高院对该执行案件立即执行。

裁判要点：

本案的争议焦点是青海碱业及其破产管理人作为生效判决确定的享有实体权利的第三人，是否具有申请执行的主体资格。

首先，本案中，青海碱业虽然不是《增资协议》的缔约主体，但该协议明确约定了由新湖集团向青海碱业出资的相关义务。因新湖集团未依约足额缴纳出资，青海碱业是本案第三人，生效判决确定了新湖集团向青海碱业承担补足出资义务，青海碱业根据生效判决享有实体权利。根据《最高人民法院关于人民法院执行工作若干问题的规定（试行）》第18条的规定："人民法院受理执行案件应当符合下列条件：（1）申请或移送执行的法律文书已经生效；（2）申请执行人是生效法律文书确定的权利人或其继承人、权利承受人……"本案中，青海碱业是生效判决已经明确判定的权利人，其符合上述规定中申请执行人的条件。青海碱业虽然没有参加诉讼，放弃了诉讼阶段的权利，但诉讼程序与执行程序是相对独立的程序，其缺席诉讼的行为并不表示其当然放弃了执行阶段的权利，更不意味着其放弃了行使履行请求权的权利。浙江高院认为法律未赋予第三人申请执行的权利，并认为青海碱业未到庭参加诉讼即不得享有申请执行权利，缺乏法律依据。

其次，根据《中华人民共和国企业破产法》第二十五条的规定："管理人履行下列职责：……（六）管理和处分债务人的财产；（七）代表债务人参加诉讼、仲裁或者其他法律程序；……"债权人破产后，其包括诉讼、申请执行等在内的权利义务应由其破产管理人代为行使。该法第三十五条规定："人民法院受理破产申请后，债务人的出资人尚未完全履行出资义务的，管理人应当要求该出资人缴纳所认缴的出资，而不受出资期限的限制。"破产管理人作为全面接管破产企业、对破产财产进行估价、变价、处分和分配的法定机构，其职能旨在公平、合法保护破产企业的权利、保障破产企业债权人的权利，而正是基于这一职责，其有权要求出资不足的股东继续补缴认缴出资，纳入破产企业财产，从而实现破产清算之最终目的。本案中，青海碱业破产管理人即代表青海碱业行使权利承担义务，其有权向人民法院申请强制执行，要求新湖集团根据生效判决履行补足出资的义务。

此外，作为本案执行依据的生效判决明确认定了讼争案件属于增资纠纷与股东权益纠纷的竞合，浙江玻璃对新湖集团提起的诉讼并不符合《中华人民共和国公司法》第一百五十一条规定的股东代表诉讼的构成要件。但无论本案是否属于股东代表诉讼，均不影响青海碱业及其破产管理人根据本案执行依据向人民法院申请强制执行的权利。

案例索引：（2015）执复字第17号。

24. 执行程序中，申请执行人在履行《民事调解书》的过程中与被执行人就是否构成违约以及违约责任应如何承担产生争议的，应当另行通过诉讼解决。

关键词：调解　违约　执行异议

案情简介：2014年12月5日，青海高院就宇通公司与青海鑫恒铝业有限公司（以下简称鑫恒公司）、青海黄河有色金属有限公司（以下简称黄河公司）买卖合同纠纷一案作出（2014）青民二初字第29号民事调解书（以下简称《民事调解书》），确认：一、由鑫恒公司以铝锭代黄河公司偿还宇通公司欠款12471935.8元，铝锭单价为每吨14800元。二、由宇通公司自双方签收调解书十日后至十五日内，到鑫恒公司厂区内自提铝锭。三、宇通公司应在提货前三日内书面通知鑫恒公司。四、铝锭合格证及相关手续由鑫恒公司提供，并提供铝锭的增值税发票。五、若宇通公司书面通知鑫恒公司提货后，鑫恒公司拒绝，视为违约。鑫恒公司按照12471935.8元每日千分之五承担违约金。六、若鑫恒公司拒绝履行，鑫恒公司同意将现青海高院查封的黄河公司账户中的款项支付给宇通公司，作为上述欠款的部分履行款。

2014年12月14日，宇通公司依据《民事调解书》第二项内容的约定，向鑫恒公司书面提出拉运铝锭的通知，要求自提铝锭，并制作了拉铝锭的计划。后在12月15日至16日宇通公司与鑫恒公司董事长李某军及北京鑫恒集团青海润丰贸易公司主管销售的处长冯某民的反复沟通下，最终鑫恒公司未同意宇通公司提走铝锭。2014年12月17日，宇通公司向青海高院申请强制执行，青海高院于2015年1月5日立案。2015年1月9日至11日，在执行人员的主持下，宇通公司从鑫恒公司提走754.73吨铝锭。2015年1月14日和2月2日，宇通公司以特快专递方式两次向鑫恒公司索要增值税发票未果。宇通公司认为鑫恒公司违约，未再提取剩余87吨铝锭。

2015年2月4日，宇通公司向青海高院提出执行异议如下：1. 依据《民事调解书》第四项，要求鑫恒公司向宇通公司开具铝锭754.73吨的增值税发票，并追究其延期开票的违约责任；2. 依据《民事调解书》第五项，执行鑫恒公司违约24天的违约金149.66323万元并支付给宇通公司；3. 依据《民事调解书》第六项，执行青海高院查封的被执行人银行存款279万元中支付给申请人130.19318万元欠款和违约金；4. 申请执行鑫恒公司拒不履行和不完全履行《民事调解书》给申请执行人造成的其他经济损失如差旅费等支出。

青海高院认为，从宇通公司提出的四点理由来看，由于异议人与被执行人之间有意见分歧，违约的界限不易判定，故不能作出实体处理。该异议不属于《中华人民共和国民事诉讼法》第二百二十五条规定的异议范围，该条只适用于审查应当实施或不应当实施具体执行行为，也就是是否采取执行措施问题。本案于2015年1月5日立案执行，执行人员向当事人送达了（2015）青执字第3号执行通知书、《提供被执行人财产状况通知书》《执行裁定书》。2015年1月9日至11日，在执行人员的主持下，宇通公司拉走了754.73吨汽车铝锭。执行中执行人员采取了相应的执行措施，符合法律规定，宇通公司提出不拉剩余87吨铝锭，认为鑫恒公司违反了《民事调解书》约定的义务，应当以法院查封的被执行人银行存款279万元中支付给申请人130.19318万元欠款和违约金的异议理由不能成立。鉴于对违约问题有明显分歧，应当另诉解决。综上青海高院作出（2015）青执异字第1号执行裁定，驳回了宇通公司的异议。

宇通公司不服上述裁定，向最高人民法院申请复议，主要理由与异议理由基本相同，另增加以下两项：一、青海高院执行法官存在消极执行行为应予纠正；二、本案违约事实明确，应当追究鑫恒公司的违约责任，无须另诉，青海高院（2015）青执异字第1号裁定，认定事实错误，应予撤销。

最高人民法院对青海高院查明的事实予以确认。另查明，在对鑫恒公司法定代表人李某军、该公司代理人王某伟及宇通公司顾问张某军的询问和谈话笔录中，李某军承认在《民事调解书》生效后由于缺乏沟通等其他原因存在没有及时配合宇通公司拉铝锭的情形，但认为违约期间应当是19天，而该公司代理人王某伟不承认违约事实存在，宇通公司则认为违约期间应当是24天。

裁判要点：本案的焦点问题是，执行程序中，申请执行人在履行《民事调解书》的过程中与被执行人就是否构成违约以及违约责任应如何承担产生争议，该争议能否在执行程序中予以解决。

一、宇通公司与鑫恒公司就履行《民事调解书》产生争议，不属于异议及复议案件的范围。根据《中华人民共和国民事诉讼法》第二百二十五条的规定，当事人及利害关系人认为执行法院的执行行为违反法律规定的，可以提出执行异议，对执行法院作出的异议裁定不服的，可以向上一级人民法院申请复议。其审查的客体是执行法院的执行行为是否违法。本案立案后，执行法院根据《民事调解书》第一项内容采取了执行措施，其执行行为符合法律规定。其后宇通公司和鑫恒公司在履约过程中对违约责任的构成和承担问题产生了分歧，对如何履行《民事调解书》主张不一，双方当事人对于彼此实体权利义务关系产生争议，继而由于这一争议导致案件无法继续执行，并不存在执行法院的执行行为违反法律规定，损害当事人合法权益的情形，故宇通公司的异议及复议请求不属于执行异议及复议案件的审查范围。

二、宇通公司的相关诉求超出了本案执行依据确定的内容，可以通过另行诉讼主张权利。结合作为本案执行依据的《民事调解书》中确定的内容，分析宇通公司在异议阶段和复议阶段提出的诉求，可以看出：第一，双方对违约责任构成、违约期间计算存有争议；第二，双方对于违约责任如何承担存有争议，宇通公司要求鑫恒公司承担逾期开具增值税发票的违约责任，而本案执行依据《民事调解书》中对逾期开具发票是否承担违约责任并未作出明确约定；第三，宇通公司要求从法院查封的被执行人账户中支付尚欠货款及违约金，而《民事调解书》中对违约金部分是否由被查封的款项中支出亦未约定；第四，宇通公司要求鑫恒公司承担因其不完全履约造成的其他损失，而这更超出了《民事调解书》的内容。执行程序不同于审判程序，其本身的性质和功能决定了对于当事人超出执行依据的实体权利诉求在执行程序中无法得到实现，宇通公司可以通过另行诉讼以实现其权利救济。

案例索引：（2015）执复字第14号。

25. 申请执行人在拍卖标的物两次拍卖流拍后未及时提出以物抵债的，也可以在第三次拍卖停止后提出申请。

关键词：拍卖　流拍　以物抵债

案情简介：中国华融资产管理公司南宁办事处（以下简称华融南宁办事处）与被执行人伶俐公司、广西博天交通投资有限责任公司借款合同纠纷一案，2009年8月18日，南宁市中级人民法院（以下简称南宁中院）作出（2009）南市民二初字第45号民事判决。2010年2月2日，华融南宁办事处将（2009）南市民二初字第45号民事判决项下的债权及担保权转让给广西北部湾泰达资产管理有限责任公司，该公司于2010年5月25日向南宁中院申请执行，执行标的为1200万元及利息。后经多次转让，将本案债权及担保权转让给万伴公司。2010年6月10日，南宁中院查封了伶俐公司位于南宁市邕宁区伶俐镇邕国用（2004）第12607-1号109250.78平方米工业（出让）用地使用权，并于2011年8月5日裁定拍卖上述查封土地。此后，南宁中院委托广西鑫正房地产评估有限公司（下称鑫正评估公司）对查封土地进行评估，2011年11月15日，该评估公司作出广西鑫正（2011）地估字第0449号评估报告：土地使用权评估单价272元／平方米，土地使用权评估总价2971.6212万元。2012年3月8日、7月23日，伶俐公司认为土地使用权的评估价值过低提出异议。鑫正评估公司于3月21日、8月3日作出两次答复。2012年5月25日，执行法院以摇珠的方式选定广西利盛拍卖有限公司（以下简称利盛拍卖公司）公开拍卖。同年8月7日、31日利盛拍卖公司先后以2972万元、2400万元对上述评估宗地两次公开拍卖，均因无人报名而流拍。拟于2012年9月24日进行第三次拍卖（起拍价1900万元），其间被执行人提出其公司与他人在拍卖宗地上存在租赁关系，存在附着物，要求重新评估，南宁中院遂以拍卖宗地存在瑕疵为由通知利盛拍卖公司停止拍卖。停止拍卖后，南宁中院查明，涉案宗地被查封后，伶俐公司将该宗地租赁给广西广宇置业投资有限公司（以下简称广宇公司），广宇公司承租后先后与南宁市伶森木材加工厂、龙桂胶合板厂、鑫联木业加工厂等企业合作，在查封土地上搭建厂房、安装机器设备（未经有关部门批准搭建）。南宁中院曾于2011年11月5日、2012年6月19日向伶俐公司发出通知和公告，告知查封期间不得在该宗地上建筑房屋，设定权利负担，对已搭建的房屋等责令限期拆除，违反则承担法律责任。第三次停止拍卖后，申请执行人万伴公司于2012年10月29日向南宁中院申请以第二次拍卖底价2400万元抵偿相应债务，承诺该宗土地变更到万伴公司名下后将妥善处理好抵债土地设定的权利。同年11月26日，南宁中院作出（2010）南市执字第101-6号执行裁定，将伶俐公司位于南宁市邕宁区伶俐镇邕国用（2004）第12607-1号109250.78平方米工业（出让）用地使用权作价2400万元抵偿万伴公司相应债务，同时向南宁市国土资源局发出协助执行通知书。

2013 年 8 月 5 日，涉案宗地变更登记在万佯公司名下。此后万佯公司与广宇公司等重新签订了租赁合同，允许广宇公司等单位在该宗地上继续经营。

2013 年 8 月 14 日，伶俐公司认为拍卖土地评估价位过低、涉案宗地经两次流拍，第三次拍卖被叫停后，南宁中院即以第二次起拍价 2400 万元的价格将涉案宗地抵偿给申请执行人的行为违反法律规定，损害其公司利益，向南宁中院提出异议，请求撤销（2010）南市执字第 101–6 号执行裁定。

南宁中院认为：鑫正评估公司作出的评估价格涉及专业实体知识，评估程序合法，且已及时作出合理有效的答复，该问题不再审查评述。裁定将涉案土地以第二次拍卖底价抵偿申请执行人，没有违反《最高人民法院关于民事执行中拍卖、变卖财产的规定》，未损害伶俐公司的利益，且也妥善处理了抵债宗地上的租赁关系。于 2013 年 11 月 6 日作出（2013）南市执异字第 29 号执行裁定，驳回伶俐公司的执行异议。

伶俐公司不服向广西高院申请复议，请求撤销南宁中院（2010）南市执字第 101–6 号执行裁定及（2013）南市执异字第 29 号执行裁定。理由：1. 抵债宗地评估价格明显过低，损害其公司的利益；2. 抵债宗地还有建筑物，存在漏评；3. 抵债宗地第三次拍卖时有多个单位和自然人报名竞拍，执行法院却在暂停拍卖期间就直接将涉案宗地抵债给申请执行人，损害被执行人的利益；4. 执行法院对伶俐公司的执行异议未在法定期限审结，程序违法。

广西高院查明，涉案宗地是原邕宁县水泥厂的工业划拨用地，2004 年 4 月，邕宁县水泥厂实行改制，将涉案宗地出让给伶俐公司，同年 5 月 28 日该公司办理了更名手续。

广西高院认为：关于涉案宗地评估价格问题，经询南宁市国土资源局，对初次转让的工业划拨用地，按行政区域不同而执行不同的等级标准。伶俐公司在 2004 年改制时已按当时的时点向南宁市国土资源局缴纳了出让金，完成了初次转让，此后涉案宗地进入市场流转行列，不再受行政区域及用地性质最低出让标准的约束。

关于涉案宗地是否存在漏评问题，南宁中院对该宗土地进行查封时，该土地上尚存两间空弃的小房、一个类似水塔和城堡的建筑，价值不高，故仅对土地价值委托评估。因此，南宁中院对查封后形成的财产未进行评估也不违反法律规定。

关于执行异议未在法定期限内审结问题，南宁中院未在法定的十五日内对执行异议审查完毕，存在瑕疵。

关于在第三次拍卖程序启动后能否直接抵债问题，《最高人民法院关于人民法院民事执行中拍卖、变卖财产的规定》第十九、二十八条有关抵债的规定，显然是拍卖程序完成后发生的抵债交付行为。《最高人民法院关于适用〈中华人民共和国民事诉讼法〉若干问题的意见》第三百零二条规定："被执行人的财产无法拍卖或变卖的，经申请执行人同意，人民法院可以将该项财产交付申请执行人抵偿债务……"本案第三次拍卖开始后，已有多人报名参加竞拍，且也交纳了保证金。尽管被执行人因拍卖宗地存在瑕疵提出异议而引起拍卖程序中断，但在暂缓拍卖事由查清后，不存在无法拍卖的障碍，南宁中院却不恢复拍卖，将涉案宗地抵债给申请执行人万佯公司，程序违法。

综上，司法拍卖的目的，既要实现申请执行人的债权，也要保护被执行人的利益。涉案宗地的第三次拍卖，在暂缓拍卖的原因消除后，执行法院未恢复拍卖就径直抵债，未能使被执行人的财产价值实现最大化，损害被执行人的利益，应予纠正。伶俐公司关于暂缓拍卖期间将拍卖物抵债给申请执行人，损害其公司利益理由成立，应予支持。广西高院作出（2014）桂执复字第7号执行裁定，撤销了南宁中院（2010）南市执字第101-6号和（2013）南市执异字第29号执行裁定。

万佯公司不服向最高人民法院诉称，南宁中院根据申请执行人的申请裁定涉案土地使用权以第二次保留价以物抵债符合法律规定，并不损害被执行人的利益；广西高院复议裁定事实不清、理由不当、程序违法、适用法律不当，严重损害申诉人合法权益。

裁判要点：本案的焦点问题是，涉案土地在两次拍卖流拍后，申请执行人未及时提出以物抵债，却在第三次拍卖停止后申请以物抵债，是否违反法律规定。

《最高人民法院关于人民法院民事执行中拍卖、变卖财产的规定》第十九条第一款规定："拍卖时无人竞买或者竞买人的最高应价低于保留价，到场的申请执行人或者其他执行债权人申请或者同意以该次拍卖所定的保留价接受拍卖财产的，应当将该财产交其抵债。"第二十八条第一款规定："对于第二次拍卖仍流拍的不动产或者其他财产权，人民法院可以依照本规定第十九条的规定将其作价交申请执行人或者其他执行债权人抵债。申请执行人或者其他执行债权人拒绝接受或者依法不能交付其抵债的，应当在六十日内进行第三次拍卖。"上述司法解释并未明确规定以物抵债的时间，申请执行人在第二次拍卖流拍后何时申请以物抵债，并没有规定必须在拍卖流拍后及时提出申请；本案虽然启动了第三次拍卖程序，但已被停止，实际未进行第三次拍卖，执行法院根据申请执行人的申请裁定以物抵债并不违法；虽然南宁中院在第三次拍卖已启动因故暂停后，不继续启动拍卖而直接以第二次拍卖保留价裁定以物抵债的行为，存在瑕疵，但不足以引起以物抵债裁定无效，该裁定应予维持。

本案在评估、拍卖过程中并未发现明显的程序违法问题，被执行人在执行法院查封涉案土地后违法出租，且未按照法院的要求解除违法出租，这也是导致前两次拍卖流拍的重要因素，也没有证据证明涉案土地在拍卖期间有大幅升值，因此综合两次流拍及其他因素，并不存在评估价格过低问题。在此情况下进行第三次拍卖，不能得出拍卖价格一定超过第二次拍卖保留价的结论，且第三次拍卖被停止也是被执行人的原因所致，所以不能认定以物抵债裁定损害了被执行人的利益。

案例索引：（2014）执申字第239号。

26. 申请执行人在审判程序中对被执行人申请撤诉，仍然可以在执行程序中再申请追加其为被执行人。

关键词：撤诉　追加被执行人

案情简介：人保公司与深圳东方实业有限公司（以下简称东方公司）、沧州金融市场、河北省融资中心借款担保合同纠纷一案，经最高人民法院（2000）经终字第89号民事判决，东方公司应赔偿人保公司1000万元及相应利息，沧州金融市场承担连带责任。河北高院于2004年2月19日立案执行，后于

2004 年 4 月 14 日指定沧州市中级人民法院（以下简称沧州中院）执行。

沧州中院查明，被执行人东方公司、沧州金融市场均已被工商部门吊销和注销营业执照，且无财产可供执行。后于 2013 年 4 月 11 日分别作出了（2004）冀执指（沧）字第 17–1 号执行裁定和第 17–2 号执行裁定，分别追加中国人民银行沧州分行（现中国人民银行沧州市中心支行，以下简称沧州人行）和河北方达进出口公司为本案的被执行人。上述裁定送达后，沧州人行和河北方达进出口公司分别提出异议（河北方达进出口公司异议已另案裁决）。

对于沧州人行的异议申请，沧州中院审查认为，以河北高院执行卷中关于沧州金融市场《内资营业注销基本情况》为依据，裁定追加沧州人行为本案被执行人证据不足，显属不妥。异议人沧州人行提交的营业执照副本和工商登记机关的证据，证据效力优于该情况表。故异议人沧州人行提交经质证的相关证据理由充分，沧州人行不应承担沧州金融市场在本案中所承担的连带责任。2013 年 10 月 31 日，沧州中院作出（2013）沧执他字第 91 号裁定，撤销（2004）冀执指（沧）字第 17–1 号执行裁定。

人保公司对（2013）沧执他字第 91 号裁定不服，向河北高院申请复议。理由如下：1. 该案主债务人为东方公司，但在执行程序中查明，该公司已被工商部门吊销营业执照，未办理注销，现人去楼空，无从查找。2004 年 4 月 8 日，沧州市工商行政管理局向法院出具《内资营业注销基本情况》，证明沧州金融市场已于 1997 年 7 月 28 日被注销，企业类型为国有企业分支机构（非法人），登记的规范名称为中国人民银行沧州分行沧州金融市场。沧州中院依人保公司的申请，依据上述事实裁定沧州人行为被执行人并无不当。而在沧州人行提出执行异议后，沧州中院以《内资营业注销基本情况》盖的印章是沧州市工商行政管理局证照专用章，不是单位公章，且该情况表的相关内容和企业名称均与异议人提交的沧州金融市场营业执照不相符为由，撤销了原（2004）冀执指（沧）字第 17–1 号追加裁定，严重违背客观事实，且存在保护倾向。2. 在异议程序中，沧州人行主张该案在诉讼立案时法院采纳了不应列其为被告的请求。但是，综观该案的一、二审判决，均未显示沧州人行的主张被法院采纳的内容。3. 沧州金融市场为沧州人行设立的非法人分支机构，且已注销，沧州人行应依法承担责任。4. 经我公司向沧州市工商行政管理局调取企业法人营业执照号为 10660656–1 的企业注册登记，结果显示该证号注册登记的企业为沧州市工商联服装厂（以下简称服装厂），注册时间是 1991 年 8 月 21 日，注销时间是 1999 年 7 月 1 日。该注册号为服装厂占有使用，沧州金融市场自成立时起，就没有到工商部门办理过任何注册登记手续，其提供的 10660656–1 号企业法人营业执照系造假套用之行为，也证明了沧州金融市场无法人资格的事实。5. 根据最高人民法院法经（1999）第 153 号《关于沧州分行应对沧州金融市场的债务承担清偿责任的答复》，沧州金融市场系沧州人行牵头组建，诉讼前该金融机构根据中国人民银行及河北省分行的文件规定应被撤销。沧州人行还专门成立了河北省融资中心沧州办事处（以下简称沧州办事处）。沧州金融市场的债权债务已由沧州人行接管。因此，沧州人行承担偿还责任并无不当。

河北高院经复议审查查明，该案人保公司于 1998 年 3 月 26 日向河北高院提起民事诉讼的民事诉状中所列被告，第一被告为东方公司、第二被告为沧州人行、第三被告为沧州办事处。诉讼的事实理由是："……第二被告沧州人行开办的沧州金融市场不具备法人资格，而且现已撤销，其债权债务由第三被告沧州办事处（后变更河北省融资中心为第三被告）负责清理，故上述二被告应依照合同约定，对第一被告的借款承担连带责任……" 1998 年 8 月 12 日，人保公司向河北高院提出申请，该申请书中载明，"申请事项：（1）撤销对沧州人行的起诉。（2）追加金融市场为被告"。河北高院于 1998 年 12 月 15 日作出（1998）冀经一初字第 212 号民事判决：一、被告东方公司偿还原告人保公司本金 1000 万元及利息；二、被告金融市场承担连带责任；三、驳回人保公司对被告河北省融资中心的诉讼请求。最高人民法院终审维持原判。两院判决均未列沧州人行为诉讼主体，也未确认其责任。

河北高院认为，人保公司在本案诉讼时，将沧州人行列为第二被告，但之后人保公司向河北高院申请撤销对沧州人行的起诉，并申请追加沧州金融市场为本案被告。该行为应视为人保公司自愿在本案诉讼时放弃了对沧州人行起诉的行为。沧州人行是否在本案中承担责任，未能在诉讼程序中得到确认，是其撤销对沧州人行起诉所致，且生效判决也驳回了人保公司关于融资中心应承担连带责任的诉讼请求。而在执行程序中，人保公司又申请追加在诉讼程序中由其申请撤销起诉的沧州人行为本案被执行人，超出执行程序管辖范围，且无法律依据。故就本案情况而言，执行程序不宜追加沧州人行为被执行人。申请复议人人保公司复议理由不成立，河北高院不予支持；其他请求河北高院不予审查。虽然沧州中院认定的事实理由与河北高院不同，但所裁决的主文部分应予维持。2013 年 12 月 19 日，河北高院作出（2013）冀执复字第 63 号裁定，驳回人保公司的复议申请；维持沧州中院（2013）沧执他字第 91 号执行裁定。

人保公司不服上述裁定，向最高人民法院申诉请求撤销河北高院复议裁定，追加沧州人行为被执行人。主要理由是：1. 湖南省高级人民法院（1998）湘法经一终字第 81 号另案民事判决书确认“其（沧州金融市场）已不具备独立承担民事责任的能力，其民事责任依法应当由开办单位中国人民银行沧州分行承担”。最高人民法院法经（1999）第 153 号答复确认：“该金融市场根据中国人民银行及河北省分行的文件规定应被撤销，沧州金融市场的债权债务已由沧州人行接管。”2. 沧州市工商行政管理局出具的《内资营业注销基本情况》，证明沧州金融市场系“国有企业分支机构（非法人）”，已于“1997 年 7 月 28 日”被注销。根据我国《中华人民共和国民事诉讼法》第二百三十二条的规定：“……作为被执行人的法人或其他组织终止的，由其权利义务承受人履行义务。”最高人民法院《关于人民法院执行工作若干问题的规定（试行）》第 78 条规定：“被执行人为企业法人的分支机构不能清偿债务时，可以裁定企业法人为被执行人。企业法人直接经营管理的财产仍不能清偿债务的，人民法院可以裁定执行该企业法人其他分支机构的财产。”根据上述规定应当追加沧州人行为被执行人。3. 起诉与撤诉属于当事人行使的程序上的权利，撤诉后可以再起诉。同时，起诉时的情形与执行时的情势也会发生变化，只要具备法律规定的条件，就可以申请追加被执行人。

裁判要点：本案争议的焦点是，人保公司在审判程序中对沧州人行申请撤诉之后，能否在执行程序中再申请追加其为被执行人。

民事审判程序中的撤诉和执行程序中的追加被执行人属于两种不同的法律程序，依据的事实和适用的法律均不相同。撤诉属于审判程序中当事人享有的权利，只要不违反法律的强制性规定，不损害社会公共利益及他人利益即应准许。原告对被告撤诉之后，只要符合法定条件还可以再次起诉。如果判决中没有明确免除该被告的义务，原告对该被告的撤诉行为就不影响该被告在符合法定条件的情况下继续承担法定义务。追加被执行人则是在执行程序中让案外人承担实体上的义务，如果符合法律或司法解释规定的追加被执行人的条件，即可追加案外人为被执行人，与该案外人是否在审判程序中被申请撤诉并无直接关系。总之，原告撤诉和被告被追加为被执行人不具有法律上的因果关系，不能因为原告曾经对某一被告撤诉就得出该被告不能被追加为被执行人的结论。

本案中，人保公司虽然在审判程序中对沧州人行申请撤诉，但是并没有放弃相应的实体权利，生效判决中也没有判决免除沧州人行的法律责任。在执行程序中，人保公司申请追加沧州人行为被执行人，人民法院应当依据法定的追加被执行人的条件，审查沧州人行是否应被追加为本案被执行人，而不应仅仅因为人保公司曾经在审判程序中申请对沧州人行撤诉，即驳回其追加沧州人行为被执行人的请求。

案例检索：（2014）执监字第230号。

27. 人民法院不能直接以执行异议裁定对当事人变更申请执行人的申请予以审查处理。

关键词： 执行异议　变更申请执行人　裁定　申请

案情简介： 陕西高院依据西安市公证处（2001）西证经字第7029号公证书和西公执字（2002）255号执行证书、（2001）西证经字第7030号公证书和西公执字（2002）256号执行证书，提级执行的申请执行人中国长城资产管理公司西安办事处（以下简称长城公司）与被执行人通济百货、西安派德实业公司借款担保合同纠纷两案，案号为（2008）陕执二提字第68号、（2008）陕执二提字第69号，执行标的额分别为借款本金1454万元、2120万元及利息和实现债权的费用。

2007 年 12 月 4 日，西安市地下铁道有限责任公司因西安市地下铁路建设，拆除了被执行人通济百货原北大街商场的房屋 7950.47m^2，补偿了被执行人款项 8000 万元。该款项除优先按照西安市政府的批文安置了通济百货 404 名职工外，陕西高院将剩余的 1211.5 万元支付给了申请执行人长城公司偿还其债务。2008 年 6 月 18 日，该院查封了被执行人通济百货位于西安市新城区通济坊 14 号地上建筑物第 1 层 3710m^2 商业用房的房屋所有权及相应的土地使用权。因被查封的上述商业房产均因其他贷款向相关银行设定了抵押权，通济百货还有 586 名职工未妥善安置，该院于 2009 年 6 月 2 日以（2008）陕执二提字第 68–5 号和（2008）陕执二提字第 69–5 号民事裁定终结两案执行。该院每年都根据申请执行人的申请办理上述财产的续封手续。

2012 年 6 月 25 日，长城公司与陕西合德中小企业信用担保有限公司（以下简称合德公司）签订了《债权转让协议》，将上述两案剩余债权 754 万元和 1608.5 万元及利息 3533.53 万元，连同长城公司对陕西省友谊总公司享有的债权本息 11656.93 万元共 17847.62 万元，以打包拍卖的方式转让给了合德公司，合德公司共支付拍卖转让价款 1150 万元。长城公司与合德公司均请求陕西高院变更两案的申请执行人。

长城公司提交的证据有：向西安市商务局寄送《国有企业债权处置告知书》并告知其在三十日内向该公司答复是否行使优先购买权的公证书、债权处置公告、邮寄给西安市商务局的《国有企业债权公开拍卖告知函》及快递详情单、《债权拍卖成交确认书》、2012 年 7 月 5 日刊登在陕西日报的长城公司与合德公司的债权转让公告。合德公司向陕西高院提供的证据有：交付拍卖行的保证金 100 万元的电汇凭证、支付给长城公司的债权转让款 1050 万元的电汇凭证、2013 年 5 月 27 日公司名称由合德公司变更为陕西合德担保有限公司，2013 年 12 月 3 日再变更为陕西春绿生态农业有限公司的陕西省工商管理局企业工商档案资料。

2015 年 2 月 9 日，陕西高院向西安市商务局送达了（2015）陕执异字第 00001 号函，要求复函说明是否收到长城公司上述材料以及是否表明了行使或者不行使对该笔债权的优先购买权，并请说明理由。2015 年 3 月 3 日，西安市商务局以市商函〔2015〕20 号函回复称，没有收到长城公司专递邮寄的《国有企业债权公开拍卖告知函》。

陕西高院经审查认为，申请执行人长城公司在债权转让前以公证的方式向被执行人通济百货的上级主管单位西安市商务局特快专递邮寄送达了《国有企业债权处置告知书》，之后还在相关报纸刊登了债权处置的公告，又以特快专递方式邮寄送达了《国有企业债权公开拍卖告知函》。依照相关法律规定，西安市商务局应当知道长城公司拟处置债权的行为，因此，西安市商务局向该院复函称未收到长城公司相关材料，该院不予采信。长城公司的《国有企业债权处置告知书》中，明确告知了西安市商务局作为债务企业通济百货的上级主管单位，在同等条件下对债权享有优先购买权，该告知内容符合最高人民法院法发〔2009〕19 号《关于审理涉及金融不良债权转让案件工作座谈会纪要》的规定。权利受让人合德公司名称变更，经陕西省工商行政管理局依法核准，名称变更前企业的权利义务应当由名称变更后的企业享有和承担。因此，长城公司与合德公司请求该院变更该两案的申请执行人为陕西春绿生态农业有限公司，符合法律规定，应予支持。遂作出（2015）陕执异字第 00001-1 号执行裁定，变更（2008）陕执二提字第 68 号和（2008）陕执二提字第 69 号两案的申请执行人为陕西春绿生态农业有限公司。并告知当事人如不服该裁定，可在裁定送达之日起十日内向最高人民法院申请复议。

通济百货不服上述裁定，向最高人民法院申请复议称：一、涉及两案已于 2009 年 6 月终结执行，此次恢复执行是否合法请求听证；二、长城公司经执行和解已取得债权购置成本，再次转卖债权合法与否请求听证。

裁判要点：本案涉及的焦点问题是执行法院能否以执行异议裁定的形式作出变更申请执行人的决定，并在该裁定中赋予当事人向上一级人民法院申请复议的权利。

根据强制执行的理论，在执行过程中，变更申请执行人是一种执行行为，执行法院应当作出裁定，当事人、利害关系人认为执行行为违反法律规定的，可以根据《中华人民共和国民事诉讼法》第二百二十五条的规定，向执行法院提出执行异议，若当事人或利害关系人对执行法院的异议裁定不服的，可向上一级人民法院申请复议。本案中，陕西高院本应对是否变更申请执行人进行裁定，当事人对此裁定不服，可以提起异议程序，但该院以异议裁定代替了执行实施裁定，在法律、司法解释及规范性文件没有明确规定的情况下，直接以执行异议裁定对当事人变更申请执行人的申请予以审查处理，并在裁定中赋予当事人向上一级人民法院复议的权利，于法无据，应予纠正。

案例索引：（2015）执复字第18号。

图书在版编目 (CIP) 数据

执行案件法律规范指引 / 牟驰编著. —北京：中国法制出版社，2019.7

ISBN 978-7-5216-0383-5

Ⅰ. ①执… Ⅱ. ①牟… Ⅲ. ①执行（法律）—研究—中国
Ⅳ. ① D925.04

中国版本图书馆 CIP 数据核字（2019）第 147158 号

责任编辑：谢雯（xiewen629@163.com） 封面设计：杨泽江

执行案件法律规范指引

ZHIXING ANJIAN FALÜ GUIFAN ZHIYIN

著者 / 牟驰

经销 / 新华书店

印刷 / 三河市紫恒印装有限公司

开本 / 710 毫米 ×1000 毫米 16 开 印张 / 18 字数 / 274 千

版次 / 2019 年 7 月第 1 版 2019 年 7 月第 1 次印刷

中国法制出版社出版

书号 ISBN 978-7-5216-0383-5 定价：68.00 元

北京西单横二条 2 号 邮政编码 100031 传真：010-66031119

网址：http://www.zgfzs.com **编辑部电话：010-66010493**

市场营销部电话：010-66017726 **邮购部电话：010-66033288**

（如有印装质量问题，请与本社印务部联系调换。电话：010-66032926）